ジェンダーと雇用の法

# ジェンダーと雇用の法

水谷英夫著

信山社

　　　　　　　は　し　が　き


　国際的NGO団体「セーブ・ザ・チルドレン」は、毎年母の日に「母親になるのにベストな国ランキング（母親指標 Mother's Index）」を発表している。9回目の今年は過去最高の146カ国における母親と子供の状況を比較し検討している。日本は2005年にランキング対象国となったときは14位であったが、今年は31位まで低下している（2006年12位、2007年29位）。例年通り母親指標の上位は北欧勢で占められ、下位はサハラ砂漠以南のアフリカ勢で占められている。指標は産婦死亡のリスク、男女間の給与所得比率などの「女性指標」と、5歳以下の子供の死亡率や就学率などの「子供指標」の組み合わせであるが、日本は5歳以下の子供の死亡率の低いことや就学率が高いことから「子供指標」は高いものの（6位、もっとも一昨年は1位であった）、女性の国政レベルでの参加率が低く（9％、上位国では30％超）、男女間賃金格差が大きいことから（北欧の1.5倍）、「女性指標」が36位と低く、母親指標のランキング低下をもたらしている。この間日本は一人の女性が生涯に産む子供の数（合計特殊出生率）で「1.32（2007年）」と先進国では韓国に次ぐ低さになり、女性が働きながら子供を産むだけでなく、子育ての面でも困難をきたすようになり、母親になることを躊躇する社会となってきており（「出産からの逃避」！）、これらの現象は、この間進展してきたグローバリゼーション／新自由主義に基づく雇用の分野などにおける規制緩和、格差拡大、ワーキングプアなどの貧困の拡大と無関係ではなく、日本社会の劣化を示すものといえよう。21世紀に入り、わが国の女性をとりまく環境は上に述べた一例が示す通り大きく変化しており、我々はこのような観点からフェミニズム／ジェンダー問題を検討する必要に迫られているといえよう。

はしがき

　本書はこのような問題意識も含めて書かれたものであるが，実質的には前著である『ジェンダーと法 I -DV，セクハラ，ストーカー』（共著，信山社．2004年）の続篇をなすものである（その意味では『ジェンダーと法 II』といえよう）。しかしながら内容的には，前著がフェミニズム／ジェンダー問題の中でも主として「身体」に焦点をあてて，DV，セクハラ，ストーカーを論じたが，本書ではフェミニズム／ジェンダー問題をとりまく環境の変化も踏まえ，とりわけ，ジェンダーと正義／平等と雇用との関わりが論じられている。本書のねらいは，フェミニズム／ジェンダーに全般的な予備知識を持たないものの関心を有する人々に対して，フェミニズム／ジェンダーに関する「基礎知識」を提供すると共に，フェミニズム／ジェンダーのめざすべき方向性を共に検討することである。

　現代の社会・経済・政治理論において広く共有されている理論は，社会の全ての成員は平等に処遇されるべきであるというものであるにもかかわらず，つい最近に至るまで，社会に広範に存在する性差別は放置もしくは容認され続けてきていたといえよう。フェミニズムは，このような性差別を克服し，女性が男性と同等の社会的，政治的，経済的地位を獲得することを目指す理論・運動と定義づけすることができる。このようなフェミニズムが，伝統的な政治，経済，社会理論に排戦し，性差の実態を告発し，本格的に女性のニーズや経験を理論化・実践化するに至るのは，1960年代にはじまるいわゆる第二派フェミニズム運動の中であり，その契機は，フェミニズムが「ジェンダー」に焦点を当てて理論・運動を組み立てていったことにある。フェミニズムは「ジェンダー」の再構成を通して，その理論・運動の深化・多様化をたどることになるが，フェミニズムの今日の到達点が，「ジェンダー平等視点の主流化」というスローガンに代表されるように，女性の従属の解消と解放にコミットし続けていることは，誰しも異論のないところであろう。

　1960年代以降にいわゆる「近代」が本格化するなかで，わが国を

含むいわば先進資本主義諸国における「近代」の法システムは，労働者や女性を含む全ての社会の成員を，政治的責任主体とする民主主義政体を政治基盤としつつ，人間の尊厳と個人の尊重を承認し，自由な平等を，政治理念とする法システムを指向するようになってきた。このような「近代」が本格化すると共に，1980年代に登場した「グローバリゼーション」／新自由主義は，「近代」が前提としていた資本主義／市民社会／国民国家のワク組みに大きな変動をもたらしつつある。アメリカを中心とした「グローバリゼーション」の進展による，物，人，カネの国境を越えた移動が一気に強まると共に，同じ頃に登場した国家による福祉／公共サービスの縮小（「小さな政府」，民営化）や大幅な規制緩和，市場原理主義を特徴とする経済政策である「新自由主義」は，前述したグローバリゼーションのもと，世界規模に拡大した多国籍企業間の競争を激化させ，このような市場の力が社会のすみずみまで浸透し，人々の貧富の差の拡大や，いわゆる「ワーキング・プア」などを生み出すと共に，外国人労働者の国境を越えた移動等は，安定的で同質的な市民社会を前提として成立している「国民」国家の概念を大きく揺るがすようになり，いわば「包摂型」社会から「排除型」社会へと進行しつつあるかの様相を呈している。

　フェミニズムにはこのような潮流に対して，平等戦略／機会均等／ディーセントワークをキーワードとしたジェンダー平等を対抗軸として対置してきており，具体的には，国際機関においては，政策設定プロセスにおける「ジェンダー平等主流化」アプローチ，主として発展途上国に対する社会開発における「発達の権利」アプローチ，雇用の分野における「ディーセントワーク」アプローチ，さらにはEU等が推進している「ジェンダー平等」アプローチなどを指摘でき，これらのアプローチがそれぞれ連携しながら，「ジェンダー平等」をめざしているといえよう。

　このような「ジェンダー平等」戦略は，事実上職場と家庭の両立

を迫られている女性労働者の権利擁護と雇用世界における男女平等の実現という複合的なアプローチに支えられた戦略であり、今日このような複合的な戦略が、各国、国際機関共通の課題とされるに至っているのである。このようにジェンダー平等戦略が、各国において進められている中で、わが国においては、とりわけ雇用の分野におけるジェンダー平等戦略の立ち遅れが顕著となっている。現代の雇用世界における「ジェンダー平等」な規範形成とそれをめざす法政策は、何よりも「雇用」と「家族」の分野にまたがっており、いわばその部分的「融合」をめざすものであり、労働者であると共に市民としての権利を実現するものとして、そのためにはとりわけ労働法と社会保障法の共同作業が不可欠であり、「ジェンダー平等」な規範並びに法政策は、この分野における労働法と社会保障法との「融合」をもたらすものとなろう。「ジェンダー平等」な規範の実現は、雇用社会における正義の実現を目指すものであり、それは必然的に「ジェンダー平等」な社会の実現を伴うものなのである。

第1章「ジェンダーと法理論」では、フェミニズム／ジェンダーがめざす正義／平等論が論じられ、第2章「ジェンダーと法」では、それにもとづく法理論／政策が述べられ、第3章「ジェンダーと雇用の法」では、ジェンダー平等な雇用社会とは何かが論じられている。

私が大学で雇用と法との関わりを学びはじめた頃、恩師であるゼミの先生は、しばしばイギリスの経済学者マーシャルの言葉を引用し、「冷静な頭脳と温かい心 (cool head but warm heart)」が必要であると説かれていた。フェミニズム／ジェンダーが今日直面しているテーマも同じような性格を有するものであり、「冷静な頭脳」で新たな理論を構築すると共に、「温かい心」をもって人々の生／生活に思いを馳せた運動を展開していくことが、今まで以上に求められているといえよう。ゼミの先生である東北大学名誉教授外尾健一先生は、今でも研究会にご出席になられて私たちを叱咤激励され、

莞爾として「学びて厭わず，教えて倦まず」（論語述而扁）とおっしゃられる。ささやかな内容の小書であるが，先生にささげることをお許しいただきたい。信山社の稲葉さんには多大な御尽力をいただき感謝する次第である。

  2008年8月
      栗駒山地震被害の一日も早い復興を祈念して
              著　　者

# 目　　次

はしがき

## 第1章　ジェンダーと法理論

1　はじめに……………………………………………………………3
　（1）ジェンダー概念の二面性…………………………………3
　（2）ジェンダー概念の多義性…………………………………5
　（3）ジェンダー概念とフェミニズム…………………………11
2　ジェンダーの認識／方法論……………………………………14
　（1）性差は生得的か？　社会的か？―本質主義 vs 構築主義……14
　（2）「セックス／ジェンダー」性差二元論…………………16
　（3）性差二元論への疑問………………………………………20
　（4）性差二元論は克服されるべきなのだろうか？…………24
3　ジェンダーの正義・平等論……………………………………28
　（1）フェミニズムの法理論とは？……………………………28
　（2）「平等主義アプローチ」―社会に埋め込まれた「ジェンダー・バイアス」…………………………………………34
　（3）近代「家父長制」にもとづく性的支配…………………41
　（4）「差異主義的アプローチ」の挑戦………………………54
　（5）「多様な差異」の模索へ…………………………………58
　（6）フレーザーの主張…………………………………………66
4　「ジェンダー」の正義／平等論のゆくえ―この章のまとめ……69
　（1）「近代」の正義・平等論…………………………………69
　（2）「近代」の意味は？………………………………………71
　（3）性的支配――家父長的支配とは？………………………74
　（4）性差別／排除と平等／正義論……………………………82

xi

（5）「近代」の公／私二分(元)論は意味を有しないのだろうか？……90

## 第2章　ジェンダーと法

　1　はじめに ………………………………………………………………105
　（1）ジェンダーと法──「同一性」vs「差異」？ …………………105
　（2）法実践の課題──個人の尊重／権利の擁護と平等……………106
　（3）どちらのアプローチ？あるいはどちらのアプローチも？…111
　2　「ジェンダー」以前と法 …………………………………………114
　（1）「ジェンダー」以前の法──「近代」の進展／「形式的」
　　　　平等の推進 …………………………………………………………114
　（2）「公」的領域──「絶対的平等」の進展 ……………………117
　（3）「私的領域」──相対的平等／「差異」に基づく取扱いの
　　　　「合理性」とは？ …………………………………………………120
　3　「ジェンダー」以後と法 …………………………………………123
　（1）「近代」の本格化と第二派フェミニズムの登場 ……………123
　（2）「ジェンダー」とフェミニズム …………………………………125
　（3）「形式的平等」の本格化 …………………………………………127
　（4）「実質的平等」の進展と個人の尊重 ……………………………129
　4　ジェンダーと法の現在 ……………………………………………135
　（1）近代の「本格化」と「グローバリゼーション」／新自由主
　　　　義の潮流……………………………………………………………135
　（2）「ジェンダー平等視点の主流化」アプローチ ………………141
　（3）社会開発と人権アプローチ（「発展の権利」）………………149
　（4）ILO──「ディーセント・ワーク」の推進 …………………154
　（5）EU──「平等政策」の推進 ………………………………………162
　（6）家族・社会保障などの現状 ………………………………………174

## 第3章　ジェンダーと雇用の法

1　はじめに…………………………………………………………189
  （1）グローバリゼーションと女性………………………………189
  （2）雇用社会の変容と女性労働者の現状………………………189
  （3）ジェンダー平等への取り組み—世界と日本………………192
2　「ジェンダー」と雇用社会……………………………………201
  （1）ジェンダーと規範……………………………………………201
  （2）フェミニズムの雇用社会分析（その1）…………………202
  （3）フェミニズムの雇用社会分析（その2）…………………205
3　「ジェンダー平等」な雇用社会の構想とは？………………210
  （1）「ジェンダー平等」な雇用社会………………………………210
  （2）「ジェンダー平等」な規範とそれを目指す雇用社会の法
　　　政策は？………………………………………………………214
4　日本の「男女雇用平等」法制の歴史…………………………216
  （1）雇用平等法制と均等法………………………………………216
  （2）均等法以前……………………………………………………217
  （3）均等法以後……………………………………………………218
5　ジェンダーと雇用の法の「未来」は？………………………224
  （1）改正均等法（第3ステージ）の役割・インパクトは？…224
  （2）平等待遇・収入，反周縁化の実現を目指して—「均等待遇」
　　　の実現はどのようにして可能か？…………………………230
  （3）「ワーク・ライフ・バランス」—「労働時間短縮・平等余
　　　暇」「ケア支援」の規範構築を目指して……………………254
6　おわりに—「ジェンダー規範」から「ジェンダー平等」な
　　規範の実現を目指して…………………………………………261

参 考 文 献（273）
事 項 索 引（283）

# 第1章
# ジェンダーと法理論

1 はじめに
  (1) ジェンダー概念の二面性
  (2) ジェンダー概念の多義性
  (3) ジェンダー概念とフェミニズム

2 ジェンダーの認識/方法論
  (1) 性差は生得的か?社会的か?―本質主義 vs 構築主義
  (2) 「セックス/ジェンダー」性差二元論
  (3) 性差二元論への疑問
  (4) 性差二元論は克服されるべきなのだろうか?

3 ジェンダーの正義・平等論
  (1) フェミニズムの法理論とは?
  (2) 「平等主義アプローチ」―社会に埋め込まれた「ジェンダー・バイアス」
  (3) 近代「家父長制」にもとづく性的支配
  (4) 「差異主義的アプローチ」の挑戦
  (5) 「多様な差異」の模索へ
  (6) フレーザーの主張

4 「ジェンダー」の正義/平等論のゆくえ―この章のまとめ
  (1) 「近代」の正義・平等論
  (2) 「近代」の意味は?
  (3) 性的支配―家父長的支配とは?
  (4) 性差別/排除と平等/正義論
  (5) 「近代」の公/私二分(元)論は意味を有しないのだろうか?

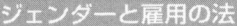

## 第1章　ジェンダーと法理論

　現代の社会・経済・政治理論において広く共有されている理論は，社会の全ての成員は平等に処遇されるべきであるというものであるにもかかわらず，つい最近に至るまで，社会に広範に存在する性差別は放置もしくは容認され続けてきていたと言えよう。フェミニズムは，このような性差別を克服し，女性が男性と同等の社会的，政治的，経済的地位を獲得することを目指す理論・運動と定義づけることができる。このようなフェミニズムが，伝統的な政治，経済，社会理論に挑戦し，性差の実態を告発し，本格的に女性のニーズや経験を理論化・実践化するに至るのは，1960年代にはじまるいわゆる第2派フェミニズム運動の中であり，その契機は，フェミニズムが「ジェンダー」に焦点を当てて理論・運動を組み立てていったことにある。フェミニズムは「ジェンダー」の再構成を通して，その理論・運動の深化・多様化をたどることになるが，フェミニズムの今日の到達点が，「ジェンダー平等視点の主流化」というスローガンに代表されるように，女性の従属の解消と解放にコミットし続けていることは，誰しも異論のないところであろう。

　外形的・形式的には性中立的な法制度が形成されてきているにもかかわらず，「実態」が男性優位に傾いている社会においては，抽象化された個人としての「人」の自由・平等の保障は，女性にとって全く不十分なものとなっており，とりわけ，公／私の領域区分により個人に広範な自由が保障される「私」の領域においては，家庭にせよ，雇用にせよ，自由な取引が行われる市場にせよ，女性は男性と比してより劣位な立場におかれざるを得ないことになり，フェミニズムは，これらは社会に組み込まれた「ジェンダー」にもとづくジェンダー・バイアスによるものであると主張したのである。

　このようにここで用いられている「ジェンダー」は，性的差異に着目するという認識／方法論のレベルと，性的差別・排除に着目するという正義論・運動論のレベルの問題が含まれた二面性を有する概念であり，我々はこれらの問題を区別して扱う必要がある。言うまでもなく，差異（difference）や差別（discrimination），排除（exclusion）などはそれぞれ異なる概念であるにもかかわらず，今日我々の前に提示され，しかも我々の間を切り裂いているのは，これらの概念の交錯した場面での問題だからである。ジェンダー概念は，男女の性的差異を性差別構造に転化もしくは包摂する際に，性的差異，差別，排除などをめぐって問題とされ，フェミニズム内部でさまざまな理論が生み出され，今日でも激しく争われているだけではなく，フェミニズムの外部からも攻撃の対象とされていることはよく知られている。

　ジェンダー・バイアスの埋め込まれた社会編成原理の変革のために，女性たちは果てしない不断の戦いと努力を余儀なくされてきているのであり，フェミニズムは，かかる課題を自らのものとし，ジェンダーの正義／平等を，男性優位／中心の法運用や慣習を変革／是正することにより，両性の平等という正義・生身の女性の権利を実現するために絶えず戦っていく必要があろう。

# 1 はじめに

## （1） ジェンダー概念の二面性

　現代の社会・経済・政治理論において広く共有されている理論は，社会の全ての成員は平等に処遇されるべきであるというものであるにもかかわらず，つい最近に至るまで，社会に広範に存在する性差別は放置若しくは容認され続けてきていたと言えよう。フェミニズムは，このような性差別を克服し，女性が男性と同等の社会的，政治的，経済的地位を獲得することを目指す理論・運動と定義づけすることができる。このようなフェミニズムが，伝統的な政治，経済，社会理論に排戦し，性差の実態を告発し，本格的に女性のニーズや経験を理論化・実践化するに至るのは，1960年代にはじまるいわゆる第二派フェミニズム運動の中であり，その契機は，フェミニズムが「ジェンダー」に焦点を当てて理論・運動を組み立てていったことにある。フェミニズムは「ジェンダー」の再構成を通して，その理論・運動の深化・多様化をたどることになるが，フェミニズムの今日の到達点が，「ジェンダー平等視点の主流化」というスローガンに代表されるように，女性の従属の解消と解放にコミットし続けていることは，誰しも異論のないところであろう。

　ところでここでいわれている「ジェンダー」gender は，後述するとおり多義的概念であるが，今日一般には社会科学の分野においては，歴史的・社会的・文化的に形成されてきた男女間の性的差異のことを意味し，生殖機能における属性的な生物学的な男女間の性的差異を意味する「セックス」sex とは区別された概念として用いられているものである。すなわち，「セックス／ジェンダー」は，生物学的性差（sex），文化・社会的性差（gender）に関する言説を意味しており，前者は，第1次性徴・第2次性徴や妊娠・出産等の特徴によって区別されるものであり，後者は，それぞれの性に応じ

て社会的，文化的に形成されてきた社会的規範（例えば「男らしさ」「女らしさ」）に応じて，その時々の社会において異なる社会的，政治的役割を配分することによって区別されるものとされている（例えば，男性には公的領域，女性には家族，私的領域など（江原〔1995：25〕など））。

　フェミニズムは，このような両性における身体的な性徴表 sex と社会的規範 gender との結びつきを抽出し，その中で女性が社会的，経済的，政治的に差別され，排除されており，このような状況は社会的，経済的，政治的には排除，不平等の問題であると共に，政治哲学的には不正義の問題であると告発したのである。

　このようにここで用いられている「ジェンダー」は，性的差異に着目するという認識／方法論のレベルと，性的差別・排除に着目するという正義論・運動論のレベルの問題が含まれた二面性を有する概念であり，われわれはこれらの問題を区別して扱う必要がある。言うまでもなく，差異（difference）や差別（discrimination），排除（exclusion）などはそれぞれ異なる概念であるにもかかわらず，今日われわれの前に提示され，しかもわれわれの間を切り裂いているのは，これらの概念の交錯した場面での問題だからである。すなわち，ジェンダー概念は，男女の性的差異を性差別構造に転化もしくは包摂する際に，性的差異，差別，排除などをめぐって問題とされ，後述するとおりフェミニズム内部でさまざまな理論が生み出され，今日でも激しく争われているだけではなく，フェミニズムの外部からも攻撃の対象とされていることはよく知られていることである（例えば，近時における「ジェンダー・バッシング」など。若桑みどり他編著〔2006〕参照）。

　ジェンダーに関する性的差異をめぐる議論は，男女の差異を決定するのはいかなる要素であるのかという，いわば性科学・科学哲学上のものの見方である認識／方法論に関する問題であり，そこでは「ジェンダー／セックス」のいわゆる性的二元論とそれに対する批

判，反批判という形で議論が展開されてきた。他方ジェンダーに関する差別・排除をめぐる議論は，われわれの社会生活上の性的差別はどのような構造の中で生み出され，それを克服し男女平等を実現するためにはいかなる理念が必要とされ，それにはどのような制度設計が求められているかという平等論・正義論，運動論の問題である。本書はこれら2つの問題は，相互に関連しつつも，異なった課題の問題であるということを出発点とするものである。

## （2） ジェンダー概念の多義性

「ジェンダー」の語源　ところで，ジェンダーに関する認識論／方法論の問題と平等，正義論・運動論の問題を取り上げる前に，そもそもジェンダー概念はどのように人々に理解されてきたかを振り返ってみる必要がある。ジェンダーは元来ラテン語のgenus（産む，種類，起源）に語源を有し，中世英語ではgender，フランス語ではgenreと表現されるようになり，やがて「生まれついての種類」を意味する「性別」を指すようになっていった（共通の語源を有する語としては，例えばgene遺伝子，genital生殖器など）。このようにgenderは元来生物学的性と結びついた意味を有する語であり，このような生物学的性のイメージと共に，gender（英国），genre（フランス語）は，有性名詞の性による分類ないし分類クラスを指す（例えば，男性を代名詞でhe，女性をsheと表現する）文法上のカテゴリーとして用いられるようになった(注1)。

やがて1950年代頃より社会科学の分野で，genderを生物学的性としてよりは，むしろ社会学上の用語として用いるようになり，1970年代の後半頃までに，フェミニズムは，genderを「社会的文化的に形成された性」，sexを「生物学的に形成された性」として使用するようになっていったのである。しかしながら他方では，医学などの自然科学やスポーツの分野では，genderをむしろ「生物学的性」として用いており，かくして今日，genderは以下に述べ

るとおり多義的な概念として用いられているのである。

　gender はこのように今日一般に，言語学における文法用語に加えて，性に関する，**①性差・性別観**，**②性規範・社会観**として用いられてるが，フェミニズムが問題とするジェンダー概念のうち，認識／方法論は主として①に関するものであり，平等・正義・運動論は主として②に関するものといえよう（小島・水谷〔2004：11〕）。

**性に関する性差／性別観としての gender**　①の性差／性別観としての gender 概念は，さらに（ア）性別そのもの（生物学的性を含む）の意味と，（イ）社会的性差／性別（当該社会や時代に現存する性のありようのことであり，性的アイデンティティを含む価値中立的概念）の意味を有するものとがあり，前者がいわば「身体」としての性に関わり，後者は「精神」としての性に関わるカテゴリーに属するといえよう（図表1）。

図表1

| ジェンダー概念 | | 多数派 | 少数派 | 主たる課題 |
|---|---|---|---|---|
| ①-（ア） | 「身体」としての性 | 男性／女性の身体 | 半陰陽 | 個人の尊重／権利付与差別撤廃 |
| ①-（イ） | 「精神」としての性（アイデンティティ） | 男性／女性の性自意識一致 | トランスジェンダー（性同一性障害など） | 〃 |
| ②-（ア） | 「生活様式／生」としての性 | 男性／女性のステレオタイプ化，ジェンダーバイアス家族単位 | 「ジェンダーフリー」シングル単位 | 個人の尊重／権利付与差別撤廃／平等法制 |
| | 「性的欲望」としての性（セクシュアリティ） | 男性／女性の異性愛 | 同性愛 | 〃 |
| ②-（イ） | 「社会編成原理」としての性 | 男性優位・中心の社会編成原理 | | 〃 |

伏見〔1997：56, 158〕，伊田〔2004：43〕などを参考にして筆者作成。

　（ア）　性別そのものとしての gender は，生物学的性（sex）を含む概念であり，「男性又は女性であることの事実」(the fact of being male or female) であり，一般に male（男性）は「子供を生まない性」，female（女性）は子供を産む性と定義され，ヒト以外の動物の雌雄を記述する場合にも用いられており，前述した医学をはじめ

> **コラム1** 「精神」と「身体」
>
> 　一般に「精神」は，知性的存在者の認識／意志／判断能力の総称を意味する近代西洋哲学用語であり，知性や魂をもたない生物や物質と対置される。「精神」と「身体」との関連については，デカルトが『情念論』で展開したいわゆる心身二元論――精神を cogito（私は考える）・自由意志をもつものとしてとらえ，他方では「身体」を機械的運動としてとらえ，両者は相互に独立したものとして把握した――を契機に，これに対する精神と身体との合一を主張する心身一元論が対立している。尚，心身関係をこのような認識論にとどまらず，精神／身体の支配／自己同一性について論ずるものとして市川［1993：25］。

とする自然科学やスポーツ界などでも用いられている用語であり，sex という言葉が同時に性行為を連想することを回避するために用いられている面があるといえよう[注2]。

　この意味の gender は，いわば「身体」としての性のカテゴリーを意味しており，ヒトを含む大半の動物は，男女いずれかの身体的特徴を有しており，半陰陽（インターセックス）のヒトは極少数派に属するといえよう。

　（イ）　社会的性差／性別としての gender，は前述したとおりフェミニズムが開拓し，主として社会科学の分野において，先天的・身体的・生物学的性（sex）に対する，「社会的・文化的性のありよう」とされて用いられている用語であり，それ自体は価値中立的な概念であり，この意味の gender は，いわば「精神」としての性のカテゴリーを意味しており，わが国では今日このような意味で用いられることが多くなっていることが注目される。

　例えば2006年11月22日発表された日本学術会議「学術とジェンダー委員会」（委員長江原由美子）報告書「提言：ジェンダー視点が拓く学術と社会の未来」は（以下「**学術会議報告書**」という），

> 「ジェンダーとは『社会的・文化的性（性別・性差）』を意味する学術用語とする。ジェンダーは，人種・民族・階級・年齢・障害の有無などの差異と交差しながら多様な形態をとることが知られている。ゆえに，『ジェンダーに敏感な視点』とは，人間という種を男女という生物学的性別に還元するのではなく，『人種・民族・階級・年齢・障害の有無などによって多様性を持つ性別＝ジェンダー』に，十分配慮する視点のことを指す。」

と称べ，「ジェンダー」を「社会的・文化的性（性別・性差）」として規範的意味を有しない価値中立な概念としているといえよう。このことは同委員会の委員長である江原においてはより鮮明であり，ジェンダー概念が1．性別，2．家族社会に現存する性差，3．社会的文化的な性別特性，4．性差に対する社会的意味など，5．当該社会に共存されている性についての知識一般，6．性に関する社会規範や社会制度，7．男女間の権力関係という多様な意味を有しているとしたうえで，5の意味で用いるとして，ジェンダー概念を価値中立的な認識概念とすることを明言している（若桑〔2006：41-43, 210〕）。

さらに政府が用いる「ジェンダー」概念も，今日基本的には価値中立的な用語法をとっており，例えば2000年施行に係る男女共同参画社会基本法にもとづく，2005年12月27日閣議決定された男女共同参画基本計画（第2次）」第2部2（2）項の具体的施策では，

「男女共同参画の理念や『社会的差別』（ジェンダー）の視点（＊）の定義について，誤解の解消に努め，また恣意的運用・解釈が行われないよう，わかりやすい広報啓発活動を進める」として，「社会的差別」（ジェンダー）の視点の用語の補足説明1で次のように説明している。

> 「＊「社会的性別」（ジェンダー）の視点：
> 1．人間には生まれついての生物学的性別（セックス／sex）があ

> る。一方，社会通念や慣習の中には，社会によって作り上げられた「男性像」，「女性像」があり，このような男性，女性の別を「社会的性別」（ジェンダー／gender）という。「社会的性別」は，それ自体に良い，悪い価値を含むものではなく，国際的にも使われている。
> 
> 「社会的性別の視点」とは，「社会的性別」が性差別，性別による固定的役割分担，偏見等につながっている場合もあり，これらが社会的に作られたものであることを意識していこうとするものである。
> 
> このように，「社会的性別の視点」でとらえられる対象には，性差別，性別による固定的役割分担及び偏見等，男女共同参画社会の形成を阻害すると考えられるものがある。その一方で，対象のなかには，男女共同参画社会の形成を阻害しないと考えられるものもあり，このようなものまで見直しを行おうとするものではない。社会制度・慣行の見直しを行う際には，社会的な合意を得ながら進める必要がある。（平成17年12月27日閣議決定）「男女共同参画基本計画の変更について」第2部2（2）項補足説明」(注3)

この意味でのgenderは，前述した「精神」としての性を意味するものであり，社会的，文化的な性genderを基礎として，人々の性自認（アイデンティティ＝女あるいは男もしくはそのどちらでもないという意識），性的な役割意識，話し方，振るまい，ファッションなども含む行動様式一般を指しており，このカテゴリーにおいては，大半の人々は，「身体」としての性と，「精神」としての性（＝性自認）とが一致しており，その結果，性に関する言動は，男性／女性二分法に則ったものとなるが，トランスジェンダーの人々（「性同一性障害」など，自己の「身体」としての性と「精神」としての性との間に，ズレや違和感をもつ人々の総称）は少数派とされることになろう。

**性規範／社会観としてのgender**　②の性規範／社会観としてのgender概念はさらに，（ア）性規範／社会観（セクシュアリティを含む）の意味と，（イ）社会編成原理・秩序観の意味を有す

るものであり，前者はいわば「生活様式／生き方」としての性に関わり，後者は「社会編成原理／秩序」としての性に関わるカテゴリーに属するといえよう。

　（ア）　性規範／社会観としての gender は，われわれの性に関する一般的な言説や社会通念，慣習，人々の生き方など人間の社会生活全般の社会観／性規範に関するものであり，①の視点である男女の性別／性差観にもとづいて形成される社会観／性規範を意味している。このようなジェンダー概念は，いわば「生活様式／生き方」としての性を意味しており，このようなジェンダーのカテゴリーにおいては，人々の生活様式や生き方は，男性優位・中心的な規範／社会観にもとづいたものとして歴史的に形成されてきており，今日社会一般に広範に存する，いわば「ジェンダー・バイアス」（説明は注5）を含んだ規範が形成されているといわざるを得ない。

　また，このようないわば「社会的・文化的な性のありよう（生き方）／生活様式」には，いわゆる広い意味の「セクシュアリティ（性的欲望に関する性）」も含まれることになり，この場合，男性／女性という二分法を前提としたうえで，異性愛を当然もしくは自然とする，いわゆる異性愛主義にもとづく家族単位の生き方が典型的家族とされて，社会の多数派を形成することになる。もっとも近時，性別役割分業や男性優位もしくは中心のステレオタイプ的な男女二分法を維持する人々は徐々に減少しつつあり，他方では，非婚，独身などいわばシングル単位の，典型的な家族単位の生き方以外の多様な生き方を選択する人々や同性愛者（ホモセクシュアル，ゲイ／レズビアン）が増えているが，これらの人々は今日依然として少数派にとどまっているといえよう。

　（イ）　社会編成原理／秩序観としての gender は，（ア）の性規範・社会観を前提とした社会編成原理（社会，経済，政治構造）や社会秩序の内容のことを意味しており，われわれの社会の社会制度，慣習，学問，芸術，文化等の社会活動全般が，一般に男性の経験や

規範を前提として形成されており，その結果，男性の経験や規範が一般化され（男＝一般，人間），女性の経験や規範は特殊化，例外化される（女＝例外，特別），このような中で，男性中心の社会編成原理／秩序が歴史的に形成されてきたとするものであり，この意味での「ジェンダー」概念は，いわば，ジェンダーのもう1つの柱である平等，正義，運動論に直結する概念といえよう。

### （3） ジェンダー概念とフェミニズム

このように「ジェンダー」は多義的な概念であり，大別すると性差／性別観と性規範／社会観の意味で用いられてきたが，前述したとおり，性別／性差観の中でも価値中立的な社会的性別／性質としてのジェンダーが，政治・社会一般に用いられているだけでなく，学術用語としても用いられるようになっていることは注意を要する。

例えば前述した学術会議報告書は，「ジェンダー」を「『社会的・文化的性（性別・性差）』を意味する学術用語とする」として，「ジェンダー」に関する分析用語として用いるとしたうえで，規範的意味を有しない事実概念として用い，現実にある男女差別／排除に関しての規範概念として用いることを事実上放棄するものとなっている。この点について同報告書は，「ジェンダーに敏感な視点」に規範的意味をもたせることを意図しているとも思われるが，「ジェンダーに敏感な視点」を「人種・民族・階級・年齢・障害の有無などによって多様性をもつ性別＝ジェンダー」に「十分配慮する視点」の意味とすることにより，女性たちが「社会的・文化的性」ゆえに排除・差別されてきている歴史的事実とその克服／変革の課題を，独自のものとするのではなく，他の人種等の諸要素の一変数に還元し，女性差別・排除の課題を相対的なものとする結果になっており，同報告書が用いる「ジェンダー」概念は，実践的には，有用なものとなっていないといえよう。後述するとおり，人はジェンダー（性）を含めた「人種，民族，階級，年齢，障害」などとい

う，その人に帰属する本質的属性により異なる取扱いをされてはならず，これこそが「近代」の正義／平等論の中核を占める要請なのであり，これらの本質的属性は，それぞれが独自の課題として平等の実現が図られるべきものなのである。

また同報告書が述べる「ジェンダーに敏感な視点」が，仮に性差別撤廃を求める実践的な役割をもつものであるとするならば，これまた有用な概念とはいえない。何故ならば，1979年国連総会で採択され，わが国も1985年批准したいわゆる女性差別撤廃条約は，政治・経済・社会・文化・市民生活その他あらゆる分野での男女差別の撤廃と平等の推進を締結国に義務づけるものとされており，かかる観点からみたとき，「ジェンダー」といういわば「中間」概念の定立は，むしろ男女差別や排除という目的を希薄化するものとなる役割を果たすことになるからである。

さらに「ジェンダー」を「学術用語」とするという点についても不毛な論争となっていることは，2で詳述するとおりである。

次に前述した2005年閣議決定も同様に，「社会的性別」を「それ自体，良い，悪い価値を含むものではなく」と価値中立的な用語法をとることを明言したうえで，「社会的性別の視点」とは，「『社会的性別』が性差別，性別による性差的役割分担，偏見等につながってくる場合もあり，これらが社会的に作られたものであることを意識していこうとするもの」であり，「社会制度，性別の見直しを行う際には，社会的な合意を得ながら進める必要がある」とし，極めて微温的な制度改善をよびかけにとどまっており，到底，女性差別撤廃条約の趣旨に沿ったものとはなっていないばかりか，政府や国際社会がかかる「ジェンダーの主流化」なる戦略ともかけはなれたものとなっている。

この点につき，フェミニストである**角田由紀子**は，次のように述べて率直に問題提起をしている。

> 「ジェンダー法学として今語られていることは，初めに書いたように女性運動（フェミニズム運動）が，現実の不正義を正すために営々と積み重ねてきた成果の上に成り立っていると私は考えている。フェミニズムという政治的な言葉への抵抗を少なくするために，ジェンダーという中立的な響きの言葉を使うにしても，まず，取り組むべきことは，女性の経験を正当に法律の世界に反映させ，性・ジェンダーによる差別をなくしていくことではないだろうか。その段階を省略できるとは考えられない。女性への差別は女性の生活の全領域を支配しているから，性差別への闘いは，結局は私たちの生活全般に正義が行われることに結実することになる。」（ジェンダー法学会〔2004：角田執筆部分28〕傍点筆者）。

そもそもジェンダーの視点は，男女間には社会構造に根ざした利害対立や男性優位の関係等の問題があり，それが我々の社会，経済，政治体制のすみずみに亘って影響を及ぼしているとし，フェミニズムはこのようなジェンダー概念を通して，これらの男女の差別関係の抜本的変革こそが，格差のない男女が真に自由で平等な社会が実現するとの平等／正義論をめざすものなのである。元来，「ジェンダー」は，フェミニズムがその再構成を通して，女性の従属や差別の解消・解放をめざすツールとして開拓してきたものであり，その意味では価値中立的なものにとどまるものではなく，正義，平等論として積極的に開拓されるべきものである。このように「ジェンダー」概念は，フェミニズムにとって，性をめぐる認識／方法論，平等・正義論を展開するうえでのキー概念なのであり，このような概念形成の努力を通してこそ，フェミニズムはその生命力を維持し続けるのである。

第1章 ジェンダーと法理論

 ジェンダーの認識／方法論

(1) 性差は生得的か？ 社会的か？──本質主義 vs 構築主義

フェミニズムが，その本来の関心としてきた問題が，「ジェンダー」にもとづいた「男性」中心の社会構造と，その社会の中で差別され，排除されている「女性」の存在を明らかにし，そのような

> **コラム2　本質主義 vs 構築主義とは？**
>
> 　一般に本質主義 essentialism／客観主義 objectivism は，現実（reality）の社会現象や実態・意味は，人々の主観的な意識のありようとは独立して存在し，変化しがたい普遍的特性（＝本質という）から成り立っているとする物の見方である。例えば，人間の「女らしさ」は，性染色体（XX）に規定されるという主張は，性染色体（遺伝子決定）本質主義といえよう。しかしながら，ここで「女らしさ」という言葉／言説の定義／行動パターンは，フェミニズムの成果によって，今日では，社会的／文化的／歴史的に形成されてきたものであり，したがってその定義／行動パターンも変化するものであることは，経験的事実となっており，このような可変的な現実の社会現象にウェートをおいた物の見方を，構築主義 constructionism／構成主義 constructivism と言い，社会的実在とされるものは，人々の認識や活動によって社会的／文化的／歴史的に構築されたものであるとする。このような立場はヘーゲル／マルクスらに代表されるものであり，言説 discours についてのM. フーコーの議論は良く知られているところである。更に，このような反本質主義批判をより徹底させて，デリダらのポスト構造主義は，脱構築 deconstruction を主張し，社会の中のすべての現実／社会現象や意味は，人間が作り上げたものにすぎず，社会の中には凡そ本質的な実在は存在しないと主張する。しかしこのような立場では，多くの社会現象は具体的に分析不可能となり，経験科学の在立基盤としての思考自体が無意味となってしまうとの批判が加えられよう。

男女不均等な社会構造の克服に貢献できる代替構想を提示することである以上,「ジェンダー」の中心概念である,「男性／女性」,「ジェンダー／セックス」という概念とその分析が中心的位置を占めることは論をまたないところである。しかしながらフェミニズムの内外において,今日までこのような概念の位置づけをめぐって激しく争われてきたのである。

すなわち,「ジェンダー」概念は,科学哲学や経験科学を支える認識論,いわばものの見方である,男女の性差に関する認識・方法論として生み出されたものである以上,男性／女性の性的差異,ジェンダー／セックスの差異をどのようなものとして分析し認識するかという,性科学・科学哲学上の問題が生じることは不可避であり,この問題をめぐって具体的には,いわゆる構築主義 vs 本質主義の論争を呼んできたことは周知の事実である。

「ジェンダー」概念は,人間のパーソナリティや資質を決定するものは何か,というより大きな科学的・思想的問いにも関わるものであり,歴史的には,性差は生物学的必然である,という我々の日常的・科学的知識に対するいわば異議申立として,フェミニズムがかかげた知的,政治的スローガンとして登場したものであった。例えば**荻野美穂**は次のように主張する。

> 「セックス／ジェンダー二元論は,性差を身体的差異以外の性役割や規範,表象などの種々の位相に分けて考え,ほとんどの性差といわれるものはジェンダーのレヴェルに属するもの,すなわち文化的構築物であり,したがって可変性を持つと主張するためには,非常に有用であった。性差別の解消のために攻撃すべき対象は性別そのものではなく,ジェンダーとしてのさまざまな社会的に作られた制度や慣習,人々の考え方などであるという説明はわかりやすく,相対的に受け入れられやすかった。近年,日本でもジェンダーという語が行政文書にまで登場するようになったことが示すように,思考訓練としてこの二元論的説明が持った啓蒙的効果は大きかったといわねばならない。また,不変のセックスと可変性を持つジェン

> ダーという考え方は，時代や文化によって女たちの経験が大幅に異なっていて多様である一方，性や生殖にかかわる部分では非常に共通性が大きいように見えることを説明するためにも好都合であった。」(荻野〔2002：11〕)。

ところでここで問題とされた「性差は生得的か，社会的か？」という問いは，既に述べたとおり，社会科学を支える認識論におけるいわゆる本質主義vs構築主義をめぐるものでもある。一般に本質主義・客観主義といわれるものは，物事が人々の主観的な意識のありようとは独立して存し，変化しがたい普遍的な本質があるとする物の見方であり，他方，構築主義・構成主義といわれるものは，このような物の見方に異議を唱え，普遍，本質，実在とされるものは，人々の認識や活動によって社会的・文化的，歴史的に構築されてきたものであり，可変的なものであるとする物の見方とされている(赤川〔2006：53〕)。

このような観点からみたとき，男性／女性の差異やセクシュアリティを，遺伝子，本能，ホルモンなど遺伝的生物学的要素によって説明するのが本質主義的な説明であり，他方，家族や社会，文化，経済，政治的編成など社会的・環境的要素によって説明するのが構築主義的説明であり，後述するいわゆる「セックス／ジェンダー」二元論とそれに対する批判は，このような性差やセクシュアリティに関する認識，方法論に関わる問題であることが明らかとなってくるであろう。

### (2) 「セックス／ジェンダー」性差二元論

男女間の性的差異について，当初は，既に述べたとおり，生物学的，解剖学的に決まる性差（セックス）と，社会的・文化的・歴史的に構成される性差（ジェンダー）という二元的な性差の存在を認める，性差二元論が当然の前提とされていた。

そもそも「ジェンダー（gender）」は，元来言語学において「性」

## コラム3　「二元論」とは？

　二元論はこの世界を，善／悪，精神／身体など相互に還元不可能な2つの対立原理によって説明しようとする思考であり，精神と身体とは互いに独立した実体として実在的に区別されるとする，デカルトの心身二元論が典型例である。このように物を実体的にとらえる実在論を前提として，例えば認識する主体／認識される客体，国家／個人，男／女，支配者／被支配者などに二分する思考を二元論／二項対立的思考という。一般に男／女，セックス／ジェンダー二元論は，上述の意味で用いられているといえよう。

　もっとも，このような対象把握を可能にする思考の形式や法則を考究する認識論的論理学における二元論と異なり，思考の内容を捨象し，推論の形式的法則のみを考究する形式論理学においても，二元論／二分法思考として用いられる場合があることにも注意を要する。即ち，思考論理における基本原則の1つである排中律——中間の可能性を排除するものであり，「PV-P」即ち「Pであるか，Pでないか」いずれかであることを主張する論理法則であり，ある命題が真であるか，偽であるかのいずれかであり，中間の可能性が排除されることからこの名前がつけられている——のケースが該当する。性差二分法を「人間は男か女かのどちらかである」という排中律が該当する命題であるとした場合，この命題が論理的に正しくないことは明白である（図表2）。即ち，Yが人間であるとした場合，排中律の命題からはケース2か3のみとなるが，実際にはケース1～4の4通りの可能性が生じることになり，排中律は成立しないのである。即ち「ケース1」は，Yが男であると同時に女であることを示している。例えば，Yが両性具有者や性同一性障害だとすると，染色体数や性器形状による生物学的特性だけで単純に男性か女性かを判別することはできないことになる。「ケース2」は，Yが男であり女ではない場合で，いわゆる一般の男性を指す。「ケース3」は，Yが男ではなくて女である場合で，いわゆる一般の女性を指す。「ケース4」は，Yが男でも女でもないことを示している。例えば性別の確定する前の胎児を人間とみなせば，このケースに相当しよう。男性／女性やジェンダー／セックス二元論は，このような形式論理学における排中律とは次元の異なるテーマなのである（伏見

[1997：56]，野矢［2006：47］，高橋［2007：17］など）。

**図表 2**

|  | Yは男である | Yは女である |
| --- | --- | --- |
| ケース1 | ○ | ○ |
| ケース2 | ○ | × |
| ケース3 | × | ○ |
| ケース4 | × | × |

を表す文法用語として用いられてきていたものであるが（例えばmasculine〔feminine, neuter〕gender ＝男性〔女性，中性〕）、いわゆる第二派フェミニズム運動は，性差を表す用語として，ジェンダーを再定義して用いるようになり，ここでは，「オス・メス」等の「生物学的身体的性別・性差（Gender）」を意味する「セックス（SEX）」の対語として，「男らしさ」「女らしさ」等の「文化的社会的性別・性差」を意味する用語として用いられるようになっていった。このような性別観を提唱した最初の研究者の1人とされる**A.オークレー**は，例えば性器の形態が男である者（生物学的性別＝セックス）は，当然に男性の性自認（＝ジェンダー・アイデンティティ）を有し，それに従った服装・しぐさ等をする（文化的性別，ジェンダー）ものであるという従来からの「常識的」性別観（＝生物学的還元説又は生物学的本質主義）に対して，「ジェンダー」概念を導入することによって，性別を決定するうえで「心理的，社会的性別（＝ジェンダー）」が「生物学的性別（＝セックス）」と同じくらい重要な要素となるとして，つぎのように主張した。

> 「〈セックス〉は男と女の間の生物学的性差，すなわち目に見える性器の違いとそれに関連した生殖機能の違いを指す。だが〈ジェンダー〉は文化の問題であり，〈男らしさ〉と〈女らしさ〉の社会的分類を指す。……人が男であるか女であるかは通常，生物学的根拠によって判断される。男らしいか女らしいかは，同じ方法では判断で

> きない。その基準は文化的なもので、時代と場所によって異なる。セックスの不変性は認めなければならないが、同時にジェンダーの可変性も認められねばならない。」(Oakley〔1972：16〕荻野〔2002：11，12〕)。

　このような主張においては,「男性／女性」と同様に「セックス／ジェンダー」の二元論を前提とし,「セックスの不変性／ジェンダーの可変性」が二項対立となっているのである。

　このような「ジェンダー／セックス」二元論は，J.マネーとP.タッカーによる「半陰陽」や性転換希望者等の患者の研究などの性科学上の成果もあって，ジェンダーがセックスから独立したものとして形成され，しかもセックスよりもジェンダーの拘束力の方がむしろ大きい場合があり，セックスがジェンダーを決定するという上述のいわゆる生物学的還元説に疑問が呈せられるようになると（J.マネー他〔1979〕)，性差は前述した社会的に構築されているとする考え方（＝社会構築主義）とも結びついて，女性に課せられてきた社会的役割（性的役割）の変革を主張するフェミニズム運動に大きな影響を与えるようになってきたのである（上野〔1975：1〕)。

　すなわちジェンダー概念にもとづいて「自然」（生物学的性差＝sex）と「人為」（社会的・文化的性差＝gender)」を分けることによって，ジェンダーによって区分された社会や文化の性差二分法に基づく規範（例えば「性別役割分業論」や，さまざまな「偏見」など）や制度（例えば男女「不平等」の法体系など）を否定・変革するための道具概念として用いられるようになってきたのである。セックスによって区分される性差は「自然」であって変えることができないとしても，ジェンダーによって区分される性差から生まれてきたと考えられる性別役割分業論などは，「人為」であり，長期に亘る習慣や制度としての文化，社会に根づいたものであり，変革の可能性を有するものとされたのである（荻野，前掲)。

## （3） 性差二元論への疑問

**性差二元論への挑戦
——性差一元論？**　既に述べてきた「ジェンダー」概念は，生物学的性差である「セックス」の対概念である社会的文化的性差を意味するものとして，セックス／ジェンダー二元論を当然の前提とするものであった。

ところが近年そもそも，このように性を男性／女性に二分するいわゆる性差二分法とそれにもとづく「セックス／ジェンダー」二元論そのものに対する疑問が呈せられるようになってきた。すなわち前述したとおり，従来，我々はこの世に生まれ，女と男の身体的な性（セックス）を有し，一般的には性差二分法に基づいて性的なアイデンティティを築き，性の欲望や欲求（＝性的指向，セクシュアリティ）の対象を異性に求めることが当然のように期待され，それが正常なものであるとの規範が形成されてきた（＝異性愛主義）。したがって「生物学的性差」としてのセックスから分離された「社会的文化的性差」としてのジェンダー概念も，従来はこのような性差二分法を前提とした性規範と矛盾するものではなかったのである（もっともこのような考え方には，既にＪ．スコットらによって，ジェンダー自体，「肉体的差異に意味を付与する知」であるとして，性差二分法に対する疑問が呈せられていたことは注目されよう（Ｊ．スコット〔1988：訳16〕））。

しかしながら「性」は，一般に①生物学的な身体としての性（＝セックス），②自分の性をどう感じるかという性自認としての性（＝アイデンティティ），③性的指向としての性（＝セクシュアリティ，一般には「欲望を創造し，組織し，表現し，方向づける社会的プロセス」を意味し，具体的には寝室における男女の自然的・社会的関係などのように，性欲を充足する表現，様式，過程や性交渉，生殖関係の行為・指向性のこととされる）という多様な面をもっている。そして性自体が男性／女性という二分法で截然と分けられるものでないことは，例えば①については，男女両方の性器保有や，性器が不分明な半陰

陽（＝hermaphrodite），さらに②については，「性同一性障害（transsexual）」，③については，ホモセクシュアル（同性愛）やバイセクシュアル（両性愛）の存在などによって，性科学上も，これらの境界が曖昧なものであることが明らかになってきた（図表1）。

しかも1990年代に入り，J．バトラーらによって，「異性愛構造を成り立たしめているセックスのカテゴリーは虚構」にすぎず，ジェンダーに先立って身体の生物学的，本質的なセックスやセクシュアリティがあるというよりは，我々は固定的観念に従って，身体やセックス，セクシュアリティが作りあげられているにすぎず，生物学的な性差という観点もまた人間の活動の所産であり，政治的な利害関心に沿って構成されているとする，男性／女性という性二分法とそれにもとづく「ジェンダー／セックス二元論」を否定し，いわば「セックスもジェンダー」という「ジェンダー一元論」が主張されるようになってきた。例えば，**バトラー**は次のようにいう。

> 「セックスの自然な事実のように見えているものは，じつはそれとは別の政治的，社会的な利害に寄与するために，さまざまな科学的言説によって言説上，作り上げられたものに過ぎないのではないか。セックスの不変性に疑問を投げかけるとすれば，おそらく『セックス』と呼ばれるこの構築物こそ，ジェンダーと同様に，社会的に構築されたものである」（バトラー〔1999：28〕）。

これらの主張においては，「セックスがジェンダーに先行する」という「セックス／ジェンダー」二元論は否定され，「ジェンダーがセックスに先行する」，「セックスもジェンダー」といういわば「セックス＝ジェンダー」一元論が展開され，実践的には，従来，異性愛を規範とする社会で，同性愛者は逸脱した派生的なものであり，それらは，本来的な異性愛を模倣するものにすぎない現象とされてきていたが，それ自体がジェンダー概念によって繰り返し社会的に形成・構築されるものであり，「脱構築」もしくは廃絶される

べき対象ということを意味することになる。

　このような主張が，前述した性差を生得的なものではなく，社会的に形成されるとするいわゆる構築主義にもとづくものであることは明らかであるが，バトラーらの主張は，科学認識・方法論にとどまらず，人々が有する観念や科学的知識自体も，権力や利害関心にもとづいて社会的に構築されたものであるとして，科学的言説がもたらす政治的効果や有効性が重要であるとする，すこぶる実践的意向をもつものであった（赤川〔2006：174〕）。

　その結果このような主張は，レズビアンやゲイ等の多様な非異性愛の存在を認めて，異性愛主義への偏向を問題とする理論（クイア理論）に代表される，性，セクシュアリティの多様性を承認する考え方とも結びつき（E. セジウィック〔1990：訳97〕），男女性差二分法を前提とする異性愛主義が，それからはみ出した存在（例えば「性同一性障害」と称される身体と精神の不一致など）や，ホモセクシュアル（同性愛）やバイセクシュアル（両性愛）を排除する差別構造を生み出しているとされ，これらについても，異性愛と同様に平等な取扱いを求める運動の理論的根拠を提起するものとなり，今日，ヨーロッパ，アメリカの社会に大きな影響を及ぼすものとなってきているのである（例えば2004年2月，アメリカのマサチューセッツ州最高裁は「同性カップルの結婚を異性カップルと同様に保障しないのは州憲法違反」とした2003年11月の判決について付帯意見を公表し，判決の意味するのは，結婚した場合と同じ権能を法的に保障するいわゆる「Civil Union」方式ではなく，異性間の結婚と全く同様の「結婚」を認めることであると確認している）。

「ジェンダー・フリー」の主張へ　　しかもこれらの主張はいわゆる「ジェンダーフリー」構想とも連結した。例えば政府の男女共同参画審議会の専門委員を務め，1996年7月，答申「男女共同参画ビジョン——21世紀の新たな価値の創造」の起草にも関わった**大沢真理**は，答申にある「『この答申は女性と男性が社会

的・文化的に形成された性別（ジェンダー）に縛られず，各人の個性に基づいて共同参画する社会の実現を目指すものである」について，「この文章は控えめな表現をとっているが，（中略）ジェンダーからの解放を志向するＡ案（男女の特性（生物学的機能の性差に由来する社会的役割の違い）を前提とせずに男女平等の実現を目指す立場。『ジェンダー』からの解放（ジェンダー・フリー）を志向する方向性を表現する案）を採用することとした。そしてＡ案がさらに修文された結果，答申の『性別（ジェンダー）に縛られず』の個所となったのである」と述べ，その具体的内容については，上野を引用しつつ次のように解説する。

> 「セックスはむしろ，ある色から別の色へと次第に変化するグラデーションのようなものととらえた方が『自然』なのだ。このように不明確な区別から，『男は仕事，女は家庭』のごとき社会的分業─ジェンダーが発達するということは，あり得ないだろう。
> 　他方，ジェンダーはまぎれもなく男か女かの二分法になっており，しかも前述のように両性のあり方は対称ではなくタテの階層を性をもつ。そのようなジェンダーが基盤でセックスまでも規定するようになったのである。ジェンダーという用語が登場してからも，生物としての自然であるセックスが基盤で，そのうえに文化がジェンダーを発達させたという理解が，暗黙のうちにも常識だったと思われる。こういった『常識』は1990年代初年までに分子生物学や性科学，そしてジェンダー論の展開によって，くつがえされたわけである。セックスに根ざす（とされる）男女の特性は是認しつつ，不合理な男女格差を解消するというスタンスの実践では，女性差別を解決できないというのが，その含意となる。デルフィらのジェンダー論の意義が上野千鶴子によって明快に整理されたのは，1995年のことである（上野）。以上のようなジェンダー論の1990年代前半の到達水準を反映して，『ビジョン』はＡ案を採用し，ジェンダーからの解放を志向する男女共同参画の理念を打ちだしたのである。」（大沢［2002；41-46］）。

このような大沢の説明は、フランスの社会学者であるデルフィや上野の所説を引用しつつ(注4)、性差／ジェンダー一元論に立ち、しかも、ジェンダーはそもそも非対称な差異、つまりは権力関係であるとし、事実上、差異そのものの排除によってしか「ジェンダーの縛り」から抜け出すことができないとするものであり、その後のいわゆるバック・ラッシュ派からの攻撃の対象とされることになったのは周知の通りである。

言うまでもなく「ジェンダー・フリー」なる言説は多様な概念であり、その構想も多様であるが、少なくとも上述の主張は、ジェンダーにもとづく社会構造が男女の支配関係（＝「タテの階層性」）から生み出されたものであるとし（このような考え方は後述3にて検討する）、そのうえでジェンダー概念を性的差異のみに還元するものであり、結局のところ、男女平等は男女の性差の強制的・制度的解消によってしか達成できないというものであり、このような主張からは、性的差異の解消（＝ジェンダーの否定）に向かうしか、ジェンダーの縛りから抜け出す道はないということになり、事実上、男女間の差別是正や平等要求を放棄若しくは棚上げする主張へとつながるものであろう。それだけでなく「ジェンダーが基盤でセックスまでも規定するようになった」という主張は、事実上「ジェンダー決定」論への回帰であり、バトラーらが批判する、性差の性得性に関する本質主義と事実上同様の主張をしているとの評価を加えざるを得ないのである(注5)。

### (4) 性差二元論は克服されるべきなのだろうか？

**性差一元論の問題点** そもそも「男性／女性」という性差二分法をはじめとする、「自然／文化」、「セックス／ジェンダー」などの二分法的思考は、ジェンダーを検討する際にいかなる意味を有しているのだろうか。

とりわけこのような主張は、カルチュラル・フェミニズムなどの

いわゆる差異派フェミニズムやポストモダン・フェミニズムによってなされてきたものであり,「近代」の代表的思考とされるいわゆる二元論／二項対立的思考や男性中心主義的な思考パターンに対する原理的批判としてもたらされたものである。すなわち，前述したとおり，女性たちは歴史的社会的に，特殊，例外として劣位の立場に立たされてきたが，これは「近代」の代表的思考パターンである二元論／二項対立的思考により，男性中心的な社会観／規範が形成されてきたことによるものであるとして，フェミニズムはこのような二元論／二項対立的思考パターンの克服／廃絶をめざし，女性やマイノリティらの独自の価値を強調し，多元的・多文化的社会を積極的に評価しようとする構想を提示した。例えば**ヘリタ**は，

> 「性的差別について検討する場合，我々は対置と差異とを区別しなければならない。対置は男と女の二分法であり，差異は無数の性であり，我々は性的対置といった二分法と決別しなければならない」(Nagl-Docebal Herta〔1999：訳44〕)。

と述べることにより，「多様なセクシュアリティ」への道が開かれると主張する。しかしながらこのような主張は，論理学や性差に関する認識・分析方法としてみたとき，確かに男性／女性の二項対立を回避してはいるものの，相変わらず「セックス／ジェンダー」の二元論に立つものであるばかりか，性的「差異は無数のものである」と主張するとき，そもそも性的差異は特定できないものとなり，それ自体が概念としての役割を果たすことができなくなり，性的差異を論ずること自体無意味なものとなろう。

しかもこのような主張は，デカルトらの二元論的思考をあまりに極端かつ硬直的に理解するものであり，実際の二元論／二項対立的思考は，相互の関係をどのように把握するかに努力してきているのである。また，このような方法論はフェミニズムが男女二分法的思考によって，「男性」を中心とし，女性を劣位のものにおく社会構

造や,さまざまな生活領域に刻まれ,それ故に女性たちは長い間ぬぐいきれない傷を負わされてきた思考や生活パターンを明らかにしてきたという歴史的事実を軽視するものともいえよう。

さらに「自然」と「文化」の差異に関して,前述したバトラーが主張している「『セックス』と呼ばれるこの構築物こそ,ジェンダーと同様に,社会的に構築されたものである(バトラー〔1999:28〕)。」とする構築主義的主張についてみても,科学的知識とされるものは,およそ全て人間の実践によって生み出されるものであるといういわば自明のことを指摘しているにすぎないものといえよう。バトラーの主張に従うならば,科学的言説は,政治的社会的利害関係により判断されるということになり,絶対的真理を求めつつ,相対的妥当的を問うという科学的実践など意味をなさないことになろう。また,このような包括的主張は,自然哲学的な意味でも,既にその限界を露呈しているといわざるを得ない。すなわち,これらの主張は,事実上常に人間に対してのみ主張されてきたものであり,動物や植物の性差については沈黙している点を指摘するだけで,それらの主張の限界が明白となろう。

「ツール」としての「性差二分法」　結局のところ,性差という事実,すなわち「性差は何に由来するか?」という認識／方法論上の問題と,性差に関する社会制度設計の理念,原理という正義／平等論上の関係とは,別の次元の問題なのであり,これらの認識／方法論上の問題を直ちに正義／平等論上の問題に直結させて,「差異がある,だから異なる取扱いをすべきである」という本質主義的主張や,「差異はない,だから同じ扱いをすべきである」という構築主義的主張は,人々を分裂させるのみであり,何ら建設的な構想へとつながらず,結果として不毛な論争に終始しているといわざるを得ないのである。正義平等論の問題としては,「差異がある,だが(あるいは,だから)同じ扱いをすべきである」,もしくは「差異のあるなしにかかわらず,同じ扱いをすべきである」という問題

をたてるべきであり、その場合、「機会の平等か、結果の平等か」「格差是正か、潜在能力の平等か」等々の問いが議論されるべきなのである。

　何よりも女性たちは、男性たちの「他者」とされることにより、さまざまな社会生活において差別、排除されてきたのである。そもそも「差別」とは、特定の個人ないし集団が軽視されたり排除されて扱われることであり、そこには軽蔑や侮べつ的態度が伴うものである。差別は人の扱い方の問題なのであり、他方、二分法は論理形態の問題であり、男女性差二分法は、差別を解消し、女性の解消をめざす理論・運動と、本来整合性をもつものなのである。

　われわれの社会には、後述するとおり「母性／父性」「男らしさ／女らしさ」「男性文化／女性文化」等の二項に分裂したジェンダー・バイアスが刻み込まれていることは確かであるが、そこには、親性、人間らしさ、文化性といった人間生活における普遍性や共同性も見出すことも可能なのである。なぜならば今日までの人類の歴史をとおして、人間は男と女、父と母、夫と妻として存在し、生活し、人生を送ってきたのであり、その意味で、今日の我々も過去の残滓を受け継いでなんらかの形でジェンダー的差異を身にまといつつ生きているのである。問題は、このような両性間の役割・機能を固定化するという点にあるのであり、「性差が生得的か否か」という問いへの応答は、言説の政治的有効性ではなく、その科学的・経験的妥当性こそが問題とされるべきであり、われわれが男女平等という理念にもとづいた社会や制度を設計することは、依然として可能であり、それこそが我々の課題なのである。われわれが自己の性別／性役割／セクシュアリティに拘ろうと拘るまいと、囚われていようとそうでなかろうと、そのことによっていかなる社会的不平等をも被らないことこそが、真の「ジェンダー・フリー」なのであり、「性差があるかないか」「性差は生得的か獲得的か」という問いではなく、私たちが、「性差に関して、いかなる状態を平等と考えるの

か，どのような制度設計を望ましいと考えるか」という理念，正義論，運動論を課題とすることが重要なのである。

　われわれが排除しかつ克服すべきであるのは，男女間の性的従属や性差別の残しをもったジェンダー概念や性差二元論なのであり，ジェンダー概念は，自然的条件（セックス）から区別されるものとして，社会的，歴史的条件の中で形成されてきたという批判分析の道具（ツール）として用いられることによってこそ，女性の差別撤廃・解消に寄与するものなのであり，このような意味で，性差二分法は，男性中心の社会構造の抽出，批判分析のツールとして今後ともその生命力を維持し続けるであろう。そこで以下には，このようなジェンダー概念に関する認識・方法論を前提としつつ，ジェンダーの正議論・運動論について検討を加えることにしよう。

## ③　ジェンダーの正義・平等論

### （1）　フェミニズムの法理論とは？

**第二派フェミニズムの法理論**　ジェンダーは既に述べたとおり，性的差異に着目するという認識／方法論のレベルと，性的差別・排除に着目するという正義論・平等論・運動論のレベルの問題が含まれる二面性を有する概念であり，ジェンダー概念は，前者を後者に転化もしくは包摂する際に，性的差異，差別，排除をめぐって問題とされるものであり，このような差別や排除を生み出した原因や，差別を克服し男女平等を実現するために，いかなる理念をかかげ，またいかなる制度設計をするかをめぐって，さまざまなフェミニズム理論が生み出されてきただけでなく，今日でも激しく争われてきているのである。

　すなわち，フェミニズムは，性的差異に関する認識・方法論を前提として，ジェンダーが埋め込まれた社会構成原理（社会・経済・政治構造）の不正義・不公正・不平等を告発してきたのであり，し

たがってここでは、これらのジェンダーの埋め込まれた社会構成原理とそれを生み出した要因、ならびにその克服を目指す理念、制度設計の内容がいかなるものであるのかが問題とされることになる。そのうえでフェミニズムは、男性中心社会の分析と変革における法の役割を強調し、とりわけ、従来の法システムが主として男性によって制定・運用されてきた点を指摘し、これらの法システムの男女平等な制度・運用の実現を目指すことを主張したのである（辻村〔2007：4〕）。

　フェミニズムの法理論は、女性の従属・不平等の解消をめざす点では一致しているものの、その原因や手段をめぐって多様な議論が展開されており、とりわけ「近代」において、リベラルな政治哲学にもとづく法制度は、性中立的な制度設計がなされているにもかかわらず、そこでは「ジェンダー・バイアス」な制度とその運用がなされているとして、フェミニズム法理論は、その理由として、男性中心の経験や利益にもとづく法原理・方法によって法制度が構築されてきたことを指摘する。

　すなわち、これを「近代」社会の支配的法秩序であるリベラルな法秩序の基本原理との関係でいえば、「実態」が男性の優位に傾いている社会においては、法秩序において抽象化された個人としての「人」の自由・平等の保障は、法秩序の「人」から女性たちが事実上排除されている状態の中では、女性たちにとっては全く不十分なものであったのであり、とりわけ、公／私の領域区分により、広範な自由が個人に保障される「私」の領域においては、家庭にせよ、雇用にせよ、自由な取引が行われる市場にせよ、女性は男性と比してより劣位な立場におかれざるを得ないことになり、このようにしてリベラリズムを基本原理とする法秩序は、法制度上「男女平等」を実現したにもかかわらず、「男女不平等」の法運用や社会実態に直面して、新たなる法秩序の形成を迫られることになるわけである。

　さらに後述するとおり、マッキノンや批判法学、ポストモダン・

### コラム4　「ジェンダー・バイアス」

　「ジェンダー・バイアス」も今日多義的な概念として用いられるようになっているが、一般には「ジェンダーに基づく偏見もしくは差別」という意味で用いられているといえよう。

　バイアス bias は元来英語圏では、固定的観念に基づく偏見／性向（An preference or an inclination, especially one that inhabits impartial judgement）等という、人々の態度や観念等心理的側面の意味と、偏見に基づく不公正な行為や政策（An unfair act or policy stemming from prejudice）という、慣習、政策など制度的側面の意味がある（http://www.bartleby.Com/61/65/B0226500.Html）。

　わが国では従来自治体や教育現場におけるいわゆる「ジェンダー・フリー」教育において、「ジェンダー・フリー」を「ジェンダー・バイアス」からの自由などという意味で用いており（注5参照）、主として人々の態度や観念等心理的側面にウェートがおかれていたが、法分野においては、1980年代にアメリカのNPO団体が、裁判における gender に基づく差別／偏見を含む裁判の是正を目指して、裁判官教育プログラム運動を進める際に、裁判批判として用いた用法が、「ジェンダー・バイアス」であり、ここでは、前者の意味のみならず後者の意味も含むものとして用いられていた。即ちアメリカでは、1960年代の公民権運動に伴い女性差別の撤廃運動も盛んになり、雇用における女性差別禁止法が制定された。そこで、電話会社の事務職の女性が、技術部門への転換を希望したところ拒否されたのを性差別であるとして訴えたところ、裁判官が、「女性に技術的なことはわからない、向いていない、こなせない」などという理由で女性が敗訴した事件等をきっかけに、裁判所におけるジェンダーバイアスの根絶の必要性が認識され、そのためには裁判官を教育しなければならないという強い要請が生まれるようになり、あわせて1970年代には、ジェンダーの視点からの裁判例の検討がなされ、裁判における広範なジェンダーバイアスの存在が明らかとなり、上記運動へとつながっていくことになるのである（第二東京弁護士会［2003］参照）。

　そこでジェンダーと法を扱う本書においても、「ジェンダーバイアス」はかかる観点から、主として後者の用法に則って用いることが適切と考え、以下には主として後者の意味で用いることにする。

フェミニズムなどは、これらの「近代」法と実態の乖離の指摘にとどまらず、「近代」法そのものの構造に欠陥があると批判した。すなわち、近代法が理念とする抽象性／中立性そのものが男性支配を可能にしているとして、例えばポルノグラフィをめぐる論争において、近代法が保障する表現の自由が女性の商品化をもたらしていると批判し、また公／私の領域区分についても、例えば近年のドメスティックバイオレンスにみられるように、近代法が確保した私的領域における個人の自由こそが、妻に対する暴力の場を夫に提供していると指摘するのである（C. A. Mackinnon〔1987：45〕）。こうした「近代」批判をとおして、フェミニズムの一部や批判法学、ポストモダン・フェミニズムには、近代法そのものを否定しようとする潮流があるが、しかしながらこうしたポルノグラフィやドメスティックバイオレンス等の現象は、後述するとおり、近代の法理念や法制度そのものが生み出したものではなく、「前近代」を含む、われわれの社会や歴史の中に埋め込まれた、男性優位／女性蔑視、差別や偏見などが生み出してきた社会現象としてとらえるべきものであり、そうであるならば、むしろ「近代」の否定によってではなく、近代法の貫徹によってこそ、かかる現象を含む男女差別／女性蔑視を克服すべきものであり、それこそがわれわれの課題といえよう。

このようにいわゆる第二派フェミニズムの到来の中で、1970年代以降フェミニズムにおける法理論の役割が飛躍的に高まることになる。そこでは、フェミニズムの法理論は、女性のニーズや経験を的確に承認し、適切に理論化する方法を提示するのであり、そのテーマとして、法における女性の従属・不平等の実態暴露（unmasking）、女性の日常経験の理解にもとづく差別実態の文脈的推論（contexnal reasoning）や意識覚醒を推進し、女性の従属・不平等の解消、地位向上をめざす法理論を今日精力的に展開しているのである（N. Levit & R. Verchick〔2006：45-56〕）。

後述するとおり女性の劣位な地位向上にとっての法の役割につい

ては，従来から「平等」アプローチと「差異」アプローチの2つのアプローチが主張されてきたが，「ジェンダー」の登場以後，これらのアプローチはそれぞれ競合もしくは交錯しながら，女性の地位向上，権利擁護の実現に関わるようになってきているといえよう。

**フェミニズムの諸潮流**　20世紀後半に生まれたいわゆる第二派フェミニズム以降のフェミニズムは，「ジェンダー」をキーワードに，現代社会におけるジェンダーの埋め込まれた社会構成原理を発掘してきたが，フェミニズムはさらにこのような社会に埋め込まれたジェンダー・バイアス，「性支配」を克服する方向性をめぐって，「平等主義的なアプローチ」と「差異主義的なアプローチ」に，さらにはそれらに対する批判的アプローチであるポストモダン・フェミニズムに分かれて今日に至っているが，フェミニズムの諸潮流の中でもいわゆるリベラル・フェミニズム，ラディカル・フェミニズム，マルクス主義フェミニズム等は「平等主義的アプローチ」をとっており，第二派フェミニズムの今日までの主たる潮流を形成してきているといえよう。例えば，**N. フレーザー**はこれらの潮流を次のように整理している。

> 「平等のフェミニストは，ジェンダーの差異を，男性の支配の道具，人工物であると見なしている。彼女たちによれば，性差別主義的な社会においてこうしたジェンダーの差異として通用しているのは，女性の従属を合理化するために語られている女子嫌悪的な嘘（例えば，私たちは非合理的で感傷的であり，それゆえ知的な仕事には向かず，家庭内の仕事には適していると言われている），あるいは，社会的に構築された不平等の帰結（私たちは実際数字について心配し，成功を恐れるようになっている。なぜなら違ったように扱われてきたからである）である。（中略）こうした平等の視点からすると，ジェンダーの差異は，性差別主義と不可分であるように見えたわけである。そうなると，政治的な課題は明白であり，フェミニズムの目標は，『差異』という足かせを取り払い，女性と男性を共通の基準のもとに置き，その平等を確立することである。リベ

ラル・フェミニスト、ラディカル・フェミニスト、社会主義フェミニストの間に、どのようにこの目標を達成するかについて論争の余地があるのは確かだが、彼女たちは、ジェンダーが含意する、平等に関する共通のヴィジョンを持っている点で同じである」(Fraser〔1997：訳265〕)。

他方ではいわゆるカルチュラル・フェミニズム、エコ・フェミニズム、レズビアン・フェミニズムなど「差異主義的アプローチ」をとる考え方は、前述した、男女間の出産などの生物学的な差異や文化的差異・関係性などに対応した、異なる制度設計を構想するものである。例えばいわゆるエコ・フェミニズムに属する著名なフェミニストである**青木やよひ**は、次のように主張する。

「差異を口実にした特権や優越性は、これまでは専ら男性の手中にあった。女性の多くは被差別者の側にいた。しかし現在、この構図は壊れつつある。1つは、女性の中にも階層分化がおこっていることである。家事・育児はすべて金銭で解決して男性並みにキャリアを積んだ女性は過去にもあるが、最近は自分の卵子で他の女性に子供を産んで欲しいと希望する女性も出現している。(中略)もう1つは、東南アジアを含む第三世界の人々に対しては、私たち『北』の人間は女性といえども差別する側に立ってしまったことである。たとえば、満腹しながら飢えるアフリカのテレビを見て、『カワイソー』と古着を送ってあげる人々の心の中にも『文明から取り残された、遅れた人々』への優越感が潜在してはいないだろうか。(中略)こうしたことから、近代社会がそれなしには発展しえなかった産業主義イデオロギーへの批判を、私としては当然導き出さざるをえないのである。むしろ現在は、それなしには、フェミニズムを語ることも、それを実践することもできないところにきていると私は思っている。(中略)生活ぐるみ自分の生き方を変えていく中で、一人ひとり人間としては、"人並み"願望を克服するしかない。そしてその方向性として、われわれ『北』の人間としては、"より多く稼いでより多く消費する"のではなく、"より少なく稼いでより少なく消費する"というほうをとらざるをえないだろう。そ

> こで，エコロジカルな生き方がフェミニズムと指向性を同じくする
> という視点が出てくることになる（『フェミニズムとエコロジー』）。
> 「エコロジーを欠いたフェミニズムは科学至上主義に陥り，これ
> は南北差別をますます強固にするだろう。また，フェミニズムをか
> いたエコロジーは生物学至上主義に陥り，エコ・ファシズムに急速
> に傾斜してゆくだろう。このようなことは，どちらも人類を破滅に
> 導くものである。いま私たちは，双方の剣が峰に立っているとも言
> える。この危機を敏感に甘受しうるのは女性的感性であって，フェ
> ミニズム論は，もはやこの問題を避けて通ることはできない」（青
> 木〔1994：154-157〕）。

 さらには，このような「平等主義アプローチ」や「差異主義アプローチ」は，結局のところ，「ひとつしかない真実のフェミニストストーリー」を目指すものであり，「近代」の社会・文化・政治構造に根強く潜む男性中心的思想のうらがえしであるとして，デリダらのポスト構造主義の影響を受けた，単一でない多様なフェミニズムを目指す，いわゆるポストモダン・フェミニズムも有力な流れを形成しているのである。

 そこでまず「平等主義的アプローチ」の主張を概観してみよう。

## （2）「平等主義アプローチ」——社会に埋め込まれた「ジェンダー・バイアス」

 20世紀後半に生まれたいわゆる第二派フェミニズム意向のフェミニズムは，「ジェンダー」をキーワードに，現代社会におけるジェンダーの埋め込まれた社会構成原理を発掘してきたが，「平等主義的アプローチ」をとるフェミニズムが把握した現代社会の構成原理の特徴として，①社会的に埋め込まれた「ジェンダー・バイアス」と，②「家父長制」にもとづく「性的支配」を指摘できよう。

**ジェンダー・バイアスと社会の編成原理**　20世紀中葉頃までに，現代社会は，いわば「近代」を本格化させて，男女の平等

な権利を保障する制度を達成するようになったが，他方では，前述したとおり女性たちは政治・雇用・教育・家庭等いたるところで劣位者として差別されているという現状が明らかとなってきた。そこで，フェミニスト達は，これらのいわゆる「形式的平等」と「実質的不平等」との差，いわば，法の「タテマエ」と「現実」との乖離について，歴史的・社会的に形成された「ジェンダー」により，女性はその身体，社会関係，政治参加等の面で，実際上男性と異なる取り扱い（＝ジェンダー・バイアス）を受けてきていると主張するようになった。

　すなわち，我々の社会制度，慣習，学問，文化等の人間の社会活動は，一般に男性の規範や経験を前提として形成されており，前述したとおり，そこには男性の規範や経験が社会規範や経験として一般化され（男＝一般，人間），女性の経験は特殊化，例外的なものとされる傾向にある（女＝例外，特殊）。このような例として，ジェンダーに関する語彙が男女で「非対称」となっていることはよく知られている。例えば英語で「man, he」という男性（代）代名詞は，「男」と「人間」の意味をあわせもち，しかも「人間が話題となっている時には，男のイメージしか想定され」ず，「女の存在がクローズアップされる文脈になると，それは『人間＝男性』とは違うつまり『女性だから』という観点から説明される」傾向をもっている（中村1995：25）。これは日本語でも，例えば「少年」という言語は「通常若い男」を指すが，「婦人少年室」などの言葉のように「女を含めた若い全体」を指す意味でも用いられ，また「兄弟」も「ご兄弟は何人ですか」というように「兄弟姉妹」の意味でも用いられている（しかもこれらの反対の用いられ方はしない）。このように言説における「男＝一般＝普遍＝人間」という用いられ方に対して，「女」を指す言葉は「否定的意味」や「性的な意味」で用いられることが多い。例えば英語で「He is easy」という場合「彼はくよくよしない性格だ」という意味になるが，「She is easy」と言うと

「彼女は男と簡単に性関係をもつ」という意味になり（ランダムハウス英和大辞典第2版1993）、また「master（男）主人」の対語である「mistress」の場合「女主人」の他に「情婦、めかけ、愛人」という意味があり、日本語でも「女」という言葉は「酒・煙草・バクチ・女」といった言葉と同列に並んで呼ばれることがある。

　このような言説に示されているように「人間＝男性」を社会的標準とし、女を「男＝人間」の下位若しくは例外カテゴリとして位置づける見方は、我々が用いる言説にとどまらず、歴史、文学、芸術、学問や文化、社会制度や習慣等の我々の社会生活全般に亘るものとして広範にみられ、そこでは、男性の経験や価値、規範が普遍的、一般的なものとされ、女性の経験や価値、規範は特殊的、例外的なものとされる傾向にあり、それは法の分野においても同様であった。

　とりわけ「近代」の支配的思想であるベラリズムによって主導され、個人の尊厳と個人的自由の平等な保障を基本原理とする自由主義的な法秩序においては、歴史的には近年に至るまで、個人としての「人」から「女性」が排除されてきており、また公正かつ中立的な法制度が確立された現在においても、その運用において、女性に対して不公正で偏りのある結果を生じてきていたのである。さらに現代社会の法制度は個人としての自由を平等に保障するため、原則として社会を「公」組織と「私」領域に区分したうえ、公権力に対する法的規制を主として「公」領域に限定し、市場や家族等の「私」領域における個人の自由を広範に認め、また「公」組織での権力の行為にかかる法的規制の枠組みについても、個々人の自由な幸福追及を可能とするため、特定の価値観に依存することなく、中立的で公正なものであることを求めている。フェミニズムは、このような、法制度の枠組みが中立的であるにもかかわらず、男性中心の運用がなされ、「公・私」の領域区分により、広範な自由が基本的に保障される「私」の領域において、家庭にせよ、会社にせよ、その活動において女性は男性と同様な扱いを受けていない実態を鋭

く告発した。例えばW. キムリッカが引用するR. ラドクリフは次のように述べている。

> 「ある集団が，かなり長期にわたって別の集団を排除したままであった場合，その集団の活動が，排除された集団には適さない形で発展することはほぼ間違いない。周知のように，女性は多くの仕事から排除されてきた。その結果，多くの仕事はほぼ確実に女性に適さないものとなる。この明白な事例は，ほとんどの仕事が出産や育児や両立できないことである。仮に女性が最初から社会の発展に深く参画していたならば，女性は仕事と出産や育児とを互いに適合させるような方法を当然見いだしていたであろうと私は確信する。男性はそうした動機など持たなかったのであり，その結果は見てとれるとおりである」(Radcliffe〔1980：113-4〕, Kymlicka〔1990：第2版訳546〕)。

「ジェンダー概念」は，このような社会の基本的な編制原理にかかわるものであり，フェミニズムは，女性がその身体，社会的活動，政治参加等において実際上男性と異なった取り扱いを受けてきていると主張した。例えば近年，職場等におけるセクシュアル・ハラスメントや，家庭内でのドメスティック・バイオレンス等の実態が明らかにされ，また女性の身体についても，古くから売買春，ポルノなどが市場取引の対象として商品化されてきており，このように男女間には法の適用において著しい格差が存在しており，近年国内外でのこれらに対する批判の強まりの中で各種の立法がなされてきていることはよく知られた事実である（1985年国連「女性に対する暴力の撤廃宣言」，男女雇用機会均等法，1995年第4回北京世界女性会議「行動綱領」，1999年男女共同参画社会基本法，2001年「ＤＶ法」など）。

フェミニストたちは，このように社会一般の制度は，外見的・形式的には性中立的になってきているにもかかわらず，実際には集団としての男性が，集団としての女性の人計設計一般（例えば中絶，就業など）を事実上統制し，個人としての男性は個々の結婚生活に

おいて経済的に弱い立場にある女性の個人的生活(例えば消費生活など)を事実上統制しており，これらは社会に組み込まれた「ジェンダー」にもとづく，ジェンダー・バイアスによるものであると主張したのである。

例えば，M. ミノウは家族をめぐる状況について次のように論じる。

> 18世紀から19世紀にかけて作り上げられた(英米法圏における)家族法は，伝統的に(白人)男性が家長となっており，この家長の下で，家族の「自律」は保護され，国家はその自律に対しては不介入の原則を採っていた。こうした家族法においては，各構成員は家庭内では自由権や自立的個人主義の埒外にあり，その結果，家庭内暴力問題など，家庭の中で起こることは法(的救済)や権利の対象とはほとんどならなかったのである。他方20世紀後半に入り，男女平等がめざされ，自律的個人主義の原理が家族法の中へ浸透し始めると，今度は別の問題が生ずることになった。例えば，離婚が一般的に認められるようになっても，夫婦，特に女性側には依然として性別による固定化された役割(母親が子育てをするべきだということ)が求められていたことから，これまで主婦だった女性に十分な経済的自立を求めることは(女性側の技術不足や労働市場の男女差別もある中で)，一般的な社会的傾向として女性側が離婚後も主として子育てをしているという状況をも考慮すると，非常に酷である。つまり，現状の社会的構造を維持したまま形式的平等を追及すると，結局女性側にしわよせがくるのである。
> 「形式的平等や自由という法的権利が導入されて，各自が国家との直接的な関係を持ったとしても，それが現実の平等をもたらすことにはならない。それは，関係性という世界における自由の難しさを露呈するだけである」(M. Minow〔1990：276〕)。

しかしながらこのような社会に埋め込まれたジェンダー・バイアスに対する克服の理念や制度設計に関して，フェミニズムは大きく2つに分かれることになる。いわゆるリベラル・フェミニズムの潮

流は，ジェンダー・バイアスを女性に対する「不当な差別」「恣意的な差別」の結果ととらえてその克服をめざし，他方ラディカル・フェミニズムやマルクス主義フェミニズム等他の潮流は，ジェンダー・バイアスを男女間の支配と従属の階層ないし権力関係の結果ととらえて，その克服をめざした。そこで以下にはまず第二派フェミニズムの主流を占めるリベラル・フェミニズムの理念と正義論をみてみることにしよう。

### ジェンダー・バイアスとリベラル・フェミニズムの正義論

リベラル・フェミニズムは，いわゆる第二派フェミニズムの台頭以前のフェミニズムの流れをくむと共に，後述する通り「平等」指向アプローチの考え方であり，リベラリズムに基づき，個人の自立と自己決定を前提とし，従来の市民的諸権利を女性に拡張するという法的手段や社会改革を通して男女平等の実現を目指し，社会，経済，政治に組み込まれた「ジェンダー」を，「男性／女性」の集団的利害の対立としてではなく，むしろ個人的利害の対立として捉え，その変革を主張した。リベラル・フェミニズムの法理論である「平等取扱法理」は，同種同等の地位や立場にある男女を差別してはならないというシンプルなものであり，アメリカで1960年代初期から主張されるようになり，政治的分野のみならず，雇用，教育等の分野における法制度・運用の改革に大きな影響を与えることになる。

平等取扱法理論は，一般に2つの目標から構成され，第1は，政治的，社会的，経済的資源——公職・雇用，就学など——への男女の実質的な機会の平等実現であり，第2は，その裏側の議論として，女性に対する保護規制——深夜業や残業規制など——が女性差別の口実とされているとして，その撤廃を求める傾向にある。リベラル・フェミニズムの法理論は，いわば「平等アプローチ」を最も徹底した考え方であり，「差異」につき，男性と女性との違いを最小限にとどめる「人」モデルを採用し，生物学的性差（＝sex）——しかもそれを妊娠，出産，乳児哺育のみに限定する——のみを，法

における取り扱いの差として合理化できるものと主張した。

このような考え方にもとづいて,例えばアメリカでは,1964年に制定された包括的差別禁止法である公民権法第7編は,使用者が「人種,皮膚の色,宗教,性,出身地」を理由として解雇等の雇用差別をすることを禁止し,その後のEEOC(雇用機会均等委員会)のガイドラインや裁判例の蓄積の中で,「直接差別」(例えば募集に際して,「男」「女」という特定の性を指定したり,「カメラマン」とか「スチュワーデス」等の特定の性を意味する指標を用いて性差別をすること)のみならず,「間接差別」(例えば募集に際して,身長,体重等の性に中立的な指標を用いて性差別をすること)を禁止すると共に,女性労働者に対する長時間労働の禁止・重量制限等の「女性保護規定」やセクシュアル・ハラスメントが禁止の対象とされるようになった(但し,男優・女優の募集等の「真正な職業上の資格(bona fide occupational qualification＝BFOQ)」のみは例外的に許される。中窪1995：182)。

アメリカ以外の諸国においても,1960年代後半までにはこのような平等取扱法理が次第に徹底されるようになり,やがてこのような考え方は国際条約にも反映されるようになる。1966年国連総会が採択した社会権規約(A規約)では,女性労働者の産休に関する保護規定に関連して,従来からの「女性が子供を産み育てる」べきであるという性別役割分業,特性論を前提とした,産休期間を子供の養育期にまで広げるべきとの主張が斥けられ,「妊娠・出産・乳児哺育」のみを意味する「産前産後の合理的期間」のみが女性労働者に「特別な保護」として認められるようになった(10条2項)。さらにこのような考えは,1975年国際女性年メキシコ会議の「世界行動計画」を経て,1979年国連総会で採択された「女性差別撤廃条約」ではより徹底され,「出産における女性の役割が差別の根拠となるべきでな」いとされて(前文),生物学的性差を含む男女の異なる取り扱いを原則として否定し(2条以下),例外的に「妊娠・分娩及び産後期間中の適当なサービス(必要な場合には無料とする。)並び

に妊娠及び授乳の期間中の適当な栄養を確保する」(同条2項) という母性 (maternity) を理由とする特別措置に限定され (4条2項), このような「形式的な機会の平等」の徹底 (いわば sex-blind) は, ILO条約「男女労働者・家族的責任を有する労働者の機会均等及び職業待遇に関する条約」にも反映されるようになっていったのである (156号, 1981年)。

このようにリベラル・フェミニズムにおいては, 性差別は社会的・経済的な利益や地位等の配分や運用を, 男女間で恣意的ないし非合理に用いることを意味しており, 性差との関連で正当化しえない不平等・不公正な処遇が差別的と見なされることになる。しかしながらこのようなアプローチからは, 社会編成原理それ自体に組み込まれた「ジェンダー・バイアス」を把握することはできないことになる。何故ならばここでの性的正義・平等とは, 歴史的に男性優位の社会の中で, 男性の利益に従って形成されてきた社会制度や慣習を前提としたうえで, ジェンダー中立的なルールの下での競争する能力を意味しているのであり, したがって社会諸制度等の中に埋め込まれている「ジェンダー・バイアス」を問題としないかぎり, 性差別の撤廃による真の男女平等は実現しないことになる。こうしてリベラル・フェミニズムへの批判としてさまざまな潮流のフェミニズムが登場することになる。

### (3) 近代「家父長制」にもとづく性的支配

**性的支配としてのジェンダー秩序 (ヒエラルキー) 論**　ラディカル・フェミニズムやマルクス主義フェミニズム等の第2派フェミニズムの諸潮流は, リベラル・フェミニズムの「平等」アプローチを批判し, 男性の女性に対する支配の中に女性の差別・排除の根拠があるとして登場した。

例えばいわゆる「支配 (Dominance) アプローチ」をとる**C.マッキノン**は女性の従属は, 根本的には性にもとづく非合理な差異化の

問題ではなく，男性の女性に対する支配の問題であるとして以下のように述べる。

> 「この社会では，女性から男性を区別する資質は，事実上はことごとく，男性に都合のよいように優遇されている。男性の生理機能がほとんどのスポーツを規定し，男性のニーズが自動車保険や健康保険の保障額を規定し，社会的につくられた男性の生き方が職場での期待や輝かしい経歴のパターンを規定し，男性の物の見方や関心が学問の質を決定し，男性の経験や執着心が業績を決定し，男性による生の対象化が芸術を規定し，男性の軍務が市民権を規定し，男性の存在が家族を規定し，男性が互いにうまくやっていけないこと——男性による戦争や支配関係——が歴史を規定し，男性のイメージが神を規定し，そして，男性の生殖器が性を規定している。これら女性に対する男性の差異にとって，積極的差別是正措置のプランに相当するものは実際には，アメリカ社会の構造や価値として認識されているものである」(C. Mackinnon 1987：36)。

かくしてフェミニズムの間では，このような支配と従属を生み出す男女関係とその克服が問題とされるようになり，いわゆるラディカル・フェミニズムを嚆矢とする潮流は，以下に述べるとおり，前述したジェンダーが，いかに社会的秩序のうちに構造化され，個々人の慣習的な日常的実践（ブルデューのいう「ハビトウス」→P. ブルデュー〔1979. 訳1990：260〕[注11]）を通して再生産され，社会の中にジェンダー・バイアスを生み出しているかを，いわゆる「家父長制」にもとづくジェンダーヒエラルキーとして説明を試みた。すなわちジェンダーは，リベラル・フェミニズムが主張するように，社会的に不当な差別や法規範上の平等に還元つくされるものではなく，男性が女性に対して優位に立つように割り振られ，前者の支配と後者の従属を可能となるような階層からなるものであり，性にもとづく集団間の階層秩序（＝ヒエラルキー）ないし権力関係であり，このような被支配・抑圧集団としての女性の立場からジェンダー問題

## 3 ジェンダーの正義・平等論

> **コラム 5** ハビトゥス habitus
>
> 　ハビトゥス habitus は P. ブルデューによって用いられた社会学上の用語であり、「社会的に獲得された性向の総体」「人々の日常経験において蓄積されていくが、個人にはそれを自覚されない知覚、思考、行為を生み出す性向」のこととされる。元来は持つ habeve を意味するラテン語の派生語であり、態度、外観、装い、様子、性質、習慣などを意味する語であり、トマス・アクィナスの倫理学の重要な概念でもあり、彼は人間が持つ善の性向への道徳的選択に影響を与えるものとして、情念と共に行為によって獲得された習慣である habitus をあげており、そこでは、知性、学知、英知、分別、正義、剛毅、節制などを habitus の構成要素としている。ブルデューはこのようなトマスらの業績を踏まえて、社会には、書籍や制度などによって物象化された面と、ハビトゥスという形で身体化された面の 2 つの側面があると指摘した。例えば、家庭において、幼児が親にあることを教えられると、幼児は教えられたことを学ぶと同時に学び方そのものを身体化させ、この学び方は次に学ぶ内容を、受け入れるか拒否するかを決定づける性向となる。
>
> 　このように最初のハビトゥスは、次の知覚や行為を決定づけ、それらは新たなハビトゥスを生み、それに応じた習慣行動を決定づけるので、ハビトゥスは性向の体系であると同時に、「身体化された歴史」であるということもできる。このように、ハビトゥスは、偶然の社会的関係を「本質」に変換するメカニズムでもあり、例えば学校制度が支配者階級に有利に働き、被支配者階級に不利に働くというのは、支配者階級の家庭の中で形成されたハビトゥスが、学校で伝達される文化を受容しやすい性向を持っているのに対して、被支配者階級の家庭のハビトゥスは、学校文化を拒否しやすいように形成されるからであるとされる。

を考察すべきである（ジェンダー的視点）と主張したのである。このような立場の代表的論客である**江原由美子**は、その代表的著作である『ジェンダー秩序』で以下のように主張する。

> 「『ジェンダー』とは，『女性』や『男性』の『心』の状態なのではなく，『女性』や『男性』に適用される相互行為上の規則や慣習の適用の仕方の相違として，記述される。この相違は，日常生活における男女の社会的行為能力に影響を与える。しかもこのような規則や慣習は，行為者にハビトゥスとして保持され，多様な社会領域における行為実践全てに影響を及ぼす。このような影響力の結果として，『性別役割分業』が再生産され，知識生産における男性のヘゲモニーは，文化的資源としての行為者の行為戦略の選択肢の可能性の範囲に影響を与え，さらに男女の行為能力の相違を強化する。そのような状況を『性支配』という」（江原〔2001：ⅲ〕）。

このような意味でのジェンダーは，第二派フェミニズムの主要な潮流であるいわゆるリベラル・フェミニズムにはなく，ラディカル・フェミニズムやマルクス主義フェミニズムなどに特有なものである。つまり，リベラルなフェミニズムとラディカル・フェミニズムらとを分ける分岐点こそ，現在における男女間の関係を，不当な差別と見るか，支配と従属の階層関係ないし権力関係を見るかという点にあり，特にラディカル・フェミニズムはこのような男女の支配・権力関係を「家父長制」と関連づけて根拠づけ，マルクス主義フェミニズムなど他のフェミニズムの諸潮流に大きな影響を与えることになる。

**「家父長制」概念の提示**　ラディカル・フェミニズムは，男性の女性に対する支配である「ジェンダー秩序」を根拠づけるものとして，「家父長制」なる概念を提示した。元来「家父長制」は，社会学上の用語と文化人類学上の用語として両義性をもつものとして用いられており，前者の場合，家族における権力の形態や支配類型としての「家長の支配」（patriarchalism）を意味するものとされ（典型的にはM.ウェーバーのいう「伝統のみに拘束される恣意的権力」と「成員の人格的恭順」），後者の場合，権力を持つ主体の性別に着目して，母権制（matriarchy）の対語としてpatriarchy（「父権制」

ともいう）という意味で用いられてきた歴史的な概念であった。すなわち

> 「『家父長制』という概念は，近代以前の歴史的に特有の社会形態として成立したものであり，何らかの家族共同体ないし部族共同体の内部で，家父長による絶対的・人格的支配が貫徹されている形態や，より広く人格的な支配・従属のヒエラルキーが貫徹している社会を示す概念として用いられてきたのである。このように近代以前の社会に成立した『家父長制』は何よりも人格的支配関係を表すものであり，しかもそれは，家父長による家族成員の人格と財産に対する一体的所有権にその権力支配の基礎をおくものであり，したがって，そのような家父長の所有が家産や家督にとどまらず，家族構成員の人格に及ぶことを当然とする社会を前提としており，それ故，近代以前の社会に成立した人格的支配・差別関係を表す歴史的概念なのである」（M. ウェーバー〔訳1960：143〕）。

このような歴史的概念としての「家父長制」を再構成したうえで，歴史貫通的で，社会全体に普遍的に存在する，「男性による女性の支配・抑圧の構造」を含意する超歴史的な概念として現代フェミニズムに導入したのは，ラディカル・フェミニズムの理論的創造者の1人であるK. ミレットである。彼女は現代政治哲学の正義論である，公／私二分法──すなわち「公」的世界を国家・政治，「私」的世界を経済・文化・家族に割り振る──を再構成したうえで，政治を「公」的世界に限定せず，男女間の関係もまた政治的関係であると把握し（「personal is political」），とりわけ家庭において，女性たちが男性たちから従属を強いられている現状を告発したうえで，このような男女関係の非対称の権力関係を，「家父長制」という用語を用いて以下のように定義した。

> 「われわれの社会は，他のあらゆる歴史上の諸文明と同じく，家父長制である。軍隊，産業，テクノロジー，大学，科学，行政官庁，

経済——要するに，社会における権力のあらゆる通路は，警察の強制力まで含めて，全て男性の手中にある。(中略)家父長制的統治というものを，人口の半分を占める女性が残りの半分を占める男性によって支配される制度とするなら，家父長制の原則は二重であるように見える，すなわち，男性が女性を支配し，また年長の男が若い男を支配するというように」(K.Millet〔1970：25，訳72〕)。

このようにK.ミレットの主張する「家父長制」は，基本的には「男性による女性の支配・抑圧の構造」を意味しており，社会におけるジェンダー・バイアスは，偶然や男性の個人的気まぐれや前近代の遺物でなく，近現代社会における男女間の階層的ヒエラルキー(ジェンダー秩序)に構造的起因を有するものであり，かかる構造をなくすことがフェミニズムの課題であると主張したのである。

ラディカル・フェミニズムの提唱するジェンダー論の特徴は，この意味の家父長制が，封建的家族や近代市民家族のみならず，近現代社会にも妥当する普遍的な構造原理として特徴づけた点にある。すなわち従来のリベラル・フェミニズムの一般的理解では，過去の人類の歴史においては，男女差別の主たる要因が，主として家長である男性の財産(=「家産」)所有にもとづいたものであったことから，女性たちがかかる制度や拘束から解放された近現代市民社会においては，一般のサラリーマンを中心とした家族関係や社会では，このような性差別・排除の社会的経済的根拠が既になくなっており，したがって男女平等が自ずと進展するとの楽観的見通を立てていた。

しかしながら現実のサラリーマン家庭や社会においては，男女の平等とは全く反対の性別，排除が維持存続しており，このような現実に対して，ラディカル・フェミニズムは，その原因として，ジェンダーにもとづく性支配が埋め込まれた社会構造原理を指摘し，その克服を主張したのである。

このように，ラディカル・フェミニズムは「ジェンダー」の埋め込まれた社会構造を「家父長制」，すなわち「男性による女性の支

配」という概念を用いて特徴づけ、それがどのような要因によって生じ、それは如何にして解決可能かという問題を、自らの理論的・政治的・運動論上の課題としたのである。後述するとおり、第2派フェミニズムは、さまざまな潮流によって成り立っているが、それはこのような課題をめぐってのさまざまな見解の相違にもとづくものなのである。とりわけこのような家父長制における「性支配」の根拠・性格をめぐって、セクシュアリティの観点からとらえるラディカル・フェミニズムの流れと、資本制のもとにおける家族関係の観点からとらえるマルクス主義フェミニズムの流れとがある。

　すなわち、ラディカル・フェミニズムは、このように「ジェンダー」による女性の劣位につき、「個人的なことは政治的なことである（The personal is political）」と呼ばれる代表的テーゼに表わされる通り、結婚や「強制的」異性愛、母性などの「私」生活領域を規制する制度や慣習にみられる男性中心的性愛観こそが女性の抑圧の原因であるとし、またマルクス主義フェミニズムは、このような近現代家父長制の典型を、「家族賃金（＝家族の構成員の生活費に等しい賃金）」を経済的基礎とする「男性片稼ぎ家族（male breadwinner family）」に求め、それにもとづいて、「男は仕事、女は家事」という性別役割規範が成立し、さらにこのような近現代家父長制における性別役割分業のもとで、女性たちは、「私」的領域である家庭におけるいわゆる「無償労働」としての家事・育児責任を負担をせざるを得ず、それ故に労働市場に登場するにしても、「半人前の労働者」として、男性並みの労働条件を要求することができず、家庭でも職場でも男性に経済的に従属せざるをえない関係の中から、劣位な立場におかれることになると主張したのである。

### 「家父長制」の根拠（その１）——ラディカル・フェミニズム

ラディカル・フェミニズムは、前述した男女間の権力関係を、主としてセクシュアリティ——性関係、性行為、性的能力、生殖など——に抑圧の根源をみている。もっとも性的抑圧の構造分析をめ

ぐっては，ラディカル・フェミニズムの中でもさまざまな考え方が主張されており，例えば前述のK.ミレットは，社会に存在する男女のヒエラルキーを前提とし，男女の性行為や男性の性的暴力性に表現されるような男性優位の権力関係を議論の中心にすえたが，このような権力関係が生ずる原因については論ずることがなかった。これに対して，**S.ファイアストーン**は，女性の生殖能力や妊娠，出産等の生物学的差異に女性抑圧の直接的原因を見出し，次のように主張した。

> 「経済的階級と違って，性階級は生物学的事実から直接生じている。すなわち，男と女は異なったように創られており，その有利不利の程度も異なっている。ボーボワールが指摘しているように，この差異そのものが階級制度——ある集団による他の集団の支配——の発展を必然ならしめたのではないが，これらの差異の生殖機能が，階級制度の発展を必然ならしめたのである。（中略）性にもとづく階級制度は，基本的な生物学的条件に起因してはいるが，このことは，女性の抑圧の生物学的条件が除去されれば，女性と子供が解放されるということを意味してはいない。すなわち，自分自身の身体に対する女性の所有権の完全な回復だけでなく，人間の生殖力——出産と育児に関する新しい技術，出産と育児に関するあらゆる社会的諸制度——に対する支配権の（一時的な）奪取をも必要とする。」(S. Firestone〔1970：11，訳17〕)。

このような生物学的側面にウェートを置くファイアストーンの主張は，批判を受けることになるが，「自分自身の身体に対する女性の所有権の完全な回復」という主張は，その後の妊娠中絶やドメスティック・バイオレンスなどにおける女性たちの運動に多大な影響を与えることになり，やがてマッキノンらの支配アプローチへと結びついていくことになる。**C.マッキノン**は次のように主張する。

> 「ある人と，平等の基準を設定する人々——社会的にすでにその

> 人とは異なる立場にあると規定されている人々——とが同等となるよう要求するということは，性的平等が決して達成されえないように概念化されている，ということを意味している。最も平等な処遇を必要とする人は，平等な処遇の権限を判定するための基準を設定する立場の人々とは，もっとも社会的に隔たったところに位置している。原理的に言えば，性的不平等の最も深刻な問題は，女性が男性と「同等の立場におかれる」ことなど決してない，という点にある。性的不平等の実践は，故意に差別的な行為である必要など少しもないであろう」(C. Mackinnon〔1987：44〕; cf. Taub and Schneider〔1982；134〕)。

　C. マッキノンは，このように，女性たちの政治，経済，社会における差別，従属の原因は，性にもとづく非合理な差別や差異化によってもたらされるものではなく，「男性支配」の社会構造とそれを支える社会，経済，政治制度によるものであり，女性の差別，従属が男性支配によるものである以上，これを解消し女性に対する差別・従属を撤廃するには，女性に対しても男性同様の権力がもたらされなければならないとし，女性の「自立」の政治とそれにもとづく法理論の構築を主張したのである。マッキノンの主張する「支配理論」はとりわけ，現実の社会における家父長支配，性別役割分業論に基づく法制度の変革と再編成を主張し，具体的には「私的」領域においては，女性に対するさまざまな「暴力」は，強制的結婚や異性愛主義，母性などの「私」生活領域を規制する制度や習慣にみられる男性中心的性愛観によるものであり，このような価値観や制度によって女性の身体は，売春，ポルノなど市場における取引の対象として商品化されてきただけでなく，生殖や出産には女性の意思が必ずしも尊重されず，また社会関係においては，雇用，家族など男性優位の社会構造の中で，女性は男性の働きを支える補助的ないし従属的な位置づけしか与えられず，職場のセクシュアル・ハラスメントや，家庭でのドメスティック・バイオレンス等が問題となるのはそのためであり，また「公的」領域においては，政治参加とい

う点においても,女性は政治に向いてないという観念等から,政治的決定権を有する国会議員や地方議会員の数にも顕著なアンバランスがみられる等と主張したのである。

マッキノンはこのように「支配理論」をとおして,近代法の理念／制度そのものが男性支配を可能としており,このような支配を廃絶するためには,近代法そのものを否定し,新たなオルタナティブを構築すべきことを主張し,そのような例として,前述したとおり,ポルノグラフィをめぐる論争において,近代法が保障する表現の自由が女性の商品化をもたらしていると指摘した(C. Mackinnon & A. Dworkin〔1988：訳2002：223〕)。

しかしながらこのような主張に対しては,リベラリストの法哲学者である**R.ドゥオーキン**が次のように批判する。

> 「民主主義国家に新しく登場した言論の自由に対する最強の攻撃を組織しているのは,フェミニストである。(中略)フェミニストは,女性を単にセックスの道具とみなし,あらゆる面で男性の従属物として扱う世間一般の精神文化に,ポルノが寄与していると主張する。米国のフェミニストの1人であるキャサリン・マッキノンは,こうしたポルノに対する検閲行為は,重要な権利の侵害であるとする批判に対して軽蔑の色を隠さない。彼女は,米国人は言論の自由をばかげたほど重要なものとしてまつりあげているが,世界の他の地域のより分別のある人々は,言論の自由は,それよりも大切な自由や目的が危険にさらされない場合に限って容認されるべきものであると認識している,と述べている。(中略)
> 
> ある社会の法や政策は,新聞の社説や政党の政治放送や正規の政治演説によって決定されるというよりは,むしろその社会の道徳的文化的な環境——その社会の成員の意見,偏見,趣向,態度などが混ざり合ったもの——によって決定されるのである。自らの政治的あるいは社会的な信条,趣向,偏見を非公式に表明することによって,この社会集団の道徳的環境に寄与することを許されなかった人に対して,(事後に)集団としての決定を強制することは,その決定に同様に,不公平なことなのである。(社会の)大多数の人々が,

> そうした人々の信条や趣向や偏見を，どんなに不快なものと考えようとも，あるいは又，大多数派の人々の反論がどんなに理にかなったものであろうともこのことは正当なことなのである。
>
> 　この大原則に例外を設けることへの誘惑は非常に大きい。例えば，何人も，我々が生活する文化環境に，汚らわしいポルノや人種間の憎悪を撒き散らす権利はない，というようなことである。しかし例外を設ければ，我々は，法を逸脱した行動をとらないよう，そうした人々を集団的決定に従わせるための道義上の資格を手放すことになってしまうのである。我々は，女性や同性愛者やマイノリティの人々が，性差別主義や偏狭な考え方や人種差別主義によって引き起こすとされる具体的な破壊的行為から保護することができるし，また保護しなくてはならない。また我々は，例えば，雇用や教育や住宅取得や刑事手続などにおいて，これらの人々が不公正，不公平な扱いを受けないように保護しなくてはならないし，そうした保護を達成するための法律を制定することができる。しかしながら我々はさらに踏み込んで，そうした不公正や不公平を育み出す元凶になると思われる，人々の態度や偏見を表明することを禁止してはならないのである。なぜならば，仮に我々が，集団的な意見が形成されていく初期の段階で，このような事柄に介入するならば，法はたとえそれを憎む者も嫌いな者も全ての人が従うべきであるという，われわれが保持する民主的な主張の正当性が失われてしまうからなのである。」(R. Dworkin〔2003：訳2004：viii〕)(注6)。

「支配理論」は，かくして，とりわけ職場におけるセクシュアル・ハラスメントや家庭におけるドメスティック・バイオレンス，レイプ，売買春の追及／撤廃運動に大きな役割を果たすことになったものの，マッキノンらは「近代」法そのものの否定に向かったことから，前述した批判を受けると共に，女性たちが男性支配という経験を共有しているという前提に立って主張していることから，フェミニズム内部からも「ジェンダー」本質主義との批判と共に，女性の「経験」なるものが結局のところ，「白人女性」の経験であり，人種，階級，民族等の差を無視しているばかりか，出産，育児

を担う母性の価値を低くみている等の批判を受けることになっていくのである。

**「家父長制」の根拠（その2）
——マルクス主義フェミニズム**　ラディカル・フェミニズムもマルクス主義フェミニズムも，社会に埋め込まれた「ジェンダー・バイアス」の根拠を，男性の女性に対する支配・抑圧の階級関係ないし権力関係である「家父長制」とする点では共通しているものの，ラディカル・フェミニズムはその性格づけを，主としてセクシュアリティから行ったのに対して，マルクス主義フェミニズムは，資本制社会における労働の特質，とりわけ女性労働——家事労働，賃労働，性分業——から性格づけを行うことを通して，特に前者の歴史的・社会的分析の欠陥を指摘した。例えば，**V．ビーチ**は，K．ミレットの主張には家父長制の成立根拠を欠落しているとして，次のように述べている。

> 「ラディカル・フェミニズムが首尾一貫した要求を作り上げる場合には，性的抑圧者としての男性が素材であった。それにもかかわらず，男性を性的抑圧者にするものが何なのかについては，決して明確にされなかったし，もっとも重要なことは，特定の社会形態のどのような特徴が，男性を女性に対して権力をもつ地位に置くのが明確にされていないことである」（ヴェロニカ・ビーチ〔訳1993：120〕）。

さらに欧米におけるマルクス主義フェミニズムを一早く日本に紹介した**上野千鶴子**は，資本制社会と家父長制との相互関係を次のように整理した。

> 「マルクス主義フェミニズムは，資本制と家父長制を相互に独立した変数とひとまずは措定し，市場支配一元説も性支配一元説をも排して，両者を相互補完的に，かつ統一的に理解しようとする」（上野千鶴子〔1984：254〕）。

マルクス主義フェミニズムは，近代以前に成立した「家父長制」と資本制システムとの関係を以下に述べるとおり本格的に問題としたのである。すなわち近代以前の伝統的「家父長制」の一般的特質は，家父長による家族構成員に対する支配であり，その物質的基礎として，家長の家産支配をとおしての家族構成員の人格支配に及ぶ点にあったが，資本制社会に支配的な「サラリーマン」＝賃労働家庭にはかかるモデルは該当しないことになる。何故ならば，「サラリーマン」家庭＝賃労働家族は，自営業者のような生産手段の所有主体でも，家族的経営を労働単位とするものではなく，いわば「無産」家族であり，家長の家産支配を前提とした伝統的「家父長制」概念の適用の余地はないからである。同様のことは，近代に成立した独立自営業者や都市手工業者，職人的自営業者にも言えるのであり，彼らは，生産手段の所有主体であり，家族的経営を労働単位とするものではあるが，賃労働者家族との連続性・共通性を認めることはできないのである。

そこでマルクス主義フェミニズムは，現代社会においてこのような伝統的若しくは近代家父長制の存続基盤がくずれているなかで，新たな現代家父長制の存続基盤のてがかりを，性別役割分担に求めた。すなわち，一家の稼ぎ手を男性1人と想定し，その嫁得賃金を妻，子供を含む家族全員の生計等に等しい額とする片働き家庭における家族賃金規範に求め，このような家族賃金規範にもとづいて「男は仕事，女は家事」という性別役割分担の家族生計が維持されることになり，専業主婦による無償の家事労働を前提とした，現代社会における家父長制の形成を主張したのである。例えば**中川スミ**は次のように述べる。

> 「近代家父長制は，男性が社会的労働に従事し，女性には無償の家事労働が配当されるという性別役割分業にもとづいており，雇用者家族の場合は，男性が『家族賃金』を稼いで妻子を養うという関

係に物質的基盤をもっている」(中川〔1995：38〕)。

そのうえで，マルクス主義フェミニズムは，女性が生命の再生産を担い，男性が生活手段の生産を担うという性分業の中に，男性による女性の身体支配（生殖手段，性行為対象）と労働力としての女性所有という現代家父長制の基本構造を把握するのである。例えば**マクダナウ**らは次のように主張した。

> 「家長が，男性，女性および子どもの労働を組織する生産単位としての家父長制家族は，除去されてしまったということについては，私たちは同意できる。しかし，労働者階級の妻の労働は，家族の労働組織という側面を依然として有しているために，（中略），家父長制の1つの要素は存続しているということは強調されなければならない」(マクダナウ〔1984：48〕)。

しかしながらこのような主張は，男性片稼ぎの家族賃金にもとづく，性別役割分業規範が支配的な社会において成立する議論であり，共働き家庭の進展につれて，おのずとかかる規範は崩壊へと向かわざるを得なかったのである。

しかも，このような「平等」指向のフェミニズムの潮流は，1970年代後半に入り，アメリカ社会を中心に，新たに登場したいわゆる「差異主義的アプローチ」の潮流に大きく揺るがされることになる。

### (4) 「差異主義的アプローチ」の挑戦

**「差異主義的アプローチ」とは？**　前述した**N. フレーザー**は，「差異主義的アプローチ」を次のように整理する。

> 「『文化的フェミニズム』とも呼ばれた差異のフェミニズムは，平等という視点を，男性中心主義的で同化主義的なものとして拒絶した。彼女たちのパースペクティヴからすれば，女性が伝統的な男性

> の轍を歩むよう仕向けるのは，充分にラディカルな目標とは言えない。なぜならそれは，男性の活動だけが真の意味で人間的であるとして，女性のそれを劣ったものと見なす男性中心的な見方を何の批判性もなく受け入れるものだからである。このように，平等のフェミニズムは，性差別主義に挑戦するというには程遠く，むしろ女性を過小評価することで，性差別主義を再生産しているのである。それに代わって必要とされているのは，それとは別の種類のフェミニズム，つまりジェンダーの差異を承認し，女性性を再評価することによって，女性の価値を過小評価することに反対するフェミニズムである。
>
> こうして差異のフェミニズムは，ジェンダーの差異に関して，新しく肯定的な解釈を提案した。それによると，女性は，男性とは全く異なるものであるが，その差異は，劣等であることを意味するものではない。それどころか，子育てをし，平和愛好的である女性は，競争的で軍事的な男性よりも道徳的に優れていると主張した人々もいる。また，劣等生と優越性に関するすべての話をやめたうえで，2つの異なった『声』を平等な価値を持つものとして認め，女性の声を尊重しながら聴くよう要求することを提案した人々もいる。いずれの場合も彼女たちは，ジェンダーの差異は，実在的で根深いものであり，最も基本的な人間の差異であるという点では合意していた。全ての女性は，女性として共通の『ジェンダー・アイデンティティ』を分かち合っているのである。（中略）要約して言えば，女性にとっての構成を成し遂げる道は，ジェンダーの差異を過小評価するのではなく，承認することである」(N. フレーザー〔1997：訳 2003：266〕)。

そこで以下にこのようなフェミニズムの主張をみてみよう。

**カルチュラル・フェミニズム**　カルチュラル・フェミニズムは平等主義的アプローチに対し，男女の「差異」に着目したいわば「差異主義的アプローチ」の嚆矢をなすものであった。

カルチュラル・フェミニズムは，男性と女性との間には，生物学的・感情的に根本的な差異があるとして，そのような女性固有の性質・習慣・経験などを特別なものとして賛美することにより，男女

間の関係や文化一般の改善を主張した。カルチュラル・フェミニズムは，正義の論理とケアの倫理を区別することを主張する教育心理学者キャロル・ギリガンの影響を受けている。C.ギリガンは，「もう一つの声——In a Difference Voice」において，「関係性」を重視する「ケアの倫理」を展開した。ギリガンによれば，それまでの発達心理学の視点は，主として男性的な視点からなされたものであり，そこで前提とされている「自律的な発達モデル」は一面的なものであり，「もうひとつの発達モデル」に気づいてこなかったとして，例えば成人期における個性化が着目されるようになると，「関係性」への関心などは，女性特有の長所というよりは，むしろ短所として捉えられてしまうようになると主張した。ギリガンは従来の自律的な発達モデルと，もうひとつの発達モデルとしての配慮や関係性モデルを対比し，それらのモデルの中で理念としてそれぞれ位置づけられる2つの価値を，「権利の倫理（ethic of rights）」と，「配慮の倫理（ethic of care）」もしくは「責任の倫理（ethic of responsibility）」という印象的な言葉で表し，前者は各主張の平衡を保つことであり，後者は共感や配慮につながり，これらの2つの倫理は互いに補い合う関係にあり，ここでの異なる声を，性別に固定化すること（「自律」は男性のもの，「配慮」は女性のもの）にならないようにする必要があると主張したのである（C.ギリガン〔1982：訳1986：22, 290〕）。

すなわち，**ギリガン**によれば，

> 人々の道徳性および他者と自己との関係の言説には，従来認められてきた「正義」や「権利」といった概念を用いた思考様式の他に，無視されてきたもう1つの思考様式である「ケアの倫理」があり，従来認められてきた「正義」や「権利」といった概念を用いた思考様式が「正義の倫理」であるのに対し，「ケアの倫理」は，自己が他者との相互依存の中で維持されることを前提に，どのように他者と自己の間の関係を良好に保つかについて，文脈を踏まえ物語的に

> (contextual and narrative) 思考する様式ということになる（C. ギリガン〔同：109〕）。

　カルチュラル・フェミニズムはこのようなギリガンの成果にもとづいて，物事／人々の間にある関係性に注意を傾け，女性たちが歴史的に周辺化され無力化させられてきた経験を踏まえて，悪しき抽象化や相対化を免れるために，①される側の視点の重視，②部分よりも全体を見る発想，③自律的個人観批判，④文脈主義にもとづいて，「紛争，衝突，権力，支配，抑圧」などに関わる男女の関係に敏感な視点の導入を主張したのである（M. Minow〔前掲：198〕）。
　このように「差異主義的アプローチ」をとるカルチュラル・フェミニズムは，ジェンダー間の差異を関係的な相互依存的なものとして把握し，女性のアイデンティティ形成の基礎とみなし，その観点からみた場合，男性中心主義がジェンダー・バイアスの中心的な害であり，平等主義的アプローチは「規範としての男性」，つまり女性を不利にする規準を前提としていると批判した。他方「平等アプローチ」をとるフェミニズムは，ジェンダー・バイアスの中心的な不正義は，女性の周縁化と社会的な財の不公正配分であり，「差異主義的アプローチ」は，現存するジェンダーヒエラルキーを強化するようなステレオタイプ化された「女性性」の概念に依拠していると批判し，平等な参加と再配分がフェミニズムの課題であると主張したのである。
　このように「平等主義的アプローチ」と「差異主義的アプローチ」は，相互に説得的なジェンダーに関する正義論・平等論を提示し，さまざまなフェミニズムの潮流の間で論争が繰り広げられ，今日に至っているといえよう。
　ところが，1980年代後半に入り，東西冷戦の終結やグローバリズムの進展に伴い，発展途上国の女性たちや先進国における女性たちの収奪や貧困の現状がクローズアップされると共に，アメリカやフ

ランスのフェミニズムを中心に、次に述べるとおりジェンダーの正義／平等論を、人種やエスニシティ、階級、セクシュアリティなどと結びつけて議論する必要性が叫ばれるようになってきた。いわば「ジェンダー間の差異」から「女性間の差異」「多様な差異」への議論のシフトといえよう。

### (5)「多様な差異」の模索へ

**「多様な差異」をめざすアプローチ** フェミニズムの主流は、既に述べたとおりジェンダー間の差異について、「平等主義的アプローチ」は男性／女性の同質性を主張し、「差異主義的アプローチ」は「男性／女性」の異質性／関係性を主張して論争を繰り広げていたが、1980年代後半に入り、このような考えは、「ある特定の女性たちの状況や、ある特定の女性たちのアイデンティティの現実を普遍化するもの」にすぎず、女性の連帯を促進するものではないとの批判が加えられるようになった。さらに従来のフェミニズムの主張や運動は、ジェンダー以外——例えば、階級、人種、エスニシティ、セクシュアリティ、ナショナリティなど——の差別や排除にコミットすることを等閑視してきているとの批判が加えられるようになった。このような批判を、**N. フレーザー**は次のように整理する。

> 「このような焦点の移行は、大部分、レズビアンや有色の女性のフェミニストの仕事によって推進された。長期にわたって彼女たちは自分たちの生活の実態を明らかにし、その問題を捉えることのできないような形態のフェミニズムに異議を唱えてきた。例えば、アフリカ系アメリカ人の女性達は、女性が男性に依存し、家庭生活の中に閉じこめられたものであるという普遍的な前提に異議を唱えるべく、自分たちの奴隷制と抵抗の歴史、賃労働、コミュニティ活動といったものを引き合いに出して主張してきた。一方で、ラテン系、ユダヤ系、ネイティヴ・アメリカン、アジア系のフェミニストも、

> としていることに異議を唱えた。そしてレズビアンは，母になること，セクシュアリティ，ジェンダー・アイデンティティ，生殖などに対する古典的なフェミニズムの評価が，規範的な異性愛を前提としていることを暴き出した。これら全ての声が，合衆国の主流のフェミニズムは，全ての女性のためのものではない，と主張した。それは，今までの運動を支配してきた白人で異性愛者で中産階級の女性の立場を特権化するものである。」（前掲書〔269〕）

これらの批判は，さらにアイデンティティや差異をめぐって，次に述べるとおりいわゆる「多文化主義的アプローチ」，「批判的人種フェミニズム」，「反本質主義的アプローチ」などに分かれて論争が繰り広げられることとなった。

**多文化主義アプローチ**　多文化主義 multiculturalism は，元来，社会は異なる文化を持つグループが「対等な立場で」構成（または許容，包摂）されるべきであると主張し，ヨーロッパに根強い単一文化主義やナショナリズムに対する対概念として，カナダ，オーストラリア，ヨーロッパなど民族文化の多様性を積極的に奨励する政策を支持する理論・運動であり，「差異主義アプローチ」に属するものといえよう。このような考え方は，主にテイラーやサンデルらのコミュニタリアンが，価値中立的な手法重視のリベラリズムでは少数民族の文化問題は扱えないと主張してきたものであるが，理論的には，リベラリズムとコミュニタリアンとの中間的な位置を占めるものであり，主に文化的，集団的アイデンティティを重視し，例えばG. H. ミードは，このようなアイデンティティを，「重要な他者」と呼んだものとの言語を媒介にした「承認」を通してはじめて対話的に獲得されるものであると主張している（ミード〔訳1973：87〕，なお，W. キムリッカ〔訳2005：476-540〕）。このように本来多文化主義はフェミニズムと親和的であるにもかかわらず，従来フェミニズムと多文化主義との結びつきは稀薄であったが，その理由をS. M. オーキンは，多文化主義の側の弱点として，マイノリ

## コラム6 「多文化主義」

「多文化主義 multiculturalism」は，一般に，社会は異なる文化を持つグループが「対等な立場で」構成（または許容・包容される）すべきだという考え方または政策を意味しており，カナダ，オーストラリア，ヨーロッパなどで民族文化の多様性を積極的に奨励し保持する政策に反映されている。対概念としては，歴史的にヨーロッパなどで根強い単一文化主義 monoculturalism（国民の帰属意識を1つに統合しようとするナショナリズム）がある。多文化主義は1970年代にカナダで初めて公的な施策として採用され始め，1986年雇用均等法，1988年多文化主義法が制定され，カナダ社会の基本的な特徴をなしている。政治思想としては，主に共同体主義者らが推奨し，価値中立的で手続主義的なリベラリズムでは少数民族の文化問題はうまく扱えないと論じている（W. キムリッカ［2002, 訳2005：475］）。多文化主義フェミニズムの主張によれば，文化的独自性が認められるためには，「差異」に注目し，「差異」があることを前提とした法制度や政策によって，マイノリティの文化がマジョリティの文化に同化されることなく，尊重されることが求められることになると言えよう。即ち，女性と男性と同化させる政策を要求するのではなく，女性の持つ特質として母性を称揚したり，「女らしさ」を肯定的に捉え，それらの特質を擁護する政策を要求するフェミニズムである。

これに対していわゆる「文化多元主義 cultural pluralism」は，社会に複数の「文化」が存在するとき，その中の支配的な文化を基準に同化を図るのではなく，それぞれの異なりを尊重しながら共生を図り，多様性そのものを社会の活力として生かそうとする考え方ではあるが，あくまでも社会における法制度や政策が同一であることが前提とされている。したがって法制度や政策は，文化多元主義に従えば「ディファレンス・ブラインド」であることが求められる。例えば，アメリカにおける人種問題に対する「積極的差別是正措置」は，一時的に人種上の「差異」に基づいて抑圧されてきた集団に特別な措置を求めることによって，最終的には人種融合が達成され，「カラー・ブラインド」な制度や政策が可能になることが目指されている。人種融合は，人種が「差異」として注目する必要がない状態になると同質性が生じ，同質性を根拠とする「平等」のもとでは，各個人に同じ「権利」を認めることで「平等」が達成されると考えられるのである。同様にジェンダーの「差異」をめぐっても，文化多元主義はフェミニズムの「ジェンダー・ブラインド」，即ち，男性と同じように女性を取り扱えという主張のように「男並みの平等」を求めるものであり，「男並みの平等」を追求していくと，「差別もろとも区別を撤廃する」という徹底した主張に行き着くことになる。

ティ文化の中の差異、特にジェンダー化されている側面の認識が不十分であったことと、マイノリティ文化の私的領域への関心が不足していたことを指摘し、その理由を次の2点にわたって説明している（森川〔1999：30〕）。

第1点として、「多くの文化が最重要の関心事として、したがって文化的営みと規則が最も多く関わっているのは、個人的な、性的な、生殖・育児に関わる領域である。（中略）このような領域である家庭が文化の多くの部分を実践し、保存し、また次世代に引き継ぐ場なのである。それゆえ、文化的営みを擁護するというこは、男性や男の子の生活より、女性や女の子の生活に大きな影響を及ぼす性格のものである」。さらに第2点として、この文化と性の関係から推論され、また歴史的にも確認されることとして、「ほとんどの文化が男性による女性の支配をその最も主要な目的の1つとしている。（中略）したがって、より多く家父長制的な文化がより少なく家父長制的である社会の中で集団権を要求している場合は、女性は必ずしもその集団権から利益を得ることにはならない」ことに注意を促す。つまり、アメリカが経験している文化の多元性とは、フェミニズムとの関係では、「より多く家父長制的なマイノリティ文化が、より少なく家父長制的なマジョリティ文化のコンテクストの中で存在しているか、その逆であるか、せいぜい前者であることを認識することが、まず欧米化中心主義から脱却するために必要であり、文化的マイノリティ・グループの要求に政策的に応えるためには、その中でもより力の弱い構成員の声を適切に取り上げる必要性について真剣に考えることが非常に重要である」と指摘する（S.オーキン〔1999：9-24〕、米山〔2003：129〕）。

**批判的人種 (critical race) フェミニズム**　批判的人種フェミニズムは[注7]、1980年代に入り、アメリカ社会の中に生まれた、従来の法の客観性、中立性を標榜する法学理論の政治性を批判する批判主義法学 (critical legel theory) の影響を受けたフェミニズム理

論であり，従来のフェミニズムは，黒人やラテン系，レズビアン等のセクシュアル・マイノリティの経験や関心を無視していると批判した。例えば批判的人種フェミニズムは，マッキノンらのフェミニズム理論が，「ある女性の，単一かつ本質的な経験が，人種，階級，性的指向や他の諸活動の現実から分離しかつ独立して記述することが可能」とする考えであるとして，そのような思考を「ジェンダー本質主義」と規定し，このような思考パターンによって，結局のところ，一定の集団の名において，レズビアン等の性的マイノリティや人種的マイノリティの女性たちの声は無視されてきたと批判したのである。批判的人種フェミニズムの法理論は，人々の受ける差別や排除は，集団の中心に位置を占める女性たち──白人女性──の経験ではなく，周辺（marginal）の経験によって最もよく理解されるものであり，したがって，性，人種，性的指向のようなカテゴリーが交差する場面における差別や排除に着目し，複眼的思考にもとづいて法制度の構築や運用が必要であると主張した。批判的人種フェミニズムの法理論は，例えばレイプ，セクハラ，DVなどは，このような集団の周辺や集団が交差する場面で，女性差別として最も深刻な形態であらわれるとされ，「法の政治性」，すなわち現実の差別が法を生み出していると共に，法がその差別を推進する機能も有しているとし，このような実態を批判的に見すえて，差別を撤廃する法運動の推進を提唱したのである。

　例えばアイリス・マリオン・ヤングは，「集団間に文化的差異が存在している度合いに応じて，社会政策に関する多くの問題における平等な処遇は不正であることになり」（「なぜなら，平等な処遇は文化的差異を否定し，文化的差異を持つことを不利益なものへと変えてしまうから」），「差異に配慮する具体的政策」が必要であるとして，アファーマティブ・アクションに言及している。ヤングによれば，これを擁護する論法には「過去志向」型と「未来志向」型があるが，これらに加えて，「学校や職場における評定基準や評定者の文化的

偏向を埋め合わせるものとして」理解する方法があるという。つまり，「これらの評定基準や評定者は，少なくともある程度，白人やアングロサクソンや男性といった支配的集団の特定の生活や文化的経験を反映している」ので，これを是正するために，すなわち，差異ゆえに（その埋め合わせのために）というよりは，評定基準や評定者の偏向ゆえに，アファーマティブ・アクションが必要なのである。これは反差別（従属）原則を十分に意識したアファーマティブ・アクションの理由付けである（松田〔1993：65〕）。

これは少なくとも，合衆国における最も普通の考え方であり，主流の公共圏における，教育をめぐる議論を強く支配してきた。保守主義者は，女性学，アフロ・アメリカン・スタディーズ，ゲイ／レズビアン・スタディーズ，エスニック・スタディーズの提唱者を攻撃して，彼らは，不朽の普遍的な価値ゆえに選ばれた偉大な作品を，イデオロギー的なアファーマティブ・アクションを根拠として選ばれた劣ったテクストに置き換え，伝統的な教育の擁護者が，差異を単一の普遍的価値からの逸脱として否定的に見ているのに対して，多文化主義者は，差異を文化的なバリエーション，多様性として肯定的に見なし，それらの表象を公的生活の他の場面と同様に教育のカリキュラムにおいても要求するのである。

**レズビアン・フェミニズムなど** このように多文化主義アプローチや批判的人種フェミニズムは，新しい社会運動，差異の承認のために闘う人々の潜在的な同盟を呼びかけるスローガンとなっており，かくして，フェミニスト，ゲイ／レズビアン，人種化された集団や不利な立場に置かれたエスニック集団の人々を，ストレートで白人で中産階級の男性を人間の規範とし，そしてそれと対比で他のすべては逸脱として扱うような文化帝国主義的な形態の公的生活に関する規範を共通の的として対抗する主張となっていった。このように多文化主義アプローチらは，差異の多様性や人間であることの平等の価値を認める多文化的形態の公共性を作り出すこ

とを目標とし，差異を逸脱と見なす今日の支配的な考え方に代わって，人間の多様性が肯定的に理解され，全ての市民が，共通の人間性に基づいて，同じ形式の法的権利を平等に享受することになる社会の実現をめざしたのである。

同様のことはレズビアン，ゲイ，バイセクシュアル，トランスジェンダー等のセクシュアル・マイノリティーの人々にもいえることであり，これらの人々は，従来，婚姻制度や社会保障制度等の法的保障から排除されると共に，いわゆる「ソドミー法」にみられるように，刑事法上も法規制の対象とされ，社会的，政治，経済に排除，差別され，著しい不利益を受けてきていた。

もっとも近年ソドミー法が撤廃されたり，フランスにおけるPaCSの制定や，わが国における性同一性障害者特例法の制定等にみられるように，これらの人々に対する法的保護が進んできている中で，レズビアン・フェミニズムとその法理論は，批判的人種フェミニズムと同様に，反本質主義的な立場に立って，女性一般の普遍的経験という考えを拒否し，セクシュアル・マイノリティーの権利擁護をめざすものである。

しかしながら，今日のレズビアン・フェミニズムの法理論の中にも，フェミニズム法理論におけると同様，「同一性」と「差異」をめぐる議論が持ち込まれていることが注目されよう。すなわち，平等指向の人々は，「異性愛」基準への同質化によってセクシュアル・マイノリティーの人々の権利擁護をめざしており，他方，「差異」指向の人々は，「異性愛」基準は社会的に構築されたにすぎず，それへの同質化は，それを拒否する人々の更なる周辺化をもたらすと共に，セクシュアル・マイノリティーの地位向上を求める運動の阻害となると反し，それらの差異の不安定化——すなわち脱構築を主張するのである。そこで次にそれらの主張をみてみよう。

### 「反本質主義アプローチ」——ポストモダン・フェミニズム

反本質主義アプローチは，集団におけるアイデンティティ

と差異のいずれについても懐疑的もしくは否定的であり，集団のアイデンティティや差異は，その客観的特徴や社会的立場によって特徴づけされるものではなく，言説的に構築されたものであると主張した。このような立場からは，「男性／女性」というジェンダーの二分法によって「女性が構築されていく，プロセス」こそが問題とされるべきであり，したがってアイデンティティや差異の不安定＝脱構築こそが課題ということになる。

このような代表的な主張であるいわゆるポストモダン・フェミニズムは，1980年代後半以降フランスを中心に勢力を得てきたJ．デルダらが主張するポストモダン・ポスト構造主義の影響を受けた思考であり，近代啓蒙主義の中心的思考である人間中心，普遍主観的な思考パターンは，ロゴス（言葉）中心主義（＝日常世界の背後には絶対的真理が存在し，それは「言葉」によって把握することが可能とする思考），男性中心主義に偏っており，このような思考からの脱却が必要とする考え方である。そこでは，批判的人種フェミニズムらと同様に，反本質主義に立ちつつ，言語構造や宗教秩序などに潜むロゴス中心主義や，理性と感情，精神と身体など形而上学上の二分法的思考や「男性／女性」の性差二元論が，前者の後者に対する優劣関係を内包し，男性の女性に対する優劣関係を正当化する男性優位の論理（男性・ファルス中心主義）と不可分に結びついているとして，そのような思考方法を解体・脱構築（deconstruction）し，多様なフェミニズムの可能性を目指すことを主張する。したがってポスト・フェミニズムの法理論は，法の客観性や普遍性を排除し，法自体が政治的偏向にもとづいて作られ，不平等と支配を生み出す機能を果たしているとし，法を生み出す力と言説との関係を相対化・流動化する必要があると主張するのである。しかし，このような，真理や本質探求を排除するポスト・フェミニズムの主張は，差別や暴力，さまざまな形態の女性の従属などの現実を相対化し，単なる「物語」としてしまう危険性があり（例えば従軍慰安婦問題は「ス

トーリーにすぎない」とする主張など)、女性の経験や差別是正にとって有効な戦略とはなり得ないとの批判が加えられている。

それだけでなく、これら「多文化主義的アプローチ」も「反本質主義アプローチ」もいずれも「ジェンダー」をもっぱら文化的側面に焦点をしぼって課題を設定していることから、政治経済的側面におけるジェンダーの正義、平等論に対する課題との接合が不十分になっていることである。

かくしてN. フレーザーが主張するように、「文化的差異は社会的平等という基盤においてのみ、自由に縛り上げられ、民主主義的に媒介される」のであり、「再配分の問題なくして承認の問題はあり得ない」という問題が生じてくることになる。そこで以下には、N. フレーザーの提唱するジェンダーの正義平等論をみてみることにしよう。

### (6) フレーザーの主張

**ジェンダーの正義・平等論**　ジェンダーの正義・平等論には、文化的側面と政治・経済的側面とがあり、前者については文化的不公正に対する正義論、平等論が必要とされ、後者については政治的・経済的不公正に対する正義論、平等論が必要とされることになり、フェミニズムは既に述べたとおり、これらについてさまざまな正義・平等論を展開してきた。

すなわち前者については、男性中心文化の中で生み出された女性を劣位におく文化的評価と、それに基づくいわゆるジェンダーバイアスや侮辱、排除されてまたゲイやレズビアンたちのセクシュアルマイノリティ等が問題とされ、これらの女性やセクシュアルマイノリティを劣位におく文化的評価を変革させるために、ジェンダーやセクシュアリティの両評価、すなわち積極的承認が課題とされたのである。

他方、後者については資本制社会の中で、女性を劣位におく政治

経済構造は,ジェンダーを口実として,有給労働における不当に低賃金の労働と「無給」の家庭内労働を生み出し,このような構造の中で女性たちは不公正な労働条件を背負わされていることが問題とされ,このような社会経済的不公正を克服するためには,ジェンダーによる差異と廃絶をめざした,社会的経済的平等が課題とされることになる。このようにジェンダーの文化的側面を重視した場合,ジェンダーの積極的評価・承認が課題とされ,社会経済的側面を重視した場合,ジェンダーの廃絶・克服が課題とされることになる。このように一方の要求を認めると,結果的にはもう一方の要求を損ねかねないというジレンマが出現することになろう。

**N.フレーザーによる2つのアプローチ**　N.フレーザーは,このようなジレンマを「再分配と承認のジレンマ」と称し,従来のとりわけラディカル・フェミニズムは,これらの課題のうち後者,いわゆるアイデンティティ・ポリティクの領域に焦点をおき,そこにとどまっていたと批判する。その上でN.フレーザーは,このジレンマを解決するために2つのアプローチを提唱している(図表2)。

**図表2　再分配と承認のジレンマ**

|  | 肯定 | 変革 |
|---|---|---|
| 再分配 | (リベラルな福祉国家) | (社会主義) |
| 承認 | (多文化主義) | (ポストモダン=脱構築) |

第1は,「肯定的治癒策」と称するものであり,現存する社会的基盤を是認したうえで,その是正をめざす主張であり,主流派のフェミニズムや多文化主義,歴史的にはリベラルな福祉国家と結びついたアプローチであり,第2は,「変革的治癒策」と称するものであり,現存する社会的基盤の変革により,その是正をめざす主張であり,脱構築や,歴史的には社会主義と結びついたアプローチである。

N.フレーザーは,さらにこれらの2つのアプローチを,ジェン

ダーにおける文化的側面と社会経済的側面にあてはめたマトリックスを構想する。この2つのアプローチをジェンダーの文化的側面にあてはめた場合，肯定的治癒策は，集団間の差異化を支持するものであり，ゲイ・アイデンティティポリティクスと結びつくことになり，変革的治癒策は集団間の差異化を不安定にするものであり，クイア・ポリティクスと結びつくことになろう。また，ジェンダーの政治経済的側面にあてはめた場合，肯定的治癒策は，集団の差異化を支持するものであり，社会保険や公的援助策のリベラルな福祉国家プログラムと結びつくことになり，変革的治癒策は，普遍的な社会福祉，累進課税，基本的な社会経済政策への民主的な参加や社会主義的プログラムと結びつくことになろう。

そのうえで**フレーザー**は，ジェンダー的不公正を是正する最も有効な組み合わせは，変革的再配分と変革的承認であるとして次のように主張する。

> 「経済領域におけるジェンダー的不公正を是正する変革的再配分は，ある種の社会主義フェミニズムか社会民主主義の形を取る。文化におけるジェンダー的不公正を矯正するための変革的承認は，ジェンダーの二元論に揺さぶりをかけることによって男性中心主義の打倒を目指すフェミニスト脱構築に見られる。したがってこの場合のシナリオは，社会主義フェミニズムの社会経済的ポリティクスと脱構築的フェミニズムの合流である。はたしてこの組み合わせは再配分／承認のジレンマを克服するだろうか。脱構築的フェミニズムの長期的目標は，階層的なジェンダー二分法が多様で変化する差異の複数の交差点のネットワークにとって代わられるような文化を実現することである。この目標は変革的な社会主義フェミニズムの再配分と矛盾しない。（中略）そのうえ，過渡期の1つの戦略であるこの組み合わせは，反発がエスカレートするのを避けることができる。もし弱点があるとすれば，脱構築的フェミニズムの文化的ポリティクスも社会主義的フェミニストの経済的ポリティクスも，大部分の女性の現在文化的に構築されている身近な関心やアイデン

> ティティから隔たっているということである。(中略) しかしながらこのシナリオを，心理的，政治的に実現可能にするためには，すべての人々が現時点での自らの関心やアイデンティティを形成している文化的構築物への執着から乳離しなければならない。(中略)。
> 　再配分／承認のジレンマは現実のものであり，完全に解消または解決できる適切な理論方法があるわけではない。私たちにできることは，再配分と承認が同時に求められた時にその衝突をなるべく最小限に抑える方法を見つけることで，そのジレンマを和らげることである」(N. フレーザー〔訳2003：46-49〕)。

　フェミニズムすなわち女性解放の理論，運動の最終目標は，両性の平等であり，女性たちは，歴史的には選挙権の獲得等による政治的平等を達成し，さらにこの間，職場におけるセクシュアル・ハラスメント，家族などの親密圏におけるドメスティック・バイオレンスの告発等，我々の社会生活一般における女性差別／蔑視の克服をめざして成果をあげつつあるものの，フェミニズムが提示する「ジェンダー」の正義・平等論にもとづく法理論は，前述したとおり近現代の支配的な法理論と十分な「対話」が成り立っていない状況にあると思われる。それはフェミニズムが指摘する，「近代」の法思想／原則をめぐる理解にかかわる問題であると思われるので，以下にその点を論ずることにしよう。

## ④ 「ジェンダー」の正義／平等論のゆくえ——この章のまとめ

### (1) 「近代」の正義・平等論

　フェミニズムは，前述したとおり「近代」の支配的法原理であるリベラルな法秩序のもとで，外形的・形式的には性中立的な法制度が形成されてきているにもかかわらず，「実態」が男性優位に傾いている社会においては，抽象化された個人としての「人」の自由・平等の保障は，女性にとって全く不十分なものとなっており，とり

わけ，公／私の領域区分により個人に広範な自由が保障される「私」の領域においては，家庭にせよ，雇用にせよ，自由な取引が行われる市場にせよ，女性は男性と比してより劣位な立場におかれざるを得ないことになり，これらは，社会に組み込まれた「ジェンダー」にもとづくジェンダー・バイアスによるものであると主張した。

そのうえでラディカル・フェミニズムは「ジェンダー」の埋め込

### コラム7　「近代」の意味

「近代」は，歴史の時代区分の1つであり，歴史を古代，中世，近代の3時代に大別するルネサンス以降の西欧における歴史観に由来する概念である。「近代」という時代区分をめぐっては，学問分野によってさまざまであるが，本書は，「ジェンダー」に関する法制度，社会システム，思想を扱う性質上，時代を構成する，社会，経済，国家のあり方に着目して時代区分をすることとし，「近代」を，資本主義，市民社会，国民国家の3要素が中核的位置を占める時代と定義づけする。このような視点からは，「近代」は，フランス革命（1789年）を「中世」との時代を画するスタートとし，その後19世紀から20世紀前半にかけて「近代」の内容となる諸要素が進展し，1960年代以降において，日本を含む主要な先進資本主義国家において，「近代」が本格化するものと位置づけることになる（市民社会の概念規定については，後述する通り，広中［1989．1］参照）。もっとも，それと共に，「近代」の本格化に伴って，同時並行的に，ジェンダー，エスニシティ，民族などの「近代」とは「矛盾」する諸要素が出現し，いわば「現代」的変容もとげつつある。尚，このように時代区分しつつも，「近代」には「近世」の要素が広く深く入り込んでおり――とりわけ日本の場合顕著――また，「近代」以前も「近代」の要素とされるものを広くみてとることができ，このような視点でみた場合，ルネサンスからフランス革命までの500年間を，「前期近代」，また，1960年代以降を，「後期近代」と呼ぶことも可能であろう（笹倉［2007：135以下］）。

まれた社会構造を「家父長制」，すなわち「男性による女性の支配」という概念を用いて特徴づけ，それがどのような要因によって生じ，それは如何にして解決可能かという問題を，自らの理論的・政治的・運動論上の課題とし，さらに，マッキノンや批判法学，ポストモダン・フェミニズムなどは，これらの「近代」法と実態の乖離の指摘にとどまらず，「近代」法そのものの構造に欠陥があると批判したのである。

このようにフェミニズムは，「近代」の支配原理や構想に対するラディカルな批判を行ってきているので，ここでは，これらの批判に対する検討を加えつつ，ジェンダーがめざすべき正義／平等論を探ることとしよう。

### (2) 「近代」の意味は？

フェミニズムが批判する「近代」とその思想／理念とはいかなるものであろうか。「近代」とは，一般的には，資本主義，市民社会，国民国家の3要素が中核的位置を占める時代とされており，このような視点からは，「近代」は，フランス革命（1789年）を「中世」との時代を画するスタートとし，主として西欧諸国において，その後19世紀から20世紀前半にかけて「近代」の内容となる諸要素が進展し，1960年代以降において，日本を含む主要な先進資本主義国家において，「近代」が本格化するものと位置づけることになる，政治・社会・経済体制のことを意味しており，そのような社会の特徴を，民法学者である**広中俊雄**は次のように指摘する。

> 「市民社会という言葉で①資本制的生産関係を支配的な生産関係とし，②権力分立を基調とする民主主義的形態の国家をもち，③人間（人格）の尊厳を承認する社会的意識の一般的滲透を導いている社会，を示すなら，現在の日本の社会も1つの市民社会としてとらえられうる。日本においては，明治（1868-1912年）の諸改革（完成は1890年代〔明治23年（憲法典施行）——明治32年（商法典施

> 行・改正条約実施)])ののちも——①の現実化が進行した(ただし地主制に注意)とはいえ——市民社会の生成は阻まれていたが,1945年の敗戦を機としてその生成に対する阻害要因が急速に消滅し——②を創出し③を用意した新憲法典施行(1947年)が特に重要(なお農地改革による地主制の解体(1947年—)も重要)——,1960年代に市民社会の定着が明確となっていった。」(広中〔1989：1〕点線筆者)。

 このように1960年代以降の,わが国を含むいわば先進資本主義諸国における「近代」の法システムは,労働者や女性を含む全ての社会の成員を,政治的責任主体とする民主主義政体を政治基盤としつつ,人間の尊厳と個人の尊重を承認し,自由な平等を,政治理念とする法システムを指向するようになってきているのである。
 したがって既に述べたとおり,課題とされるべきは,マッキノンやポストモダンが主張するように,「近代」における法理念そのものなのではなく,近代における,「万人の自由な平等」という法理念にもかかわらず,「実態」としての男性優位の社会の秩序や慣習により,男性中心の法運用がなされていることの克服／是正こそが,フェミニズムの正義／運動論の課題とされるべきことになろう。しかも具体的に問題とされている,職場における男女差別やセクシュアル・ハラスメント,親密圏におけるドメスティックバイオレンスや売買春,ポルノなどは,むしろ歴史的に社会の中に形成されてきた「ジェンダー」としての,女性差別／蔑視の典型側であり,いわば「前近代」の残滓としての要素を色濃くもつものでもある。すなわち「自由な平等が人類に普遍的に妥当すべし」,という「近代」の法理念「ゆえに」,男性優位／女性排除の社会問題が形成されているのではなく,今日までの歴史において,近代の法理念にも「かかわらず」,「現実」には,その主体がもっぱら男性のみを念頭においていたからこそなのであり,むしろ,かかる法理念を,女性やマイノリティをはじめ万人に及ぼすことこそが,今日の我々の課題と

されるべきなのである。

> **コラム8**　「支配」
>
> 「支配 domination」とは一般に，「解放 liberation」の反対概念とされるものであり，日常用語としては，「ある者が，自分の意思命令で他の人の思考，行為に規定，束縛を加えること。あるいはそのものの在り方を左右するほどの強い影響力を持つこと」(広辞苑第六版)を意味するものとされている。また社会学上の用語としては，M. ウェーバーが，「一定の内容の持つ命令の権威により，それに対して特定の範囲の人々が，服従で得られる可能生（チャンス）が存立していること」と定義している（M. ウェーバー［1956：訳1960：11］）。この意味の「支配」は，支配者の属性や行為としての影響力（＝社会関係における事実的な作用力一般）や権力（＝社会関係において関与者の行為選択を秩序づける力一般）に加えて，命令の権威に対する，被支配者の服従意欲（＝利益関心）の存在が要件として加わることになる。したがって，人々を服従に導く動機の種類や，服従の下に命令を執行するしくみ（＝行政幹部）のあり方などによって，さまざまなタイプの支配類型が存在することになり，これらの類型について，M. ウェーバーは支配を類型化し，動機をもとに，人々が「正常だ」とする観念により生ずる「支配」を基本として，人格的支配である伝統的支配とカリスマ的支配，非人格的支配である合法的支配という支配モデルを提示している（前掲書：32-59）。
>
> フェミニズムが主張する「家父長的支配」は，この中でも「伝統的支配」に属するものであり，そのような支配の特徴は，伝統によって権威を与えられた支配者（＝男性）への，被支配者（＝女性）の人格的支配を中核要素とするものであり，この場合，基本的には家長による「家産」などを通しての経済的支配を前提としていることになる。

### (3) 性的支配——家父長的支配とは？

**フェミニズム と性的支配**　フェミニズムは既にのべたとおり、今日まで「ジェンダー」の問題を、「性差別」としてよりは「性支配」としてとらえるのが多数を占めているといえよう。一般に「性差別」は、男性を優位とした女性差別のことを意味し、「性支配」は、男性による女性支配を意味するが、フェミニズムとりわけ第二派フェミニズムは、「女性解放」をスローガンとし、その際、「性支配」をキーワードとして用いてきたことは周知の事実があり、例えばフェミニズム理論辞典では、「支配 domination——すべてのフェミニズム理論は、男性による女性支配をいかに終わらせるかを示すべく組み立てられている」（マギー・ハム〔1999：80〕）と述べている。

そのうえで、ラディカル・フェミニズムは、ジェンダーは、リベラル・フェミニズムが主張するように、社会的に不当な差別や法規範上の平等に還元つくされるものではなく、男性が女性に対して優位に立つように割り振られ、前者の支配と後者の従属を可能となるような階層からなるものであり、性にもとづく集団間の階層秩序（＝ヒエラルキー）ないし権力関係であり、このような被支配・抑圧集団としての女性の立場からジェンダー問題を考察すべきである（ジェンダー的視点）と主張した。例えば、江原は前述のように、「このような影響力の結果として、「性別役割分業」が再生産され、知識生産における男性のヘゲモニーは、文化的資源としての行為者の行為戦略の選択肢の可能性の範囲に影響を与え、さらに男女の行為能力の相違を強化する。そのような状況を「性支配」という。」と述べ、M. ウェーバーがいうところの、支配者（男性）による被支配者（＝女性）に対する人格的支配を中核的要素とする「伝統的支配」を「家父長的支配」として再構成したうえで、「性支配」の中心概念にすえたのである。

しかしながらこのような支配概念は、以下に述べるとおり、今日

における「ジェンダー」を論ずるのには適切なものではないと思われる。

**「人格的支配」としての「家父長的支配」**　前述したとおり、ラディカル・フェミニズムが主張する「家父長制支配」についてみると、そもそも、男子の女性に対する人格的支配という把握自体が、「前近代」の家長による人格的支配を打破して形成されている、「近代」の法理念に合致しないものであるばかりか、「実態」としても、親密圏における家長による家族構成員に対する支配が消滅した現代資本制社会においては、およそ、その存立基盤を有しない主張といえよう。

また社会状況としても、1960年代以降の先進資本主義国が経験した経済社会変動の中で、職場や大学・社会活動の場においては、大量の女性の進出がもたらされ、それに伴って「男性社会」であった大学や職場、政治分野など社会の各層において、男性中心の権威主義的支配と女性の従属が解体されるようになり、このような社会経済的背景のもとに、女性の自立がうながされるようになってきたのである。かくして親密圏においても、いわゆる家長や教会・地域集団などの規制がゆるむと共に、個人的自由の意識が高まるようになり、離婚率の急上昇ともあいまって、男女同権や離婚制度の自由化のための民法改正がなされると共に、セクシュアル・マイノリティである同性愛婚や性同一性障害に関しての法的制度や整備がされるようになってきており、これらは明らかに、男性による「家父長的支配」を脱却し、「近代」の理念を強化する動きといえよう（もっとも、今日の時代は、同時に、アメリカの共和党政権下における福音派右派の動向にみられるように、いわば「前近代」への動きもあれば、他方では、ポストモダンに代表されるように「近代」を突き崩す動きも一方では強まっている、という複雑な動きが絡み合って進行している時代とも言えよう。笹倉〔2007：246〕）。

### ジェンダーと「支配」の問題

しかしながら、他方では親密圏におけるドメスティックバイオレンス、職場におけるセクシュアル・ハラスメント、社会におけるレイプ犯罪、ポルノ等の性の商品化等は、「性差別」というよりは「性支配」の徴表であるとの反論がありえよう。近代が本格化している今日、法制度としては「人格的支配」の成立する余地はなくなったとしても、依然として「実態」として男女間に「性支配」が残存しており、前述の例はその証左であるというのである。

ところでそもそも「支配 domination」とは一般に、「解放 liberation」の反対概念とされるものであり、日常用語としては、「ある者が、自分の意思命令で他の人の思考、行為に規定、束縛を加えること。あるいはそのものの在り方を左右するほどの強い影響力を持つこと」（広辞苑第六版）を意味するものとされている。また社会学上の用語としては、M. ウェーバーが、「一定の内容の持つ命令の権威により、それに対して特定の範囲の人々が、服従で得られる可能性（チャンス）が存立していること」と定義しており（M. ウェーバー［1956：訳1960：11］)、この意味の「支配」は、支配者の属性や行為としての影響力（＝社会関係における事実的な作用力一般）や権力（＝社会関係において関与者の行為選択を秩序づける力一般）に加えて、命令の権威に対する、被支配者の服従意欲（＝利益関心）の存在が要件として加わることになる。したがって、人々を服従に導く動機の種類や、服従の下に命令を執行するしくみ（＝行政幹部）のあり方などによって、さまざまなタイプの支配類型が存在することになり、「人格的」であれ、「非人格的」であれ、事実上さまざまな「支配」の可能性が存することになろう。

「支配」は、ある社会における人間関係において、一般的には、法的、政治的、経済的、文化的レベルにおいて問題とされることになる。まず法的レベルについてみると、前述したとおり「近代」市民社会は、法の下の平等、個人の尊重を中核とする法制度が貫徹さ

れる社会であり，したがって，奴隷制や人身売買等は禁止され，人の人に対する「支配」は，およそ法的レベルでは原理的に排除されており，男性／性的マジョリティの女性／性的マイノリティに対する「支配」は論ずる余地はないといえる。次に政治的レベルについても，法的レベルと同様に，「近代」は，一般に選挙権，被選挙権等の政治参画やその前提とされる言論活動等の市民の基本的人権を「万人に」保障する社会であり，このレベルにおいても，女性／性的マイノリティが男性／性的マジョリティから「支配」される関係にはないのである。もっとも政治的／法的レベルにおいて，政治権力を握っている者が，主として男性／セクシュアル・マジョリティで占められている「実態」に着目し，その者たちによる権力の行使を，男性／性的マジョリティによる「支配」と主張される可能性があるが，それは，政治／法的権力それ自体に存する「支配」なのであり，男性／性的マジョリティの「支配」と混同すべきものではない。すなわち，これらの支配は，M. ウェーバーのいう「合法的支配」の類型に属するものであり，制定された法秩序の合法性を基盤として，支配者の命令権の合法性が承認されるという観念に支えられた社会の基本的秩序の説明なのである。問題とすべきは，前述したとおり，ジェンダーバイアスが埋め込まれた社会の編成原理によって，社会の諸制度が，男性／性的マジョリティ優位に運用されてきたという歴史的事実に対する評価と変革の課題なのである。

　問題は「経済的」レベルにおける「支配」であり，第二派フェミニズムの中でも，とりわけマルクス主義フェミニズムに属する人々が強調する点であり，例えば**中川スミ**は，

> 「資本主義はけっしてそれが新たに生み出したものだけから成り立っているわけではない。前近代社会の制度や慣行であっても，それが資本による搾取や支配にとって有利な限り，資本はこれを解体することなく自らに取り込んでいくと見るべきであろう。前近代社

> 会の家父長制についても資本はこれを止揚することなく、資本蓄積に適合するように編成し直して自らのうちに包摂していくととらえることができる。(中略) 近代家父長制は、男性が社会的労働に従事し、女性には無償の家事労働が配当されるという性分業にもとづいており、雇用者家族の場合は、男性が『家族賃金』を稼いで妻子を養うという関係に物質的基盤をもっている」(中川スミ〔1995：38〕)。

と主張する。

また、**青柳和身**は、

> 「女性にとっての婚姻とは、夫による自己の生殖的身体領有権とそれにもとづく間接的労働指揮権とが作動する領域、すなわち世帯主制の下への『託身』行為を意味している。これが近代的婚姻の形式的平等関係の背後にある実体的関係である。(中略) この客観的な貞操証明は実践的にどのように実現されているのであろうか。それは、妻＝母としての生活を排他的『愛』の外観的形態すなわち排他的閉鎖性を原理として編成することであり、それは、子供にたいする『母』親役割を最優先した主婦的生活形態として生活を編成することによって実現されている。主婦的生活形態とは、主人としての夫にたいし、不断に『貞操』を顕示する生活形態である」(青柳和身〔2004：260 J〕)。

と主張する。

しかしながら前者の主張は、「男性片働きサラリーマン家庭」の性別役割分業モデルを説明しているにすぎず、フェミニズムが主張する「男性支配」としての家父長制を説明するものとはなりえておらず、また前述したとおり、そもそも近代市民家族に残された、家長による家産所有の基礎である家族的生産＝経営手段の所有や、家族的協業の労働等の物質的基盤が、近現代社会の賃労働者家族にはもはや存在していない点を見落とす主張である。

また後者の主張は、近現代社会における一夫一婦制の賃労働家族

## 4 「ジェンダー」の正義/平等論のゆくえ

> **コラム9** 「資本主義」
>
> 資本主義（capitalism）は，一般に利潤追求を原動力とする資本の支配する経済体制のことを意味しており，その特徴は，①生産手段が資本家の私有となっていること，②労働力が商品化されていること，③商品生産が支配的であること，④生産は無政府的であること，などであり，歴史的には，重商主義，自由競争的資本主義，独占資本主義の3段階をとっているとされている（金森久雄他［1986：313］）。
>
> もっとも，資本主義を貨幣利得の追求という意味で捉えるならば，その歴史は古代や中世の海洋貿易にまで遡ることが可能であるが，近代の資本主義は上述したとおり，生産手段の私的所有と市場交換と営利企業の制度からなる一組の市場経済制度を前提とし，この意味での市場経済は中世都市を起源とし，それが社会全体の制度として，土地と労働と商品の自由市場，そして経済的行為の自由が確立されるとき，制度としての市場経済が成立することになる。

のもとで，結局のところ，家庭内において，女性が人格的独立/自由が剥奪され，かつ女性の専業主婦化が必然化するという主張に帰着するものであり，「近代」が本格化し，男性の女性に対する法的/政治的支配が消滅，かつ，共働き家庭が進展している今日の状況を無視する議論といわざるを得ない。

ちなみに文化的レベルにおける「支配」についてみると，そもそもそれぞれの時代や社会における人間集団の生活様式の全体を意味する概念である文化は，前述した政治，経済，法律等を中核的要素とし，その中から生み出されてくる総体であり，文化それ自体を独自に取り出して「支配」を論ずる意味はないといえよう。

では親密圏におけるドメスティックバイオレンス，職場におけるセクシュアル・ハラスメントや賃金/昇進昇格差別，社会におけるレイプ犯罪，ポルノ等の性の商品化等は，何によってもたらされるものなのだろうか。これらの例は後述するとおり，いわば「性暴

力」/「いじめ」と称されるものであり，過去の残滓をひきずりつつ，今日の社会におけるさまざまな性差別／蔑視等により生み出されている病理現象として把握すべきものであり，これらの「性暴力／いじめ」が，論理必然的に「性支配」を根拠づけるものとはなりえないばかりか，そもそもこれらの「性暴力／いじめ」は，「近代」市民社会を構成している「資本制」社会の政治，経済，社会システムから派生しているものというべきものである（水谷〔2006：3〕）。

**今日の社会——「何の」支配か？** いうまでもなく，今日の資本制社会は，資本による賃労働の「支配」を中軸的要素とする生産関係が，社会のすみずみまでいき亘っている社会であり，そこにおける労働者は，生産手段からの自由と人格的自由という二重の意味の自由を有する存在である。**マルクス**は有名な『資本論』で次のように述べる。

> 「労働力の所有者が，労働力を商品として売るためには，彼は，労働力を自由に処分することができなければならず，したがって自分の労働能力，自分の人格の自由な所有者でなければならない。労働力の所有者と貨幣所有者とは，市場で出会って互いに対等な商品所有者として関係を結ぶのであって，彼らが区別されるのは，一方が買い手で，他方が売り手であるという点だけであり，したがって両方とも法律上では平等な人格である。この関係が続いていくためには，労働力の所有者が，つねにただ一定の時間を限ってのみ労働力を売るということが必要である。というのは，もし彼が労働力をひとまとめにして全部一度に売り払うならば，彼は自分自身を売るのであって，自由人から奴隷に，商品所有者から商品に，転化するからである。人格としての彼は，自分の労働力を，いつも自分の所有物，それゆえまた自分自身の商品として取り扱わなければならない。そして，彼がそうすることができるのは，ただ，彼がいつでも一時的にだけ，一定の期間だけに限って，自分の労働力を買い手の処分にまかせて消費させ，したがって労働力を譲渡しても，それにたいする自分の所有権は放棄しないという限りのことである」（K.

マルクス〔1867, 訳1997：286〕)。

　このことは，労働力の商品化が，「人格」と「能力」の分離を前提にして進行し，しかもその人格が男であれ女であれ両性のいずれであっても，その労働能力が商品市場に登場するときには，人格上，自由・独立の主体として取り扱われるということを意味するのであり，資本制社会は，男女を問わず，独立・対等の関係で「雇用契約」を締結して，労働市場に登場することになるのである。しかしながら，同時に資本制システムは，あらゆるものを「商品」化とする体制でもあり，このことを，**K. ポランニー**は次のように述べる。

> 「労働，土地，貨幣は（資本制社会であっては）本源的生産要素であり，これらもまた市場に組み込まれなければならない。事実これら三要素は，経済システムのなかできわめて重要な部分を形成している。だが労働，土地，貨幣が本来，商品でないことは明らかである。（中略）市場メカニズムに，人間の運命とその自然環境の唯一の支配者となることを許せば，いやそれどころか，購買力の量と使途についてそれを許すだけでも，社会はいずれ破壊されてしまうことになるだろう。なぜなら，いわゆる「労働力」商品は，たまたまこの特殊な商品の担い手となっている人間個々人にも影響を及ぼさずにはおれず，見境なく使ったり，また使わないままにしておくことさえできないからである。つけ加えれば，人間の労働力を処理する場合，このシステムは，労働力というレッテルの貼ってある肉体的，心理的，道徳的実在としての「人間」を処理することになるのである。文化的諸制度という保護の被いがとり去られれば，人間は社会に生身をさらす結果になり，やがては滅びてしまうであろう。人間は，悪徳，墜落，犯罪，飢餓という激しい社会的混乱の犠牲となって死滅するだろう。」(K. ポランニー〔1957, 訳1975：97〕)。

　したがってフェミニズムが告発してきたさまざまな「ジェンダー」による差別／排除は，基本的にはこれらのシステムに内在もしくは派生する問題として把握するべきなのである。例えば雇用に

おけるセクシュアル・ハラスメントや，昇進昇格賃金差別などは，雇用関係における上下の力関係の濫用／悪用や女性排除，蔑視することにより発生するものであり，また親密圏におけるドメスティックバイオレンスも，経済的，社会的に優越的地位にある夫から行われる家庭内での「暴力／いじめ」であり，これらはいずれも資本による賃労働「支配」の派生として生じている現象なのである。またポルノやレイプ等についても，資本制システムがあらゆるものを「商品化」し，人間の生身の「身体」をも「性的」商品としていることによるものであり，いずれも資本制社会に内在する「支配」や「商品」化から派生する現象なのであり，男性の女性に対する「支配」によるものとは言いえないものである。結局のところ，フェミニズムが主張する「性支配」は，運動や政治的な「スローガン」としては有益有効であるのかもしれないが，社会科学上の用語としては不適切なものといわざるを得ないのである。

フランスのモラリストであったラ・ロシュフコーは，かつて「太陽も死もじっと見つめることはできない（ラ・ロシュフコー〔1678，訳1989：18〕)」と述べている。今日我々が生きている社会は，まぎれもなく資本制システムが社会のすみずみまで生き亘っている社会であり，そこでは生身の人間がさまざまな形態で「商品」化されているのであり，我々はこのような資本制社会の「支配」こそ，「じっと見つめること」を通して，フェミニズムの正義／平等論を構築すべきであり，これによってこそ，「近代」との「対話」が可能となるであろう。

### （4） 性差別／排除と平等／正義論

**性差別／排除とフェミニズム** このように「近代」が本格化している今日の社会は，男性の「性支配」を中軸とした「家父長制」の社会が成立しているわけではなく，ましてや男性一般が，女性一般を支配する社会が成立しているわけでもない。もっとも今

## 4 「ジェンダー」の正義/平等論のゆくえ

> **コラム10** 「正義論」
>
> 正義論は法哲学における最古の問題群の1つであり，一般には，①どのような行為が既存のルールに照らして「正しい」とされるのか（形式的正義），②どのようなルールが「（ありうべき）正しさ」の基準に照らして「正しい」とされるのか（内容的正義），③そもそも「正しい」基準などというものが存在するのか，もし存在するのであれば一体どのようなものとして論じられるのか，等が問題とされてきており，主として①，②のレベルが，規範的法価値論の対象とされ，③のレベルが，メタ（分析的）法価値論の対象とされている。本稿では，「性差別」に関する正義／平等／運動論を扱うものであることから，前者の立場で論じている。尚，メタ法価値論を扱うものとして，G.E.ムーア（1912）深谷昭三訳（1977）『論理学』法政大学出版局参照。

日の社会は，広範かつ深刻な「性差別」や女性の排除が依然として存在する社会でもあり，「ジェンダー」の課題は，このような性差別／排除の克服／是正にあると言わなければならない。

ところでそもそも「差別」とはいかなる概念であろうか？「差別」は一般には，① difference，ある物と別の物との間の「差異」，もしくは，取り扱いにおいて他と差をつける「区別」を意味し，それ自体は「事実」すなわち，価値中立的な意味を有する場合と，② discrimination，正当な理由なく，偏見や先入観にもとづいて，あるいは無関係理由によって，特定の人物や集団に対して不利益，不平等な取り扱いをするという「規範」すなわち価値的な意味を有する場合とがあるが，「ジェンダー」に関し，性差／性別観として用いる場合は①を，性規範／社会観として用いる場合は②を意味することは既に述べたとおりである（図表1参照）。これを近現代社会における正義論との関わりで定義すれば，「性差別」とは，②に関し，「平等に反した，性別にもとづく不利益，不公正な取扱い」と

## 第1章　ジェンダーと法理論

いう規範的意味を有するものである。

**性差別／排除と平等／正義論**　ところで，一般に正義は，ⓐルールの尊重，ⓑ各人に，その者に値するものを与えること，すなわちある人の正当な利益（＝権利）を擁護すること，ⓒ善にかなうこと，すなわち人々の幸福を保障すること，を意味し，ⓐは形式的正義（正しく従うこと，適法性），ⓑは内容的正義（＝人を正しく評価すること），ⓒは，正しい国家・政治を要請するものであるが，ジェンダーにとっての正義／平等論は，ⓑとのかかわりが重要である。

すなわち正義論において，各人に，その者に値するものを与える，あるいは，ある人の正当な利益（＝権利）を擁護する，ということは，必然的に(α)その人に帰属する一定の価値（＝財）を法的利益として尊重し擁護する（＝権利を付与する）ことと，(β)一定の「価値」（＝財）を正しく分ける，すなわち分配に関しての「平等」を擁護することの両者が含まれることを意味する。さらにここでの「平等」概念には，「誰にどれだけ」という「分配の基準」の問題と，②「何を平等に」という「分配の対象」の問題が問われることになる。このように性差別／排除に関して，正義論としては，(α)個人の尊重／権利（＝法的利益）擁護と(β)平等な取扱いが問題とされるのである。

フェミニズムにおける正義／平等論とのかかわりでは，具体的には，(α)個人の尊重／権利の擁護は，例えば半陰陽，トランスジェンダー，同性愛等のいわゆる性的「少数」派に属する人々のアイデンティティに関わる問題であり，またドメスティックバイオレンス，セクシュアル・ハラスメント等の女性の身体的自由に関わる問題群ということになろう（図表1）。さらに(β)「平等」の擁護は，政治，経済，社会的分野における性的差別や格差是正という，一定の価値としての「財」の「分配」に関わる問題群ということになろう。

ところで平等論とのかかわりでは，①は中身としての「実質」で

### コラム11 「価値」

　価値は一般に，人間（評価主体）がある対象（客体）の善（＝よいもの，財）を感得し承認することによって成立するもののことであり，人間の欲求を満たすもの，望ましいもの，値打ちのあるもの，ある目的にかなうものなどの規範的意味を有するものである。あらゆる価値は，例えば快／不快，健康／病弱，美／醜，知／無知，正／不正などの積極的価値と消極的価値に分類することができ，また積極的価値としては他に，食物，金，名誉，地位，人望，愛情，善，聖などがある。「分配の対象」に愛情，聖などが含まれないことは，事柄の性質上明白であるものの，その範囲をめぐっては今日の正義論で大きなテーマとなっていることは周知の通りである（例えばA. セン［1992，訳1999］など）。

はなく，平等の形式を問題とする「形式的平等」（＝等しい取り扱いを要請する）が，②は「形式」ではなく，中身としての「実質」を問題とするいわば「実質的平等」（異なった取り扱いの是正を要請する＝格差是正）がかかわる問題といえよう。

　①　形式的平等（配分的正義）　①については，アリストテレスが，「正義とは，同じ人を同じように，異なる人を異なるように扱うことである」（＝「類似性の原理」と呼ばれる）と定義しており，この意味の正義は，一定の「価値」を「誰にどれだけ」再分配することが平等／正義にかなっているのか，という「配分的正義」とされるものである。すなわちここでは，「人と人とが異なるとはどういうことか」が問題とされ，「異なるところがなければ，同じに扱うこと」ということが含意されることになり，したがってこの問題は，さらに(ア)「均分的（匡正的）正義」と(イ)「配分的正義」と呼ばれるものに類型化されることになる（図表3）。

　すなわち(ア)は，各人に帰属する「本質的属性」を基準にして等しく扱うことを意味し，このような本質的属性として各人の人格的

**図表3　「平等」と「正義」**

| 形式的平等（①）<br>(「誰」の平等か？)<br>→分配の基準 | 絶対的平等(ア)<br>（均分的正義） | 「全ての人」に等しい取扱いを要請<br>ex「性」差別など |
|---|---|---|
| | 相対的平等(イ)<br>（配分的正義） | 「等しい人」に等しい取扱いを要請<br>→「合理的」差別 |
| 実質的平等（②）<br>(「何」の平等か？)<br>→分配の対象 | 「現代的」正義論<br>「自由の平等化」→<br>A. セン，R. ドゥオーキン | 「中身」の等しい取扱いを要請する<br>ex 応能負担，累進課税，アファーマティブ・アクション，ケアなど |

価値が指標とされ，例えば人種，性，民族，年齢，障害，階級などがあり，このような基準に反して，人々に本質的に等しく属するものを等しく扱わないで，一方を利する行為は，正義の内容をなす「平等」に反するものとして，「差別」とされることになる。このような正義は，平等論とのかかわりでは，いわば「すべての人」に適用されるべき価値として，「絶対的平等」と呼ばれるものであり，その「本質的属性」である人格的価値の平等についてのみ適用されることになる。「性」がこのような，人の本質的属性に該当するものであることは明白であり，フェミニズムが何よりもこのような人格的価値の平等に焦点をあてて，正義／平等論を展開してきたことは周知の事実であり，例えば，1789年フランス人権宣言1条が，「人は，自由かつ権利において平等なものとして出生し，かつ存在する」と宣言したのは，奴隷制や身分制を否定し，人格的価値の平等を宣言したものであり，フェミニズムはこのような「人」に組み込まれることを今日に至るまで主張してきたのである[注8]。

また(イ)は，各人に帰属する本質的相違性を基準として，その相違に応じて扱うことを意味し，このようなものとして例えば，社会的資源や負担の分配，機会の提供などがあり，この場合の「等しい者」は，適用される規範の目的との関連性によって合理的に特定されるものであり，「等しくない者」は，「その差に応じて」という，比例原則が適用されることになる。したがって「等しく」の基準は，関連性のある属性にもとづかなければならず，何ら無関係な属性に

よって一方を利する行為は、正義に反するものとして「差別」ということになる。例えば、ケーキを兄弟に配分する場合、「体重」を基準にして配分するのは、少なくとも「相対的」には平等とされ、男女の区別や年齢によって配分に差をつけることは、何ら無関係な属性によるものとして、「差別」とされることになろう。わが国をはじめ各国の法規範は、このような「相対的平等」を採用していることは周知のとおりであり、例えば、わが国でも、一定の年齢に達した公務員に対する退職勧奨の合憲性が争われた事案で、最高裁は、「憲法14条1項は、(中略)国民に対して絶対的な平等を保障したものではなく、差別する合理的理由なくして差別することを禁止する趣旨と解すべきであるから、事柄の性質に即応して合理的と認められる差別的取扱をすることは何ら本条項の否定するところではない」(待命処分無効確認、判定取消等請求事件、最大判昭39.5.27民集第18巻4号676頁)と判示している。

ところで、このような、いわば「等しい者」のみに適用される「相対的平等」は、どうすれば等しい取扱いとなるのか、という比較の基準、救済自体が不特定のものとなる。その結果、法の「タテマエ」においては、「合理的差別」を許容するものとなり、女性たちは、このような法の「タテマエ」の中で、現実に「ジェンダー」の組み込まれた社会において差別され続けてきていたのであり、前述したとおり、「平等主義アプローチ」に属するフェミニズムは、このような法の「タテマエ」と「実態」の乖離／格差の是正をめざしたのである。

② 実質的平等　他方②は、いわば「何を基準とした平等なのか？」という、一定の「価値」の分配対象にかかわる問題であり、①のような平等の「形式」ではなく、「内容」を問題とするものであり、例えば、100m走を行う際に、ランダムに選んだ人を同じスタートラインから出発させるのは、「形式」においては「平等」であるが、障害者や足の遅い人を前からスタートさせることによって

競争条件を同じとさせるのは，「内容」における「実質的平等」の要請といえよう。このようなものとして今日問題とされているのは，富や資源に関する「格差是正」の問題であり，例えば税制における応能負担の原則や累進課税制度，性／人種差別などにおけるアファーマティブ・アクションなどはこのような要請に応えようとするものである。

しかしながら，このような「実質的平等」も平等論とのかかわりでは，平等の基準を明確にして平等の達成を図ろうとするほど，他の基準からみた不平等が残り，いわば差別が放置されることになるというパラドックスが問題となってくる。例えば，雇用における男女平等を実現すべく，賃金を基準にした男女差別が是正されて男女同一賃金を達成した場合，他の男女による身体的格差，労働時間，労働環境や家事，育児責任などが不問に付されかねないこととなる。

このように「何の平等なのか」という問題は，伝統的な正義／平等論である形式的平等論からは直ちに帰結されない，異なった取り扱いによる格差是正といういわば「実質的平等」の理念に関するものであり，この点について，A. センやR. ドゥオーキンらは，分配の対象の実質的価値を形成する「財」としての「自由」の平等化の実現を構想し，例えば，**R. ドゥオーキン**は，『平等とは何か』で，次のように主張する。

> 「平等な配慮は，資源の平等（equality of resources）と私が呼んだ実質的平等の一形態を政府が目指すべきことを要求する。（中略）我々が分配上の平等に関する最善の観念として，資源の平等を受け容れたならば，自由というものは，しばしばそう考えられているように，平等と潜在的に衝突する可能性のある独立した政治理念ではなく，平等の一側面となる」（R. ドゥオーキン〔2000, 訳2002：10, 169〕）。

このような「実質的平等」の問題は，前述した「差異主義アプ

ローチ」に属するフェミニズムの主張の内容をなすものであり、例えばアファーマティブ・アクションやケアなどにみられる、「ジェンダー」に基づく歴史的な差別／排除を是正／撤廃する施策は、同時に正義／平等の問題とされることになるのである。

「平等」と「差別」の範囲　ところでこのような正義の内容をなす「平等」の主体や対象の範囲は、時代や社会によって異なっていることは、我々の経験によって明らかである。例えば、古代ギリシャにおいては、「平等」は自由人の男性たる市民に限定され、女性たちがそこから排除されることは当然のこととされ、「差別」の問題を生じることはなかったのであり、この意味で「全ての人の平等」が正義の内容を構成するようになったのは、「近代」、しかも1960年代以降のものであり、近現代社会における、実質的正義を決定づける、人間像／社会像形成の反映なのであり、いわば「人間の尊厳」「内面的自由」「寛容」などの、実質的価値が人々に広く共有されるようになってはじめて可能となったものなのである。こうした観点でみた場合、「平等」の貫徹と、それに反する「実態」としての「差別」の克服こそが、今日のジェンダーの正義／平等論の課題であることは明白であろう。

このような観点から今日の社会の「実態」をみたとき、親密圏におけるドメスティック・バイオレンスや職場におけるセクシュアル・ハラスメント、レイプ、ポルノなどの性の商品化などの諸問題は、「性差別」を含むと共に「性的自由」に関連する問題群ともいえよう。さらにまた今日「ジェンダー」にかかわる最前線の課題は、主として「労働」の分野に集中しており、そのようなものとして、共働き家庭の女性たちの企業内における性差別撤廃要求、非正規社員の正規社員との格差是正要求、女子学生の雇用均等要求、業者女性の自家労賃確立に関する運動などを指摘することができ、これらの運動の目標はいずれも、男性の女性支配／性＝性殖関係に起因する性支配などではなく、資本制社会における性差別の撤廃であり、

このように今日の性差別撤廃の目標は、もはや片働き家族の抱える問題を超えつつあるといわざるを得ないのである。

法制度においても、例えば、第二次世界大戦終了後の1940年代後半から1950年代前半ころまでに、多くの国々では、男女平等に抵触するとの理由で、選挙権行使や教育上の差別が廃止されて男女平等となり、わが国では姦通罪や公娼制度が廃止され（1947年）、売春防止法も制定された（1958年）。また1978年国連総会で採択された女性差別撤廃条約（わが国は1985年批准）は、これからの克服／廃止すべき重要な課題として次のように規定している。

> 「この条約の適用上、『女子に対する差別』とは、性（sex）に基づく区別（distinction）、排除（exclusion）又は制限（restriction）であって、政治的、経済的、社会的、文化的、市民的その他のいかなる分野においても、女子（婚姻をしているかいないかを問わない。）が男女の平等を基礎として人権及び基本的自由を認識し、享有し又は行使することを害し又は無効にする効果又は目的を有するものをいう（1条）」。

このように近現代のジェンダー問題の現実的／具体的焦点は、「性差別」の是正／克服が課題とされているのである。

### (5) 「近代」の公／私二分(元)論は意味を有しないのだろうか？

**「公私二分(元)論」批判**　フェミニズムが問題としてきた議論の中でいわゆる「公私二(元)分論」は、ジェンダー平等／正義論を検討するうえで極めて重要なテーマの1つである。公私二分論は、市民社会における公的領域と私的領域との区分を前提とし、それぞれについて異なる原理が支配するという考え方であり、公的領域と私的領域の区分をめぐっては、従来大別して、①国家／社会、②社会／個人という区分法が用いられてきていたが、フェミニズムは、このような区分法に対して③非家庭／家庭という区分法を対置

して，従来の公私二言論を批判したのである（S. Okin〔1991：117〕）。

すなわち，第二派フェミニズムは，「Personel is political」というスローガンのもと，「非家庭＝公的」領域においては正義の原理が支配しているにもかかわらず，「家庭＝私的」領域においては，「自然と愛」という名のもとに，夫の妻に対する支配／女性蔑視／性別役割分業が放任されてきており，「フェミニズム運動が最終的に問題にしているのは，公私の二分法である」として，伝統的な公私二元論とそれにもとづく法システムを厳しく批判したのである（C. Pateman〔1987：103〕）。すなわち，リベラリズムは従来の市民社会論である公／私の区分にコミットしており，家族を当然に私的領域の中心と考えているとし，プライバシーというリベラルな権利が「包摂し保護しているのは，家庭，家族，妊娠，女性，生殖，育児といった個人的な親密圏にかかわる事柄」であり，正義の名による家族への介入は，「私生活の中心領域としての家族というリベラルの伝統的構想から明らかに離反するものである」（Jaggar〔1983：199〕）として批判するのである。

しかしながら以下に述べる通り，従来のリベラリズムをはじめとする政治哲学は，市民社会において，「家族」を「私生活の中心」に位置づけていたというよりは，その位置づけが極めてあいまいであったり，それどころか，「家族」は市民社会の外部に位置づけられていたところに問題があったというべきであろう（W. キムリッカ〔2003, 訳2005：557〕）。

**伝統的「市民社会」(二元)論と「公／私」**(注9)　J. ロックを起源とする伝統的市民社会二元論においては，「政治的なもの the political」と「社会的なもの the social」が対概念とされ，「政治＝国家＝公」vs「社会＝市民＝私」とされ，このような区分にもとづいて，特にリベラリズムは，「私的領域」である「市民社会」において，諸個人が自由と善き生を追求する領域とされてきたのである。ではここでは，「家族」はどこに位置づけられていたのであろうか？

前述のペイトマンは、「公私の区分は男性世界内部の分離」であると主張するが (C. Pateman〔同：107〕)、アリストテレス以降の伝統的な政治哲学は、女性を排除した市民社会を構築してきたのであり、「家族」は市民社会において、私的領域に分類されたのではなく、国家と市民社会の両者の外部へ排除されていたといえるのである（いわば女性／家族の排除）。その意味では「国家／社会」の区分は、ペイトマンが指摘するとおり「男性世界内部」の区分であり、女性／家族は社会から排除された「自然」の領域に属することとされたわけである。いわば、女性は市民社会において「人」としての取り扱いを受けておらず、女性がその実質において、「人」として登場するのは、20世紀後半を待たなければならなかったのである。したがって、**ヘーゲル**も、「法の哲学」第3部「倫理」で、「家族」を真っ先にあげ、

> 「家族は精神の直接的実体性として、精神の感ぜられる一体性、すなわち愛をおのれの規定としている。したがって家族的心術とは、精神の個体性の自己意識を、即自かつ対自的に存在する本質性としての、この一体性において持つことによって、その中で『一個独立の人格』としてではなく、『成員』として存在することである」（ヘーゲル〔同：§158〕）。

と述べつつ、市民社会の構成要素としては「国家／社会」をあげ、「市民社会は家族と国家の間にはいる差別態である」（同：§182）と述べて、市民社会／「私的領域」の中に「家族」を位置づけていないのである。

**新たな「市民社会」(三元)論と「生活世界」**　ところがやがてこのような市民社会(二元)論に対し、新たな市民社会(三元)論が登場すると共に、いわゆる親密圏の核に「家族」を位置づける流れがでてくることになる。すなわちこの考え方は、従来の伝統的なワク組であった「公的領域＝国家／私的領域＝（市民）社会」を再

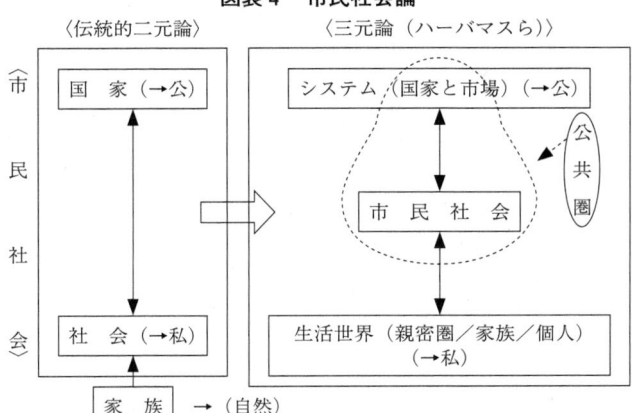

**図表4　市民社会論**

〈伝統的二元論〉　　　　　〈三元論（ハーバマスら）〉

〈市民社会〉
- 国　家（→公）
- 社　会（→私）
- 家　族　→（自然）
（ヘーゲル的市民社会論）

- システム（国家と市場）（→公）
- 市　民　社　会　　公共圏
- 生活世界（親密圏／家族／個人）（→私）

編成し，公的領域に国家と（市民）社会を含ませ，私的領域である「生活世界」に「親密圏」／家族／個人を含ませようとした。

このような市民社会三元論の嚆矢となったJ. ハーバマスの市民社会論では，市民社会を「システム（国家と市場を含む）／市民社会／生活世界」に分類し，この中でも「国家（官僚制と法体系）と市民社会」を「公的領域」＝「公共圏」として位置づけ，その対概念である「私的領域」＝「生活世界」に家族を中心とした「親密圏」を位置づけたのである（J. ハーバマス〔1990，訳1994：ix〕）。もっともこのような私的領域としての親密圏の位置づけは，ハーバマス以前に，既に主としてロマン主義者達によって提唱された考え方であった。

すなわちロマン主義者達は，国家と個人の中間に位置する市民社会こそ，個人を抑圧するものとしてとらえ，市民社会の不信のもと，「社会的なもの the social」と「個人的あるいは親密なもの the personal or the intimate」の領域区分を主張したのである。この点につき**W. キムリッカ**はロマン主義の主張を次のように整理する。

93

> 「ロマン主義者は社会生活を公的領域に含める。市民社会の絆は非政治的であるとはいえ，個々人を他者の判断や非難に従属させるからである。他者の存在は心を乱し，動揺させ，疲弊をもたらすだけである。個人には公的生活を離れた自分だけの時間——静かに思索し，新奇な考えを試し，気力を充実させ，進行を育むための時間——が必要である。そのためには，社会生活は政治生活とは全く同じように重荷となりうる。事実，『近代的プライバシー——その最も重要な機能は親密圏（the intimate）の保護にある——は，政治的領域だけではなく，社会的なものとも対立するものとして見いだされた』（Arendt 1959:38; cf. Benn and Gaus 1983:53）。したがって，ロマン主義者は『友情や愛といった親密な関係以外のあらゆる形式的な交わり』を公的なものとみなしたのである（Rosenbium 1987:67）。」（W. キムリッカ〔2002, 訳2005：565〕）。(注10)

**「家族」構成員の権利の真の擁護をめざして** しかしながら，従来このようなプライバシー———を用いて個人的なものを擁護する考えは，もっぱら家族に対する外からの干渉に対して用いられ，家族の成員である女性たちの利益を擁護するための家庭生活の是正——例えば家庭内で女性，子供，高齢者を暴力／虐待から保護したり，家事労働の負担を軽減するなど——の役割を果たしてこなかったのである。この点について，**C. マッキノン**は，

> 「プライバシーの権利は公私の区分を一層強固なものにしている。この区分は（中略）私的なものを公的なものの外部に置きつづけ，私的領域内部における女性の従属を非政治化している」として，「プライバシー論によって，国家の女性への広範な責任放棄がもたらされた」（C. マッキノン〔1987：102〕〔1991：1311〕）。

と激しく攻撃している。

しかしながらマッキノンの公私二分批判には賛成できない。そもそも女性を含む家族の成員が，事実上法的保護の対象外として放置

されてきたのは、公私二分論が問題だったのではなく、公私二分論が前提としている市民社会の成員から排除されてきたことが問題だったのであり、その意味ではヘーゲル的家族像が、家族を「自然」のものと神聖視して、事実上法的保護の対象外としてきた伝統的法哲学とそれに従ってきた法理論が問題だったのである。しかも、本来個人に適用されるプライバシーは、いわゆる家父長制理論とも相まって、家族の構成員である個々人には適用されることなく、もっぱら1つの単位としての家族集合体に適用される結果をもたらしたのである。この点につき**W. キムリッカ**は適切にも次のように指摘する。

> 「なぜ家族関係は個人のプライバシーという基準に服さないできたのであろうか。家族が私生活の中心と見なされてきたからではありえない。問題は、家族以外に適用されているプライバシー概念が、家族関係には適用されていないという事態にあるからである」(W. キムリッカ〔同：567〕)。

以上の分析からわれわれの答えは明確であろう。家族という親密圏に必要なのは「公私」の区分撤廃にあるのではない。親密圏に必要なのは、家族の外部からの保護と共に、家族内部における個人の自律と尊重なのである。問題は家族／非家族の境界線ではなく、家族やその成員である女性／子供／高齢者等を市民社会の成員として把握し、家庭においてもジェンダー平等な法システムを構築することが要請されているのである。

多くの人々にとっては、依然として家族自体が1つの制度であり、その介入から保護されるプライバシーが求められる場合があり、また家族の中での虐待を防止／予防するために国家の活動が必要とされる場合があるのである。この点について**J. ロールズ**は次のように述べる。

第 1 章　ジェンダーと法理論

> 「私的領域は正義から逃れた領域であるといわれるならば,そのような領域など存在しない。(何故ならば) 女性の平等な権利と未来の市民である子供の基本権は譲渡不可能なものであり,彼／彼女らはどこにいようとも,その権利によって保護されるべきだからである」(J. ロールズ〔1997：791〕)。

　このようにラディカル・フェミニズムらが主張するように,近代における理念である公／私二分法によって,女性たちが「私的」世界で男性の性的支配を受け,無権利的状態におかれていたというよりは,「実態」として「前近代」の残滓がのこる社会慣習や制度の中で,女性たちは従属的地位におかれ差別されてきていたのである。それどころか,今日の資本制社会は,グローバリズム／民営化／規制緩和などの進展によって,かつて公共空間とされていたドアはこじ開けられ,これらの公／私の「フェンス」自体が破壊されつつあり,例えば,学校,医療,メディア等の商品化が進展すると共に,「私」によって守られていた生身の人間が,学校,病院,家族,地域などから排除されるという事態が進展しているのである (ナオミ・クライン〔2002, 訳2003：16〕)。」

　「近代」は,公／私二分法により,いわば「公的」世界である政治／市民生活という「公共圏」において,自由や民主主義が原理／原則とされ,「私的」世界である家族／個人生活という親密圏において,人々は,家族や個人が,愛情にもとづいて,国家の介入や家長の専制的支配から自由になることを可能にする体制なのであり,いわばわれわれの生活を守る「フェンス」の役割を果たしているのであり,「私的」世界である親密圏における,ドメスティックバイオレンスや性別役割分担意識等は,いわば「近代」の貫徹により克服すべき課題といえるのである。

　またポストモダン・フェミニズムなどは,リベラルな思想／理念を反省的に考察し,「人間の尊厳」「自立」「平等」などを確保しよ

うとすると、二項対立的思考ゆえに、結局のところ、女性や障害者、マイノリティなどが排除され、「自由」「平等」などの理念自体が自己矛盾をもたらしてゆらぎ、組み換えを要するものとして、いわゆる「脱構築」が迫られていると主張する。しかしながら、これらの考えのうち、「男性中心」的な制度運用や価値観は、前述したとおり「近代」の思想や理念から必然的に導き出されるものではなく、何ら「近代」を否定する論拠となるものなく、むしろ「近代」を貫徹すべき課題として我々に課された責務なのであり、「近代」とポストモダンは、協調すべき関係にこそあれ、排除すべきものではないはずである。

しかしながら「近代」の貫徹は、自動的に可能となるものではなく、ジェンダー・バイアスの埋め込まれた社会編成原理の変革のために、女性たちは果てしない不断の戦いと努力を余儀なくされてきているのであり、フェミニズムは、かかる課題を自らのものとし、ジェンダーの正義／平等を、男性優位／中心の法運用や慣習を変革／是正することにより、両性の平等という正義・生身の女性の権利を実現するために絶えず戦っていく必要があろう。

---

（注1）　http://www.bartleby.com/61/59/Goo75900.html, http://en.wikipedia.org/wiki/Gender など。

（注2）　同（注1）。

（注3）　補足説明が述べている「『社会的性別』は、それ自体に良い、悪いという価値を含むものではなく」という記述は、注意を要する。

「社会的性別」という概念についての同説明は、「事実認定」と、その認識したものに「価値付与（＝当為）」することとを峻別する、価値相対主義の立場からの、いわゆる方法二元論に基づいた説明というよりは、むしろこの間の、主として教育現場や自治体レベルにおける「ジェンダー・フリー」運動に対するジェンダーバッシング等への配慮という、政治的文脈の中でかかる文章を挿入するにいたったものと理解すべきものといえよう（注5参照）。尚、いわゆる「方法二元」論については、廣松他（中岡執筆部分［1998：243］参照。

第1章　ジェンダーと法理論

（注4）　上野はデルフィのジェンダー論を3点に要約して「ここでは第一に，セックスがジェンダーを規定するどころか，ジェンダーがセックスに先行すること，第2に，ジェンダーとは，男もしくは女というそれぞれの項なのではなく，男／女に人間の集団を分割するその分割線，差異化そのものだということである。したがってジェンダー論の対象とは，男もしくは女という『ふたつのジェンダー』なのではない。『ひとつのジェンダー』，すなわち差異化という行為そのものが対象になる。

この差異化という行為は，政治的なものである。政治的というのは，そこに権力関係が組み込まれているということである。デルフィが3番目に指摘する『階層性』とは，ジェンダー関係の権力的な非対称性を意味する。男／女の二項は，男でなければ女，女でなければ男，とたんなる排他的な二項関係ではない。この二項は非対称的につくられていて，その実，項のあいだに互換性はない。男 man, homme はいつも人間を代表し，男を標準として女 woman, femme はそれとの差異化においてのみ定義される。女はつねに差異をもった性として有徴化される。これは言語学でいう二項対立のうち，正常／異常のように項の一方だけが有徴化される欠性対立 privative opposition の1種である。」（上野［1995：2］）。

（注5）　その後前述した，平成17（2005）年12月27日閣議決定された「男女共同参画基本（第2次）」第2部2（2）項で使われている「『社会的性別』（ジェンダーの視点）」の補足説明には，1に続いて

「2　『ジェンダー・フリー』という用語を使用して，性差を否定したり，男らしさ，女らしさや男女の区別をなくして人間の中性化を目指すこと，また，家族やひな祭り等の伝統文化を否定することは，国民が求める男女共同参画社会とは異なる。例えば，児童生徒の発達段階を踏まえない行き過ぎた性教育，男女同室着替え，男女混合騎馬戦等の事例は極めて非常識である。また，公共の施設におけるトイレの男女別色表示を同色にすることは，男女共同参画の趣旨から導き出されるものではない。」とした。

これをうけて2006年1月31日に内閣府男女共同参画局から各都道府県と政令指定都市の男女共同参画担当課（室）にあてて出された事務連絡には，「ジェンダーフリー」の用語をめぐる誤解や混乱を解消するために，上記の内容が基本計画に記述されたとし，「地方公共団体にお

いても，このような趣旨を踏まえ，今後はこの用語を使わないことが適切と考えます」と記載され（「ジェンダーフリーについて」男女共同参画局 事務連絡2006.1.31），内閣府によるこの用語の不使用通知をきっかけにして，各地で例えば千葉県の女性センターが閉鎖されるなどの新しい動きが起きている。

ところで「ジェンダーフリー」なる用語が日本で用いられる嚆矢となった1995年東京女性財団発行のハンドブック『Gender Free』では，
> 「男女平等という用語は，これまでおもに制度や待遇面での，男女間の不平等の撤廃をテーマにして使われてきましたが，最近ではそうした不平等問題の背景にある，人々の『心』のありかたに関心が払われるようになりました。このハンドブックでは「ジェンダー・フリー」というコトバを使っていくことにしたのです。」

として「ジェンダーフリー」は性差別撤廃のためや制度変更をしていくというよりは，むしろ個人の心のあり方を指す意味に用いられていたのである。しかも，同じ財団発行のパンフレット「ジェンダーフリーな教育のため」では，アメリカの教育学者バーバラ・ヒューストンの記述が引用され，
> 「ジェンダー・フリーは，人々の意識や態度的側面を指す用語である。この用語に関する論文が，最近刊行された論集に収められている。(Houston B., "Should Public Education be Gender Free?", in Stone, L. ed., The Education Feminism Reader, Routledge 1994, pp. 122-134. 参照)。この論文では，ジェンダー・フリーの意味を強いものから弱いものまで。3つに区分している。我々が用いる意味は，第3のジェンダー・バイアスからの自由に近いだろう。論文の筆者は，ジェンダー・センシティブという用語のほうにコミットしているが，それはジェンダー・フリーの戦略上の観点からである。」

とされ（同報告書24頁），その後，周知の通り，主として自治体の広報や学校などでの男女平等教育プログラムにとり入れられていくようになる。

しかしながら，ここでの「ジェンダー・フリー」の提唱者とされるヒューストンは，「ジェンダー・フリー」を「ジェンダーの存在を意識しない」という否定的な意味で用いており，「ジェンダー・フリー」ではなく，「ジェンダー・センシティブ（＝ジェンダーに起因する差別や格差に敏感な視点）」を常に持って教育を進めるべきであり，「ジェン

ダー・フリー」にはコミットしないという態度を明示しており，日本におけるように「ジェンダーからの自由／解放を目指す」思想や運動とは明らかに異なる意味内容を有するものであった（山口智美2004「ジェンダー・フリー」をめぐる混乱の源因（1）&（2），http://homepage.mac.com/tomomiyg/gfreel.htm）。
（注6） http://www.eurozine.Com/articles/2006-03-29-dworkin-en.html.
（注7） 批判的人種理論は，1980年代を通じて，アメリカで主としてレイシズムに関心を寄せる研究者たちが主張した考え理論であり，法を非政治的で技術的なものとみなすリベラリズムのイデオロギー性を批判し，法における「中立性」／「客観性」／「合理性」概念の脱構築をめざす批判的法研究 Critical Legal Studiese やポスト構築主義／マルクス主義的な言説分析の方法論から影響を受けた考え方である。批判的人種理論は，主として人種問題に焦点をあて，移民法の人種差別的運用や奴隷制の歴史研究を通して，アメリカにおける白人至上主義を基底とする権力構造に対する批判をしてきたといえよう（米山[2003：126]）。
（注8）ここでの「本質的属性」は，前述した通りあくまでも規範的意味においてであり，人種や性などの「本質的属性」の差異／差別が平等に反するものとして撤廃されたとしても，「事実」としての属性内での「差異」は依然として残るのであり，したがって，「平等」は，属性内での「差異」を含んだ規範的意味におけるものなのである（ちなみに「民族」や「階級」なども，「ジェンダー」と同様に歴史的，経済的，文化的に形成された属性概念であるが，本質的属性として，規範的な意味において個々人に帰属するものとして，しばしば歴史的にも社会的にも用いられていることから，同じような問題として取り扱うこととする）。
（注9）「公私」の区分をいかに行なうかは，いわば「市民社会」をどのようなものとして構想するかというテーマとも重なる政治哲学の重要問題であり，今日まで，さまざまな議論が展開されていている。伝統的市民社会論は，典型的には「国家／社会」の二元論を前提として，法理論としては，G.ヘーゲルが『法の哲学』で体系化した「市民社会と国家」二分論であり，そこでは，市民社会を規律する法体系が私法であり，国家（統治機関）を規準する法体系及び国家と市民との間を規律する法体系が公法とする古典的市民社会論（いわゆるヘーゲル／

マルクス的市民社会論）が主流を占めてきていた。ヘーゲルにおいては，市民社会は何よりも「特殊的人格として，自分が自分にとって目的であるところの具体的人格が，もろもろの欲求のかたまりとして，また自然必然性と恣意との混合したものとして」の欲望の体系であるが（§182, 289)，これらの各人の欲求は，社会的分業を通してはじめて満たされるものであることから，そのかかわりで市民社会は「全面的依存性の体系」としての普遍性の原理に制約され，そのかぎりで「外的国家―強制国家及び悟性国家」が必要とされることになる（§183, 260)。

しかしながら，1980年代以降，いわゆる「社会主義」国の崩壊やグローバリズムの進展に伴って，新たにさまざまな「市民社会」論が唱えられるようになり（いわば「市民社会論のルネッサンス」→広渡［2006：249])，今日，ハーバマスに代表される，システム（国家と市場を含む）／市民社会（アソシエーション）／生活の世界（親密圏，家庭，個人)」の3つ巴という三元論に立った市民社会論が隆盛を極めているといえよう。

このような流れのきっかけは，J.ハーバマスが『公共性の構造転換』の第2版（1990年）に有名な長文の序文を載せ，「市民社会の再発見」というテーマをかかげて，次のように主張したことによる。即ちハーバマスによれば，現在の「市民社会」は，自由主義伝統における市民社会 bürgerliche Gesellschaft，即ちヘーゲルが「欲望の体系」つまり「社会的労働と商品交換のための市場経済システム」と捉えたものではなく，また，マルクスが言う「私権にもとづいて構築され，労働・資本・財の市場によって制御される経済」を表すものでももはやない。その制度的核心をなすものは，「自由意志にもとづく，非国家的・非経済的な共同決定および連帯的結合であり，これらの決定と連帯的結合によって，公共圏のコミュニケーション構造は生活世界の社会的構成要素に根をも」ち，「そこに自生した団体・組織・運動は，社会的問題状況について私的生活領域のなかに存在する共感を取り上げ，集約し，増幅して政治的公共圏へと流し込む（中略)。市民社会の核心をなすのは，成立した公共圏の枠内で，一般的関心を引くために問題解決を制度化する連帯的結合に関する制度である」(S.443. 97頁)。

このように，ハーバマスが描く市民社会は，非国家的・非経済的な，その内部の団体・組織・運動がコミュニケーション形態を軸とした討

論などを制度化する連帯結合としての市民社会論である。すなわち，彼は，ヘーゲルやマルクスのように，市民社会を国家の基幹部分もしくはその下部構造として把握せず，市民社会をあくまでも実際的な生活世界の領域と捉え，同時に，法や国家または経済というシステムの領域と区別する。したがって，生活世界とシステムは，公共圏を媒介にする外に直接的で実質的な関係を直接にはもたなくなる。

ハーバマスはこのような三元論を前提として，中世全体を通じて，公的なものと私的なものというカテゴリーが，ローマ法の諸定義のなかに伝承されてきたことに加えて，公共圏もまた res publica として伝承され，更に近代になり，近代国家およびこれらから分離された市民社会という圏域の成立によって，公法／私法という法領域が成立し，これらが全体として特有な意味での「公共圏」を政治的に理解するとともに法的に制度化することに役立ったと論ずるのである。もっとも，ハーバマスは，19世紀最後の四半期以降，公的領域と私的領域との交錯・統合化につれて，国家と社会を媒介していた「公共圏」が解体してしまったとして，国家と社会の媒介機能である「公共圏」が公衆の手から離れていったことも説いている（J．ハーバマス［1990，訳1994：ix］，山口［2004：151］，斎藤［2000：13］，三成［2005：58］，吉田［1999：205］など）。このハーバマスの三元論的市民社会論こそ〈現代的市民社会論〉に大きな影響を与えているものである。

ちなみに，市民社会論としての公／私についての主張といわゆる公法／私法二元論とは論理的に直接の関連がないが，わが国の公法／私法二元論を批判するものとして広中〔1989，2006：35-37〕。

（注10）　18世紀から19世紀にかけて，ヨーロッパの文芸・思想上に起こった運動を言い，画一的な古典主義や理性的な合理主義と対立し，現実主義（リアリズム）の反語となり，社会観や国家・民族観にも反映したので，政治的ロマン主義も現れてきた。一般的には，個性を尊重し理性よりも悟性のひらめきを重んじ，その起源や生成過程を重視するので，歴史性が必要になってくる反面，個性や過去を美化する主観的側面は避けられず，「なきものへの憧れ」をもつようになる（W．ベンヤミン［1920，訳2001：］）。

# 第2章
# ジェンダーと法

1 はじめに
 (1) ジェンダーと法―「同一性」vs「差異」?
 (2) 法実践の課題―個人の尊重／権利の擁護と平等
 (3) どちらのアプローチ？あるいはどちらのアプローチも？
2 「ジェンダー」以前と法
 (1) 「ジェンダー」以前の法―「近代」の進展／「形式的」平等の推進
 (2) 「公」的領域―「絶対的平等」の進展
 (3) 「私的領域」―相対的平等／「差異」に基づく取扱いの「合理性」とは？
3 「ジェンダー」以後と法
 (1) 「近代」の本格化と第二派フェミニズムの登場
 (2) 「ジェンダー」とフェミニズム
 (3) 「形式的平等」の本格化
 (4) 「実質的平等」の進展と個人の尊重
4 ジェンダーと法の現在
 (1) 近代の「本格化」と「グローバリゼーション」／新自由主義の潮流
 (2) 「ジェンダー平等視点の主流化」アプローチ
 (3) 社会開発と人権アプローチ
 (4) ILO―「ディーセント・ワーク」の推進
 (5) EU―「平等政策」の推進
 (6) 家族・社会保障などの現状

## 第2章 ジェンダーと法

　第1章で述べたとおり，1960年代以降にいわゆる「近代」が本格化するなかで，わが国を含むいわば先進資本主義諸国における「近代」の法システムは，労働者や女性を含む全ての社会の成員を，政治的責任主体とする民主主義政体を政治基盤としつつ，人間の尊厳と個人の尊重を承認し，自由な平等を，政治理念とする法システムを指向するようになってきた。他方，1960年代以降の先進資本主義国が経験した経済社会変動の中で，職場や大学・社会活動の場においては，大量の女性の進出がもたらされ，それに伴って「男性社会」であった大学や職場，政治分野など社会の各層において，男性中心の権威主義的支配と女性の従属が解体されるようになり，このような社会経済的背景のもとに，女性の自立がうながされるようになってきたのである。かくして親密圏においても，いわゆる家長や教会・地域集団などの規制がゆるむと共に，個人的自由の意識が高まるようになり，離婚率の急上昇ともあいまって，男女同権や離婚制度の自由化のための民法改正がなされると共に，セクシュアル・マイノリティである同性愛婚や性同一性障害に関しての法的制度や整備がされるようになってきており，このような個人の権利の尊重を背景とした実質的価値の広がりと強まりは，男性による「家父長的支配」を脱却し，「近代」の理念を強化する動きが強まり，フェミニズムは，「ジェンダー平等」な法的政策論を展開してきたのである。

　このような「近代」が本格化すると共に，1980年代に登場した「グローバリゼーション」／新自由主義は，「近代」が前提としていた資本主義／市民社会／国民国家のワク組みに大きな変動をもたらしつつある。アメリカを中心とした「グローバリゼーション」の進展による，物，人，カネの国境を越えた移動が一気に強まると共に同じ頃に登場した国家による福祉／公共サービスの縮小（「小さな政府」，民営化）や大幅な規制緩和，市場原理主義を特徴とする経済政策である「新自由主義」は，前述したグローバリゼーションのもと，世界規模に拡大した多国籍企業間の競争を激化させ，このような市場の力が社会のすみずみまで浸透し，人々の貧富の差の拡大や，いわゆる「ワーキング・プア」などを生み出すと共に，外国人労働者の国境を越えた移動等は，安定的で同質的な市民社会を前提として成立している「国民」国家の概念を大きく揺るがすようになり，いわば「包摂型」社会から「排除型」社会へと進行しつつあるかの様相を呈している。

　フェミニズムにはこのような潮流に対して，平等戦略／機会均等／ディーセントワークをキーワードとしたジェンダー平等を対抗軸として対置してきており，具体的には，国際機関においては，政策設定プロセスにおける「ジェンダー平等主流化」アプローチ，主として発展途上国に対する社会開発における「発達の権利」アプローチ，雇用の分野における「ディーセントワーク」アプローチ，さらにはEU等が推進している「ジェンダー平等」アプローチなどを指摘でき，これらのアプローチがそれぞれ連携しながら，「ジェンダー平等」をめざしているといえよう。

## 1　はじめに

### (1)　ジェンダーと法——「同一性」vs「差異」？

　第1章で述べたとおり女性が社会的・経済的・政治的領域において男性に比して劣悪な地位と境遇におかれてきたことは歴史的事実であり，国内的にも国際的にも平等な権利が制度的に保障されるようになってきた今日においても，社会の中に組み込まれている「ジェンダー」によって，女性は実際上，男性に比して劣位な立場におかれ続けているといわざるを得ない。これを法領域でみた場合，近現代社会の支配的原理である，個人の尊重と個人的な自由の平等の保障を基本原理とするリベラルな法秩序において，基本的な権利主体として人権保障の体系が前提としているのは，抽象化された「人」であるところ，最近に至るまで，女性はそもそも「人」から排除され（例えば選挙権など），さらに今日においても，法の運用において「人」から排除されたり差別され続けており（例えば職場における昇進昇格差別など），法体系の中において，女性は真に男性と等しい取り扱いを受けてこなかったのである。

　法秩序がいかに公正かつ中立的に設計されていても，その運用の実際において，女性は個人としての「人」から排除され，不公正で偏りのある結果が生じてきたことは歴史的事実あったが，さらにそもそも，リベラルな法秩序の構成は，個人的自由の平等な保障，「公私」の領域区分，中立性を原則とするものであるところ，実態が「ジェンダー」の組み込まれた男性優位の社会においては，法制度の枠組みが中立的であるにもかかわらず男性中心に運用され，しかも「公私」の領域区分により，広範な自由が基本的に保障されている「私」の領域においては，家庭，職場，市場等において，女性は男性に比して著しく不利な取扱を余儀なくされていたのである。これらの問題は，法制度の中立性およびそれが前提とする人権概念

の見直しや，家族法，刑事法など社会における道徳的価値（しかもその多くが男性の経験・規範）を具体化している法制度の再検討・再編成を求めるものであり，このように「ジェンダー」が組み込まれた男性優位の社会の法システムの改革をめぐって，今日までさまざまな議論が展開されてきているのである。

一方では1960年代以降にいわゆる「近代」が本格化するなかで，わが国を含むいわば先進資本主義諸国における「近代」の法システムは，労働者や女性を含む全ての社会の成員を，政治的責任主体とする民主主義政体を政治基盤としつつ，人間の尊厳と個人の尊重を承認し，自由な平等を，政治理念とする法システムを指向するようになってきているのである。しかしながら，近代における，「万人の自由な平等」という法理念にもかかわらず，「実態」としての男性優位の社会の秩序や慣習により，女性や性的マイノリティ達は，例えば，職場における男女差別やセクシュアル・ハラスメント，親密圏におけるドメスティック・バイオレンスや売買春，ポルノなど歴史的に社会の中に形成されてきた「ジェンダー」――しかもいわば「前近代」の残滓としての要素を色濃くもつもの――により差別／排除されてきたのである。

このように女性やセクシュアル・マイノリティの人々は，男女やセクシュアリティの「差異」という理由によって，「万人の自由な平等」という法理念の「タテ前」があるにもかかわらず，実態において，個人としての尊重／権利擁護や，「財」の分配における「平等」の擁護から排除され，正義／平等が実現してこなかったのであり，今日におけるフェミニズム／ジェンダー論の法実践上の課題は，このような法の「タテ前」と「実態」の乖離の撤廃／是正なのである。

### （2） 法実践の課題――個人の尊重／権利の擁護と平等

法実践の課題をめぐっては，上述した女性や性的マイノリティ達

の劣位な地位の克服をめざす運動の担い手（フェミニズム）の中で，今日まで，第1章で述べたとおり，さまざまな流れが存在するが，大別して2つの流れに分類するのが適切であろう。

「平等主義アプローチ」　第1の流れは，いわゆる「平等主義アプローチ」といわれるの流れに属するものであり，リベラルな法秩序を基本原理とする資本制中心の近現代社会において，法制度の枠組みが中立的であれば，「ジェンダー」の組み込まれた男性の経験や規範を前提とした社会の中では，男性中心の運用が行われやすく，ましてや「公・私」の領域区分により広範な自由が基本的に保障されている「私」の領域においては，女性が事実上男性基準を満たしていないとして，より一層不利益を受けることになるとして，基本的には男女差別やセクシュアリティによる排除を否定し，真に男性や性的多数派と平等な権利の獲得をめざす法理論と実践に重点をおく「平等」指向とされる立場である（この流れが，後述するとおり，今日までのフェミニズム運動の主流をなしており，リベラル・フェミニズムやマルクス主義フェミニズム・ラディカル・フェミニズムの大半がこの流れに属しているといえよう）。

　もっとも第1の流れの中でも，いわゆる第一派フェミニズムを主導した，「伝統的」リベラル・フェミニズムは，社会制度や法規範等のなかの差別的制度や慣習に着目し，それによって女性たちがキャリア選択に際して社会的，経済的，政治的資源にアクセスを拒否され，その結果不平等が生じているのであり，したがって法の使命は何よりも平等政策を推進することであると主張した。伝統的リベラル・フェミニズムは，「ジェンダー」が問題化されるようになった後は，男女の「差異」を最小限にとどめる「人」モデルのもとに生物学的差異（= sex）のみを法における取扱いとして合理化できるとする「極小化」モデルを提示し，平等化推進について，女性が男性と同様に個人として尊重されるべきであり，女性であるからという理由で特別な保護を与えるのは，同じ理由で不利に扱うの

と同程度に平等化の妨げになるとし,長期的視野に立って女性の自律を促し,男女が対等な立場で社会形成に参加できるようにするためには,性別による差別だけでなく,女性に対する雇用等の分野における保護政策を極力排除し,個人的権利としての女性の自己決定および自律を重視し,具体的には市場競争に参加する機会を平等に保障する,いわば「スタートの平等」もしくは「形式的な機会の平等」を主張したのである(紙谷1997:51)。

これに対して,いわゆる第二派フェミニズムの影響を受けた,「修正的」リベラル・フェミニズムやマルクス主義フェミニズム,ラディカルフェミニズムは,女性たちの不平等の原因が,社会制度や法規範等のなかの差別的制度や慣習に還元できるものではなく,女性は生物学的,心理学的,歴史的に男性と異なった特徴を有しているが故に,特に仕事と家庭という女性特有の心理的葛藤のためにキャリア選択に際して社会的,経済的,政治的資源へのアクセスを回避する選択し,その結果として男女間の不平等が生じている面もあるのであり,したがって,真の男女の平等を達成するためには,前者のような主張だけでは不十分であり,法の使命はこのような選択を余儀なくされている女性に対して,選択の自由を確保するための保護政策の推進が必要であると主張した。

この立場の中でも「修正的」リベラル・フェミニズムは,「形式的な機会の平等」を推進するのみでは,ジェンダーが組み込まれた社会の中で女性が歴史的,社会的に差別されてきた実態に即しておらず,逆に男性の優位と女性の劣位を維持する方向で機能することになるとして,歴史的,社会的,経済的に不利な条件の下におかれてきた属性としての女性に対する積極的是正措置(アファーマティブ・アクション,ポジティブ・アクション)を講じて,女性が平等なスタンスで競争にのぞめるように,社会的資源や能力開発等の面で一定の公的な援助を推進すべきであるとし,いわば「平等主義的な機会均等」もしくは「実質的な機会の平等」を主張したのである

(野崎2003：52, S. L. ベム1993：訳191)。

　他方マルクス主義フェミニズムは，リベラル・フェミニズムが主張するような機会の平等化を図るだけでは男女の格差是正の根本的解決には不十分であるとして，個々人の才能や資源等の福利における平等化を主張し，結果の平等を追及するいわば「ゴールの平等」もしくは「結果の平等」を求める立場を主張している（吉澤1993：92）。

　具体的にこれらに共通の政策アプローチは，政治，社会，経済分野における平等政策の推進であるが，例えば，政治参加，雇用や教育分野等における差別撤廃や，妊娠，出産や専業主婦を選択した女性に対する特別な配慮の要求等は，1章で述べた正義／平等論との関わりでいえば，「平等」に関わる問題群とされるものであり，強姦，強制わいせつ，売買春，セクシュアル・ハラスメント，ドメスティックバイオレンス等の「女性に対する暴力」の排除要求や，妊娠中絶に関して，個人的選択ではなく社会的配慮と責任を求める要求等は，「個人としての尊重／権利の擁護」に関わる問題群とされるものといえよう。

**「差異主義アプローチ」など**　第2の流れは，いわゆる「差異主義アプローチ」に代表される流れであり，リベラルな法秩序を基本的原理とする近現代社会においては，たとえ法制度の枠組みが中立的であるとしても，例えば刑事法や家族法にみられるように，法規範それ自体の中に「ジェンダー」に組み込まれた男性の経験や規範を前提とした社会の価値観が強く反映されており，したがってそのような法規範や慣習を是正するためには，男性基準・規範が組み込まれた法制度自体の見直しや，新たな規制によって真に男性と平等な女性の権利獲得が必要であるとする法理論と実践に重点をおく流れであり，基本的には男女平等よりは，女性としての「属性」もしくは「差異」指向とされる立場である。

　もっともこれらの流れの中には，前述したとおり，カルチュラル・フェミニズムのように，「近代」法のワク組みを前提としつつ，

平等主義アプローチは「規範としての男性」を前提とするものであるとして、異なるアプローチとして具体的には、男女間の生物学的／感性的な根本的差異に関して特別な配慮を求め、いわゆる「ケアの倫理」を中核にすえる主張や、エコ・フェミニズム、多文化主義フェミニズムなど多様なものがある。

他方、マッキノンやポストモダン・フェミニズムのように、そもそも、「近代」法のワク組自体の否定／解体／脱構築を主張し、今日の社会、経済、法制度が男性優位の支配、権力システムとして編成されており、その結果女性はキャリア選択を含むさまざまな「資源」へのアクセスから排除されているのであるから、法の使命は何よりも、このような男性優位・支配の法システムの否定／解体／再編成であると主張する。この立場においては、例えばC. A. マッキノンらが主張するように、法は男性権力を制度化したものであり、その根本には女性に対する男性の性的支配があり、それゆえ、強姦や売春、わいせつ等の規制にみられるような女性を守る保護法制も、男性による女性の性的虐待を性愛化し、かえって男性の性的優位を保つ方向にはたらき、また法制度の中立性も、それが強まれば強まるほど、家族、職場、市場等の私的領域における男性支配の擁護にはたらくことになるのであるから、女性の特性としての価値を反映し、それに対応できるように社会の仕組みを変革させるべきであり、具体的には、例えば男性の性的支配を特徴づけるポルノやセクシュアル・ハラスメント、ドメスティック・バイオレンスなどは厳しく禁止されるべきであり、また家事労働（＝無償労働）に対する賃金や育児・介護など「母親業」に対する賃金が獲得されるように諸法制の改革をすべきである等と主張するのである（M. A. マッキノン1987：32）。

しかしながら、これらの主張は、いわば「総論」については、例えばマッキノンのように「近代」法を否定しつつも、具体的な法実践においては、むしろ前述した正義／平等論において、いずれも個

人の尊重／権利の擁護という問題群に関わるものであり，それ自体は「近代法」の否定／脱構築ではなく，近代法の徹底の課題であり，しかもこれらの具体的事例は，むしろ「前近代」の残滓としての性格を有するものといえよう。

### (3) どちらのアプローチ？あるいはどちらのアプローチも？

我々は，「平等主義的アプローチ」／「差異主義的アプローチ」のいずれかを支持すべきだろうか。あるいはどちらも欠陥があるだろうか。この点については，第1章で述べたフレーザーは，アメリカの状況を念頭におきつつ，「差異主義的アプローチ」をとるフェミニズムは，ジェンダー間の差異を，女性のアイデンティティ形成の基礎とみなし，男性中心主義がジェンダー・バイアスの中心的な害であり，「平等主義的アプローチ」は「規範としての男性」，つまり女性を不利にする規準を前提としていると批判し，他方「平等主義的アプローチ」をとるフェミニズムは，ジェンダー・バイアスの中心的な不正義は，女性の周縁化と社会的な財の不公正配分であり，「差異主義的アプローチ」は，現存するジェンダーヒエラルキーを強化するようなステレオタイプ化された「女性性」の概念に依拠していると批判し，平等な参加と再配分がフェミニズムの課題であると主張し，このように「平等主義的アプローチ」と「差異主義的アプローチ」は，相互に説得的なジェンダーに関する正義論・平等論を提示して論争をくり広げてきたが，この間に，「ジェンダー間の差異」から「女性間の差異」「多様な差異」へと論争の軸が移転しつつあり，今日このような論争の意義は薄れつつある，と整理している（フレーザー〔1997：訳2003：269〕）。しかしながら，「ジェンダー」と法に焦点を当てるならば，女性やセクシュアル・マイノリティたちは，今日においても依然として，「近代」法の「タテ前」と「実態」の乖離の中におかれているのであり，フレーザーが主張するような「女性間の差異」や「多様な差異」が重要性を増してい

るものの，例えば「女性間の差異」は，貧困や人種等他の要素との総合的な検討が求められる課題であり，また，「多様な差異」についても，本書との関連では，むしろ，セクシュアル・マイノリティの尊重という，個人としての尊重／権利付与の課題に関わるものとして，依然として「ジェンダー」の正義／平等論の課題なのである。

　しかも「平等」指向アプローチと「差異」指向アプローチは，それぞれにおいても独特のジレンマを生み出している。すなわち，「差異」指向は，他の集団との「差異」を強調する一方で，それぞれの集団内部においては，同質性に依拠した「平等」を要求している。例えば多文化主義の主張は，同じ文化に属する人の間では同じ取り扱い，すなわち「平等」を志向している。つまり1つの文化での「平等」を維持しながら，他の文化との間の「差異」を主張しており，フェミニズムについても同様のことが言える。女性に固有の価値を認めよという本質主義的フェミニズムは，「女性」というグループ内部での同質性を根拠に女性の間での「平等」を主張し，女性の間での「平等」を維持しながら，男性との間での「差異」を主張しているのである。他方「平等」指向も同じようなジレンマを抱いており，例えば，マルクス主義フェミニズムやラディカル・フェミニズムは，男性と女性の間での「平等」を主張する際に，いったん女性か男性かという分類／「差異」化をした上での「平等」を求めているのである（吉澤〔2006：91〕，江原〔2006：75〕）。

　結局のところ「差異」指向を追求すると，「差異」が強調される結果，スティグマが残り，「平等」指向を追求すると，差別もろとも区別を撤廃する結果，現存する力の格差をそのままに放置することになり，したがって「差異」指向と「平等」指向のどちらによっても，差別や抑圧を解消しきれないということになろう。この点についてM.ミノウは，ジレンマ状況を脱するためには，暗黙のうちに想定され隠されている，「差異」を生じさせる文脈や「異なっている」と判断されパースペクティブを明らかにすることが重要であ

ると指摘する。すなわちミノウは「差異」をめぐる「関係性」に注目するアプローチを提示し，「異なっている」ことを判断するパースペクティブを変更することにより，ジレンマ状況を脱する糸口が見出されるとする。もっとも，関係性アプローチによって関係性を明らかにするだけでは，どのパースペクティブも1つのパースペクティブに過ぎないため，結果として社会的抑圧を生み出すパースペクティブの維持に陥る危険性があり，したがって，状況を変える権利の力に注目し，権利を用いたアプローチと関係性アプローチの統合により，権利を再構成することが試みられる。権利はそもそも「関係的」なものであると指摘し，権利を「切り札」としてではなく，他人を説き伏せるための言説とみなし，関係的権利として捉え直し，再構成された権利が裁判において主張されることによって，差別や抑圧に関する問題の解決が目指されるというのである（M. Minow〔1990：50〕[注1]）。

およそいかなる正義／平等論も，それらが主張される時代／社会背景があるのであり，そのような観点でみた場合，「平等主義的アプローチ」の法理念／思想は，「近代」が進展する時代——「ジェンダー」が登場する以前——の，女性やセクシュアル・マイノリティが「人」から排除されていた時代／社会にとって焦眉の課題に応える正義／平等論でもあったのであり，他方「差異主義的アプローチ」の法理念／思想は，「近代」が本格化した時代——「ジェンダー」が登場した後——の，女性やセクシュアル・マイノリティが「人」に包摂されつつも，依然として法の適用などでさまざまに差異／排除されている時代／社会にとっての焦眉の課題に応える正義／平等論でもあったのであり，それぞれが，時代／社会と共に歩んできた法理念／思想といえよう。

結局のところ，第1，第2のアプローチいずれも，ジェンダーの正義／平等論に関し，個人の尊重／権利と平等の擁護によって実現されるべき課題に関するウェートのおき方の違いなのであり，われ

われの法実践はいずれの課題に対しても応えるべきものなのである。

## ② 「ジェンダー」以前と法

### (1) 「ジェンダー」以前の法——「近代」の進展／「形式的」平等の推進

**近代の進展**　18世紀以降，資本制を支配的生産関係とする「近代」社会が成立した後も，女性は社会的・経済的・政治的領域において男性に比して劣悪な地位と境遇におかれ，このような劣位の立場の女性の解放をめざす運動が起こってくることになる。すなわち「近代」とは，一般的には，資本主義，市民社会，国民国家の3要素が中核的位置を占める時代とされており，このような視点からは，「近代」は，フランス革命（1789年）を「中世」との時代を画するスタートとし，主として西欧諸国において，その後19世紀から20世紀前半にかけて「近代」の内容となる諸要素が進展し，1960年代以降において，日本を含む主要な先進資本主義国家において，「近代」が本格化するものと位置づけることになる，政治・社会・経済体制のことを意味している。

このような観点で「近代」をとらえた場合，「近代」が進展する19世紀後半から20世紀前半にかけては，「伝統的」リベラリズム・フェミニズムに主導されたいわば第一派フェミニズムが展開した時代であり，「ジェンダー」以前とされる期間と重なり合うことになり，「近代」が本格化する1960年代以降は，ラディカル・フェミニズムに主導されたいわゆる第二派フェミニズムをはじめさまざまなフェミニズム運動が登場することになる時代であり，「ジェンダー」以降とされる期間と重なり合うことになる。

フェミニズムが，「ジェンダー」概念を用いて，社会的，文化的，経済的に排除／差別されている女性やセクシュアルマイノリティなどの存在を告発し，それらが同時に，近代の本格化をうながす要因

となってきたことは歴史的事実であり，前者の時代においては，主として形式的平等が課題とされ，後者の時代においては，これに加えて実質的平等や個人の尊重が課題とされるようになっており，本書はかかる観点から，「近代」が形成／進展した「ジェンダー」以前の法と，近代が本格化して今日に至るジェンダー以後の法とに区分したうえで述べることにしよう。

さて，ジェンダー以前の，近代の成立／進展した時代のいわゆる第一派フェミニズムを主導したのが，「伝統的」リベラル・フェミニズムと呼ばれるものであり，フランス革命（1779年）やアメリカ独立革命（1776年）の影響を受け20世紀前半まで連続したが，ここでは自由と平等を基本理念とする近代自由主義（＝リベラリズム）を政治理念とし，公的領域と私的領域の区分を自明のこととしながら，法の領域においては，女性たちが，「万人に自由な平等」を理念とする法の適用から排除され，「人」として認められていない状況を告発し，何よりも法における「人」への組み入れを求める，いわば「形式的平等」を求めることが，主たる課題とならざるを得なかったのである（その意味は，伝統的に「人」の権利が「男性」の権利であった状況のもとで，男性に保障されている諸権利の獲得，いわば「男性なみ平等」が目標とされざるを得なかったともいえよう）。

**「形式的平等」の要請**　具体的には，女性たちはフランス革命やアメリカ独立戦争を男性たちと共に戦い，1789年の「フランス人権宣言（人及び市民の権利宣言）」や1776年の「アメリカ独立宣言」等において，「全て人は生まれながらに自由・平等で，一定の生まれながらの権利を有する」とされたにもかかわらず，例えばフランス1793年憲法では，選挙権を有する「市民」の要件として「フランスに生まれ居住する21歳までの男子」及び一定条件を満たす成人男子の外国人との規定などによって女性が排除され，「革命」や「独立」後の市民社会の形成の中で，「人」の概念から排除されてきたのである。これに対しては，例えば18世紀末に，フラン

## 第2章　ジェンダーと法

スのO.グージュは『女性及び女性市民の権利宣言』の中で,「女性は,処刑台にのぼる権利と同時に演壇にのぼる権利も有さなければなら」ず,「思想及び意見の自由な伝達は,女性の最も基本的権利の1つである。何故ならばそれは,この自由によって子供と父親の嫡出関係を確保するからである」という有名な文言を述べ,また同じころイギリスのM.ウルストンクラフトは『人間の権利の擁護』の中で,ルソーらのフランス啓蒙思想にみられる女性差別思想を批判して,女性の教化・意識変革と同時に女性参政権の要求を含む男女同権論を展開した(辻村1997b:32)。

このような主張に代表されるリベラル・フェミニズムは,女性たちが男性と比して社会的,経済的,政治的領域において著しく劣位な位置におかれていることが明らかであった当時の歴史的・社会的状況の下では,「人」としての尊厳を傷つける差別を撤廃し,平等の要請の実現をとりわけ喫緊の課題として追求したのである。そのようなものとして何よりも法の下の平等,すなわち個人としての「人」としての「同一性」が要請され,具体的には女性に対し,「公」的分野においては参政権をはじめとする政治的諸権利の実現という,「全ての人」の要請である「絶対的平等」が,「私」的分野においては,身体の自由や財産管理権の獲得等による,家庭,雇用等の社会関係への参加実現という,「等しき者」の要請である「相対的平等」が,当時の女性にかかわる問題とされたのである。このような,いわば法制度における「形式的平等」の要請は,「実態」としては「スタートの平等」若しくは「形式的な機会の平等」,「男なみ平等」という限界を有するものであったが,当時の時代背景の中で,このような法理論と実践は,不可欠かつ喫緊の課題であったのである。

## （2）「公」的領域——「絶対的平等」の進展

**「性差」による「差異」の当然視**　近代法は以上のような個人としての「人」の「同一性」の要請に応えつつ、一方では異なる性という属性に基づく「差異」を認めており、異なった取り扱いが合理的な理由であれば平等の要請に反するものではないものとされており（いわゆる「相対的平等」）、このような取扱いは、今日でもとりわけ雇用、家庭等の「私的」領域では広範に存在するが、当初は「公的領域」においても、その「差異」ゆえに広範な「差別的取扱い」は当然のこととされていた。

まず近代市民社会が形成された19世紀を通して、フランス、アメリカ、イギリスをはじめとする両欧諸国では、男女の「差異」は当然のこととされて、女性はその性格、気質、能力、行動様式において男性と異なるものとされ（＝いわゆる「特性」論）、それに基づいて「男は仕事、女は家事、育児」等の性別役割分担意識は広く社会に共有され、このような社会通念に基づいて、「性差」に基づく「差異」は合理的なものとして、法の下の平等原則に反しないものとされ、女性は法をはじめさまざまな分野から排除されていたのである。

例えば、フランスでは、18世紀末の革命以来「全ての人」「全ての市民」に権利が存在することとされていたにもかかわらず、前述する通り、19世紀を通して女性は政治参加から除外され、その理由を憲法学者である**辻村みよ子**は次のように指摘する。

> 「『女性には政治に必要とされる精神的・肉体的機能がない』、『女性の貞淑さや羞恥心が政治参加に向かない』あるいは『女性は興奮しやすく錯乱・無秩序になりやすい』という女性の特性論、さらには、『女性には、より本来的に宿命づけられた任務がある』、『女性は家庭の世話という仕事を捨てて……政治に口を出すために家庭を出るべきではない』という女性の天職論、すなわち『男は仕事、女は家庭（家事・育児）』という性別役割分業論であった。同じよう

> な女性の権利否認の論理は、後に女性参政権論議が盛んとなった20
> 世紀初頭の議会でも繰り返し用いられた」(辻村1997b：60)。

　アメリカでも、同様の理由で女性の社会参加を排除する法規は合理的なものとされ、例えばアメリカ連邦最高裁は1870年代に女性に弁護士資格を認めないイリノイ州法を合憲としていた(注2)。

**「絶対的平等」の進展**　このような男女の「差異」の当然視による、女性の「公」的領域からの排除に対して、リベラル・フェミニズムに主導された第一派フェミニズムは、男女平等法制の実現に向けて前述したとおり精力的に運動を展開したのである。このようにして20世紀中葉頃までには、法の下の平等原則は、わが国を含む大半の諸国の憲法や民法、刑事法の各種立法や国連等の各種条約によって保障されることとなった。

　例えば、参政権はアメリカでは1920年(修正19条)、フランスでは1944年に実現し、フランス憲法は「法律は、女性に対して、全ての領域において男性のそれと平等な諸権利を保障する」(1946年憲法)と規定した。また第二次世界大戦を契機として設立された国際連合は、憲章前文(1945年6月署名、同年10月発効)で、「基本的人権と人間の尊厳及び価値と男女(中略)の同権に関する信念をあらためて確認」することを宣言し(前文3段)、「人種、性、言語又は宗教による差別なく全ての者のための人権及び基本的自由を尊重するように助長奨励することについて、国際協力を達成すること」(1条3)を国連の目的及び原則としてかかげ、国際機関における男女平等待遇の原則を各国に義務づけたのである(8条、133条b、56条など)。

　さらに国連総会は、世界人権宣言(1948年採択)にて性差別の禁止と法の下の平等を規定(2条、7条)すると共に、1949年には、売買春の禁止を目的とした「人身売買及び他人の売春からの搾取の禁止に関する条約」を採択し、1953年には「婦人の参政権に関する

条約」を採択して女性の選挙権の保障を推進し，1966年，いわゆる社会権規約（A規約），自由権規約（B規約）を採択して「性による差別」を禁止すると共に，これらの諸条約，宣言の実効性を確保すべく，自由権規約締結国の義務履行確保のために第1選択議定書を採択して，締結国の実施措置を規定した（今日に至るも日本は選択議定書を批准していない）。

また日本でも第二次世界大戦後の1945年占領軍の指令により女性参政権が承認され，1947年施行の日本国憲法では，女性は「個人として尊重され」（13条），「法の下に平等」であって，「性別」により「政治的，経済的，または社会的関係において，差別されず」（14条），婚姻は「両性の合意のみに基づいて成立し，夫婦が同等の権利を有」し，結婚制度に関する「法律は，個人の尊厳と両性の本質的平等に立脚して制定されなければなら」ず（23条），「議員及びその選挙人の資格」も「性別」によって「差別してはならない」（44条）と明示的に保障された。またこのような男女平等原則を定めた憲法の精神にのっとって，同年民法の大改正が行われ，民法解釈は「個人ノ尊厳ト両性ノ本質的平等トヲ旨トシテ之ヲ解釈スベシ」（1条の2）とされ，親族・相続編の大改正により「家」制度が廃止され，また刑法の姦通罪規定も削除され（183条），さらに新たに制定された労働基準法により「均等待遇」や「男女同一賃金の原則」が規定された（3条・4条）のである。

20世紀中葉頃までに世界各国においては，このような諸法制度の整備により，従来政治的，経済的，社会的に男性と同等の権利を持たなかった女性が，「公」的領域においては，法制度上は男性と同等の権利，いわば「全ての人」の平等たる「絶対的平等」が保障されることとなったのである（図表1，章末）。

## (3) 「私的領域」——相対的平等／「差異」に基づく取扱いの「合理性」とは？

**「特性」／性別役割分業論の「合理化」**　「公的」分野における女性の差別撤廃／是正が進展する中で、「私的」分野では20世紀に入っても、広範に女性の差別／排除は残存していた。すなわち、20世紀に入り男女の「差異」に基づく取り扱いについて、前述したとおり社会的文化的差異を強調する立場は後退し、かわって生物学的特性を強調し、それに基づいた生殖・出産機能を重視する「特性」や、産前産後等の家庭役割を女性が担うべきとする「役割分業」論がむしろ積極的に評価されて、合理的な「差異」とされ、結果として、女性の社会的進出をはばむイデオロギーの役割を果たすようになっていった。

例えば雇用の分野では、ILO は、1919年国際連盟によって創設され、男女及び児童労働者のための公平かつ人道的な労働条件の確保のためにさまざまな条約、勧告を行ってきたが、当初は劣悪な労働条件におかれた女子労働者はもっぱら保護の対象とされ、男女平等の雇用条件の確保を目的とする条約等は第二次大戦後を待たなければならなかった。すなわち ILO は産前産後の女性使用を禁じた「産前産後における婦人使用に関する条約」（3号、1919年）や、労働時間につき夜10時より朝5時までの夜間労働を原則的に禁じた「夜間における婦人使用に関する条約」（4号、1919年、41号、1934年）を採択し、第二次世界大戦後も出産休暇、育児時間等を保障した「母性保護に関する条約」（103号、1952年）や女性の主たる役割分担領域が家庭であることを前提として「家庭責任を持つ個人の雇用に関する勧告」（123号、1965年）などを採択しているが、これらは女性の母性機能を重視し、役割分担論に基づく「機能平等」論を色濃く反映したものであった。

このような国際条約にみられる考え方は、各国の立法や裁判例にもみられ、例えばアメリカ連邦最高裁は、女性保護を名自として女

性の1日の労働時間を10時間に制限したオレゴン州法を「女性の身体及び母性機能は，女性が生計を得るための経済活動を不利にしていることは明らかであり，(中略)強健な子供は健康な母親から生まれるのだから，女性の身体的状態を良い状態に保つことは，種の強さや丈夫さを維持していくための社会的関心や配慮・対象とされる」として女性の生物学的特性等を理由としたオレゴン州法を合憲とし(注2)，同判決は，その後1970年代に至るまでアメリカの女性労働法制におけるリーディングケースとして維持されてきたのである。

わが国においても，民法の再婚禁止期間（733条）や，刑法の強姦罪処罰規定（177条），労基法における母性保護規定（61条以下）などは，同様に男女の生理的身体条件の違いによるものとして，憲法の規定する法の下の平等に反するものではなく，「一般に合理的根拠のあるものとして支持されてきた」（樋口他1984：326）のである。

**「相対的平等」の当然視** これに対してリベラル・フェミニズムでは，「公的」分野における性差別／排除の撤廃／是正のみならず，「私的」分野における広範かつ深刻な差別／排除の撤廃／見直にも目を向けるようになり，雇用の分野においても20世紀中葉頃になり，ようやくにして男女平等が進展しはじめた。

例えば資本制社会が生み出す労働問題に対処すべき1919年に創設されたILOは，当初は劣悪な労働条件におかれている女性労働者の保護を目的とした各種条約・勧告を採択していったが，第二次世界大戦中である1944年に採択された国際労働機関憲章（フィラデルフィア宣言）により「全ての人間は，人種，信条又は性にかかわりなく，自由及び尊厳並びに経済的保障及び機会均等の条件において，物質的福祉及び精神的発展を追及する権利を有する」ことと規定されて（二(a)），はじめて雇用の分野における性差別の禁止，男女平等の原則が宣言された。

これを受けて1946改正されたILO憲章では、「同一価値の労働に関する同一労働の原則の承認」が宣言され、1951年、女性労働者の仕事が男子労働者のそれと異なる場合においても共通の客観的基準によってその価値を評価すべきことを加盟各国に求める「同一価値労働報酬条約」（100号）が採択され、同年の勧告（90号）で詳細な指針が定められ、さらにこの趣旨を徹底させるべく、「雇用及び職業における差別に関する条約」（111号、1958年）、「社会政策に関する条約」（117号、1962年）、「雇用政策に関する条約」（122号、1964年）等が相次いで採択され、雇用における性差別を廃して男女平等の実現を図ろうとした。この間ヨーロッパ、アメリカ、アフリカ等の地域でも地域的人権宣言や条約で性差別を禁止し、男女平等を原則とする条項が盛り込まれるようになった（1949年米州人権宣言、1950ヨーロッパ人権条約、1961年ヨーロッパ社会憲章など）。

このように20年世紀中葉頃までに、先進諸国の各種立法や国際機関では、女性は、法の下の平等原則に基づいて、「公」的分野においては男性と同等に参政等の政治活動の自由が保障されるといういわば、「絶対的平等」が実現するようになったものの、「私」的分野においては、身体、雇用、市場等において、主として生物学的差異に基づく特性論、役割分担論等による特別な保護規定や差異規定が、属性に基づく「差異」として合理的なものとして広く承認され、依然として男性優位社会構造の中で、いわば「相対的平等」が当然視とされ、女性が社会的、経済的、政治的資源へのアクセスを排除する役割をも果たしていた。

かくして1960年代以降「近代」の本格化に伴って、これがいわゆる第2派フェミニズム等さまざまな運動の進展で、「実態」として女性の現実におかれた劣位な地位の向上をめざす要求・運動が再編成されてくることになり、この運動の中で女性の権利、平等は質的に転換をとげていくことになる。

## ③ 「ジェンダー」以後と法

### (1) 「近代」の本格化と第二派フェミニズムの登場

　20世紀中葉頃までに，前述したとおり第一派フェミニズムをはじめとするさまざまな運動の中で，国内的にも国際的にも，法制度的には平等な権利が保障されるようになり，1960年代以降にいわゆる「近代」が本格化するなかで，わが国を含むいわば先進資本主義諸国における「近代」の法システムは，労働者や女性を含む全ての社会の成員を，政治的責任主体とする民主主義政体を政治基盤としつつ，人間の尊厳と個人の尊重を承認し，自由な平等を，政治理念とする法システムを指向するようになってきた。

　しかしながら，近代における，「万人の自由な平等」という法理念にもかかわらず，「実態」としての男性優位の社会の秩序や慣習により，女性や性的マイノリティ達は，歴史的に社会の中に形成されてきた「ジェンダー」——しかもいわば「前近代」の残滓として要素を色濃くもつもの——により差別／排除されていた。例えば，「私的」領域では，女性の身体は，売春，ポルノなど市場における取引の対象として商品化されてきただけでなく，生殖や出産には女性の意思が必ずしも尊重されず，また社会関係においては，雇用，家族など男性優位の社会構造の中で，女性は男性の働きを支える補助的ないし従属的な位置づけしか与えられず，職場のセクシュアル・ハラスメントや，家庭でのドメスティック・バイオレンス等が問題となるのはそのためであり，さらに「公」的領域では，政治参加という点においても，女性は政治に向いていないという観念等から，政治的決定権を有する国会議員や地方議会員の数にも顕著なアンバランスが広範的に存在していたのである。

　このような社会の編成原理に埋め込まれた「ジェンダー」に対して，第2派フェミニズム以降の法理論は，女性／セクシュアル・マ

イノリティ達の差別／排除の撤廃／是正をめざした法理論の構築と実践を行うことになる。法理論においては，前述したとおり平等主義的アプローチ／差異主義的アプローチの潮流に加えて，「近代」法の「タテ前」自体の否定／脱構築等さまざまな潮流が展開されてきているが，フェミニズムの課題，すなわち女性／性的マイノリティ達の差別／排除の撤廃／是正との関わりでは，具体的な法実践が重要であり，このような観点でみた場合，フェミニズムの諸潮流もまた，「前近代」の残滓を廃絶し，「近代」法の徹底という課題に向けて共同して闘ってきたといえるのである。

　すなわち，前述したとおり，「差異主義的アプローチ」をとるフェミニズムは，ジェンダー間の差異を，女性のアイデンティティ形成の基礎とみなし，男性中心主義がジェンダー・バイアスの中心的な害であり，「平等主義的アプローチ」は「規範としての男性」，つまり女性を不利にする規準を前提としていると批判し，他方「平等主義的アプローチ」をとるフェミニズムは，ジェンダー・バイアスの中心的な不正義は，女性の周縁化と社会的な財の不公正配分であり，「差異主義的アプローチ」は，現存するジェンダーヒエラルキーを強化するようなステレオタイプ化された「女性性」の概念に依拠していると批判し，平等な参加と再配分がフェミニズムの課題であると主張して論争を展開し，さらに今日「ジェンダー間の差異」から「女性間の差異」「多様な差異」へと論争の軸が移転しつつある。しかしながら，「ジェンダー」と法に焦点を当てるならば，女性／セクシュアル・マイノリティ達は，今日においても依然として，「近代」法の「タテ前」と「実態」の乖離の中におかれているのであり，そのような中では，「女性間の差異」は，貧困や人種等他の要素との総合的な検討が求められる課題であり，また，「多様な差異」についても，本稿との関連では，むしろ，セクシュアル・マイノリティの尊重という，個人としての尊重／権利付与の課題に関わるものとして，依然として「ジェンダー」の正義／平等論の課

題なのである。

およそいかなる正義／平等論も，それらが主張される時代／社会背景があるのであり，そのような観点でみた場合,「平等主義的アプローチ」の法理念／思想は,「近代」が進展する時代——「ジェンダー」が登場する以前——の，女性やセクシュアル・マイノリティが「人」から排除されていた時代／社会にとって焦眉の課題に応える正義／平等論でもあったのであり，他方「差異主義的アプローチ」の法理念／思想は,「近代」が本格化した時代——「ジェンダー」が登場した後——の，女性やセクシュアル・マイノリティが「人」に包摂されつつも，依然として法の適用などでさまざまに差異／排除されている時代／社会にとっての焦眉の課題に応える正義／平等論でもあったのであり，それぞれが，時代／社会と共に歩んできた法理念／思想といえよう。

結局のところ，両方のアプローチも，ジェンダーの正義／平等論に関し，個人の尊重／権利と平等の擁護によって実現されるべき課題に関するウェートのおき方の違いなのであり，われわれの法実践はいずれの課題に対しても応えるべきものなのである。そこで，以下には「近代」が本格化した時代において,「ジェンダー」と法はいかなる展開をたどっているかをみてみよう。

### (2)「ジェンダー」とフェミニズム

女性やセクシュアル・マイノリティたちの地位向上にとっての法の役割については，大きな潮流としては，従来から「平等」アプローチと「差異」アプローチの2つのアプローチが主張されてきたが,「ジェンダー」の登場以後，前述したとおり，これらのアプローチはそれぞれ競合若しくは融合しながら，女性の地位向上，権利擁護の実現に関わるようになってきているといえよう。第1の「平等」アプローチは，男女の自然的性差（＝sex）と区分された社会的・文化的性差（gender）の是正，消滅をめざすものであり，個

人的権利としての女性の自己決定および自律を重視し，男女の平等な法的権利を実現しようとする。「ジェンダー」以前の第一派フェミニズムを主導した伝統的なリベラルフェミニズムの法理論は，基本的には個人の自律と自己決定を前提とした男女の平等の実現をめざし，法の下における男性と同じ権利，すなわち「形式的な機会の平等」を重視し，法制度上の平等を実現する上で大きな役割を果たし，女性の役割の見直しと性別に関するステレオタイプを否定した上の平等，すなわち，「差異」につき男性と女性との違いを最小限にとどめる「人」モデルを採用し，「生物学的性差（＝sex）」のみを法における取り扱いの差として合理化できるものと主張し，このような男女の差異のいわば「極小化」モデルは，1970年代以降の国際条約等に反映されることになった。

しかしながら1960年代以降の第二派フェミニズムの潮流の中で，「ジェンダー」すなわち「実態」としての社会に埋め込まれたジェンダーバイアスに対して，社会実態としての性別役割分担を克服すべく，女性に有利な福祉政策等を取り入れ，立法を通して社会的実質的な平等を実現することをめざし，前述したとおりラディカル・フェミニズムや，修正主義なリベラル・フェミニズム，マルクス主義フェミニズムの法理論が登場することになる。このアプローチは「実質的な機会の平等」を重視するものであり，男女間の生物学的差異（＝sex）のみならず，社会的歴史的な「差異（＝gender）」を考慮し，性別役割分業論や「特性」論等によって従来歴史的に参入やキャリア形成がなされてこなかった分野（雇用，教育，経済，政治など）への女性の進出を促進するために，過去の差別政策の解消，次世代のための役割モデルの積極的活用としての「積極的是正措置（いわゆるポジティブ・アクション，アファーマティブ・アクション）」を提唱し，今日の国際機関や各国の福祉政策に大きな影響を与えることになる。さらにマルクス主義フェミニズムは，家事分担の「不可視性」の解消や性別役割分担を明らかにし，いわゆる「結果の平

等」を推進し,かつての「社会主義」諸国の立法例や資本制社会の自由主義的な法秩序を前提とする欧米諸国や国際機関における女性の権利擁護運動に大きな影響を与えるようになった。

　第2の「差異」アプローチの法理論は,前述したとおり現行の法制度はそもそも女性の経験や価値が反映されておらず,結局のところこれらの法制度においては男性基準が採用され,男性による女性に対する偏った見方が表れているがゆえに,法はこのようなさまざまなジェンダーバイアスを是正するための方向で再編成がなされていくべきであるとして,レイプ,ポルノ,売買春等女性の身体に対する「暴力」等の規制強化等積極的な立法提言活動を行い,これまた,今日の各国の立法や国際機関等に大きな影響を与えるようになっている。

　このように「平等」アプローチ」と「差異」アプローチの法理論は,男女の平等観,権利観等に相違があるものの,中絶や売買春,ドメスティック・バイオレンス,セクシュアル・ハラスメント等の女性に対する暴力いじめ撤廃運動や積極的是正措置等にみられるように,多くの分野で共通の法実践を行い,各国の立法や国際機関等に大きな影響を及ぼすようになってきているのである(図表2,章末)。

### (3)　「形式的平等」の本格化

　このように20世紀中葉までに,国際条約や各国の立法では法制度上,法の下の平等原則が実現することになったものの,実際には生物学・社会的性差に基づく「特性」論や「役割分担」論から,さまざまな分野で女性が排除されてきていたが,1960年代以降,まず主としてリベラル・フェミニズムの影響を受け,より徹底した平等(「形式的な機会の平等」)が主張されるようになり,男女の差異の「極小化」モデル,具体的には男女の「差異」を「生物学的差異」(=sex)に限定し,しかもそれを妊娠・出産・乳児哺育のみに限定する考えが主張されるようになった。

例えばアメリカでは、1964年に制定された包括的差別禁止法である公民権法第7編は、使用者が「人種、皮膚の色、宗教、性、出身地」を理由として解雇等の雇用差別をすることを禁止し、その後のEEOC（雇用機会均等委員会）のガイドラインや裁判例の蓄積の中で、「直接差別」（例えば募集に際して、「男」「女」という特定の性を指定したり、「カメラマン」とか「スチュワーデス」等の特定の性を意味する指標を用いて性差別をすること）のみならず、「間接差別」（例えば募集に際して、身長、体重等の性に中立的な指標を用いて性差別をすること）を禁止すると共に、女性労働者に対する長時間労働の禁止・重量制限等の「女性保護規定」やセクシュアル・ハラスメントが禁止の対象とされるようになった（ただし、男優・女優の募集等の「真正な職業上の資格（bona fide occupational qualification＝BFOQ）」のみは例外的に許される。中窪1995：182）。

アメリカ以外の諸国においても1960年代ころまでにはこのような「形式的な機会の平等」が次第に徹底されるようになり、やがてこのような考え方は国際条約にも反映されるようになり、1966年国連総会が採択した社会権規約（A規約）では、女性労働者の産休に関する保護規定に関連して、従来からの「女性が子供を産み育てる」べきであるという性別役割分業、特性論を前提とした、産休期間を子供の養育期にまで広げるべきとの主張が斥けられ、「妊娠・出産・乳児哺育」のみを意味する「産前産後の合理的期間」のみが女性労働者に「特別な保護」として認められるようになった（10条2項）。さらにこのような考えは、1975年国際女性年メキシコ会議の「世界行動計画」を経て、1979年国連総会で採択された「女性差別撤廃条約」ではより徹底され、「出産における女性の役割が差別の根拠となるべきでな」いとされて（前文）、生物学的性差を含む男女の異なる取り扱いを原則として否定し（2条以下）、例外的に「妊娠・分娩及び産後期間中の適当なサービス（必要な場合には無料とする。）並びに妊娠及び授乳の期間中の適当な栄養を確保する」

(同条2項)という母性(maternity)を理由とする特別措置に限定され(4条2項),このような「形式的な機会の平等」の徹底(いわばsex-blind)は,ILO条約「男女労働者・家族的責任を有する労働者の機会均等及び職業待遇に関する条約」にも反映されるようになっていったのである(156号,1981年)。

### (4) 「実質的平等」の進展と個人の尊重

「アファーマティブ・アクション」　フェミニズムの法理論とその方法論は,前述したとおり,各国や国際機関における法制度に大きな影響を与えるようになり,とりわけ広範に存在する「ジェンダー」が組み込まれた今日の社会において,女性たちはその身体,雇用,政治参加等の社会関係の中で実際上男性と異なる取扱を受け,その結果女性の社会的・経済的・政治的参加等が阻まれており,このように社会的・文化的に形成されたジェンダーに基づく「差異」の是正をすることが必要であり,そのためには歴史的・社会的に不利な条件の中におかれてきた女性たちに対し積極的是正措置(アファーマティブアクション,ポジティブ・アクション)等を講じ,いわば「実質的な機会の平等」により平等なスタンスで競争に臨めるようにすべきであるとの主張がなされるようになり,今日先進諸国においては,教育,雇用,政治参加等の各分野で実施されるようになっている。

アファーマティブ・アクション(affirmative action,以下AAと略す)ないしはポジティブ・アクション(positive action,PAと略す)は今日一般に,歴史的,社会的構造的な差別により不利益を受けてきたグループ(人種,民族的マイノリティや女性など)に対して,雇用,教育,政治等等の一定の分野・範囲に関する機会均等を実質的に達成するための暫定的な措置・施策を意味するものと理解されている(ヨーロッパ諸国や国連等ではPAと呼び,アメリカやオーストラリアではAAと呼ぶ傾向にある)。PA(若しくはAA)は,元来アメ

リカにおける19世紀末の憲法修正に淵源を持つものであり，1935年ワグナー法等を経て，1960年代に制定された公民権法第7編に関連する差別是正措置として，①大統領行政命令にもとづき，積極的プログラム（AA）の策定を各省庁の責務とし，連邦政府と年間5万ドル以上の契約を締結し，50人以上の従業員を擁する受注業者にAAに関する年次プラン提出を義務づけるもの，②公民権法第7編違反の差別行為に対する裁判所の救済命令として，例えば「上位職種の女性割合が30％なるまで，昇進する者の半数は女性とせよ」等の事実上のクォーター制（一定の数値目標の達成を強制する割当制度）等の実施を企業に命ずるもの，③企業が自発的・任意に実施するものがあり，これらは雇用のみならず，教育（入学），公契約等多分野に亘って実施されるようになって今日に亘っている（その中でも最も強力に推進されたAAは人種差別に関してであり，これによってアメリカでは人種統合が飛躍的に推進されたものの，AAの中でも，前述したクォーター制をめぐってはそれが他者の業績や能力等の個人の権利と衝突することから，1991年公民権法第7編改正に際して激しい憲法論争があり，またAA全体についても，今日に至るも激しい憲法論争が展開されているが，連邦最高裁では概して，過去の差異が立証されている場合や，AA以外に差別是正のための「より制約的でない手段がない」場合等には合憲とする傾向にあるといえよう。中窪1995：192，R．ドゥオーキン2000：訳536）。

AAもしくはPAはアメリカのみならずヨーロッパ諸国でも広く受け入れられ実行されるようになっており，EC／EUは1976年「均等待遇指令」や1984年「女性のためのポジティブ・アクション促進に関する理事会勧告」を採択し，さらに1997年アムステルダム条約により「職業生活の慣行における男女の完全な平等を確保する目的」で，「加盟国が，より代表されていない性が職業活動を追求することを容易にしまたは職業経歴における不利益を防止もしくは補償するために，特定の優遇措置を維持もしくは採用することを妨

げない」という規定（141条4項）を設け、EU加盟国の女性優待遇政策に肯定的評価を与えるようになった。また国連でも1979年採択された「女性差別撤廃条約」は、「男女の事実上の平等を促進することを目的とする暫定的な特別措置」は差別とはされずに、同時にかかる措置は男女の機会及び待遇の平等という目標が達成されたときには廃止されるべきことを明示し（4条）、これを受けた女性差別撤廃委員会（CEDAW）は、1988年、条約締約国に対し教育、経済、政治、雇用の分野への女性の統合を促進するため、積極的措置、優先的処遇、クォーター制のような暫定的な特別措置を一層活用することを勧告し、1995年第4回北京世界女性会議の「行動綱領」では各国政府に対し、さまざまな積極的措置を講ずることを求めている（パラグラフ165(a)）。

このように今日、PA（AA）は男女の「実質的な機会の平等」を実現する手段として各国において広く採用されているが、その法的拘束力に着目した場合、①特定の優遇政策を国や企業等に強制する形態（例えばイギリスの政治参画にみられる「女性単独名簿制度」や、フランスの2000年「公職における男女平等参画促進法（通称パリテ法）」等のクォーター制度）、②特定の優遇政策を定めることを国や企業等に義務づけ、その実現を奨励する形態（例えば使用者に対して、上位職種の女性管理職を30％にするという数値目標と実施に向けてのタイムテーブルを定めることを義務づけ、その実施を奨励する）、③両立支援、援助する形態があり、①は実質的には「結果の平等」を追及するものであり、しかも他者の権利（機会）との衝突の可能性があり各国で憲法論争を引き起こしており、また③は実効性に欠けるものであり、結局多くの国では②が最も中心的に推進されている施策といえよう（浅倉2000：287）。

さらにとりわけ雇用の分野ではジェンダーによる男女の職種差が賃金格差を招来しているとして実質的な男女同一賃金の原則を実現するため、同じ仕事をしている男女に同一の賃金を支払うという

「同一労働同一賃金の原則」を一歩進めて，同等な価値をもつ異なった仕事をしている男女にも同一の賃金を支払うという「同一価値労働同一賃金の原則」が欧米諸国を中心に発展しつつある。すなわち，ILO は既に「同一価値労働同一賃金の原則」を提言していたが（100号条約，90号勧告，1951年），抽象的かつ実効性に乏しいものであったことから国連は1979年女性差別撤廃条約にて「同一価値の労働についての同一報酬（手当を含む）及び同一待遇についての権利並びに労働の質の評価に関する取扱いの平等についての権利」（11条1項(d)）を採択し，これを受けて CEDAW は，締約国に対し ILO100号条約の推進促進と，男女の異なる性質の労働価値を比較する際に「性についての中立的な基準に基づく職務評価制度の開発，導入」の検討を要請しており（1984年，一般的勧告13），同原則の徹底は男女の賃金格差是正の有力な手段となってこよう。

### 「ジェンダー視点の主流化」へ

このようないわば「平等のアプローチ」にもとづく女性の権利確保と平行して，1960年代以降の先進資本主義国が経験した経済社会変動の中で，職場や大学・社会活動の場においては，大量の女性の進出がもたらされ，それに伴って「男性社会」であった大学や職場，政治分野など社会の各層において，男性中心の権威主義的支配と女性の従属が解体されるようになり，このような社会経済的背景のもとに，女性の自立がうながされるようになってきたのである。かくして親密圏においても，いわゆる家長や教会・地域集団などの規制がゆるむと共に，個人的自由の意識が高まるようになり，離婚率の急上昇ともあいまって，男女同権や離婚制度の自由化のための民法改正がなされると共に，セクシュアル・マイノリティである同性愛婚や性同一性障害に関しての法的制度や整備がされるようになってきており，このような個人の権利の尊重を背景とした実質的価値の広がりと強まりは，男性による「家父長的支配」を脱却し，「近代」の理念を強化する動きが強まってきている。

具体的には，前述した「実質的平等」と共に個人の尊厳／権利擁護の動きが本格化しており，この間フェミニズムは男性優位や性別役割分業を前提としない法規範の再編をめざして積極的に提言し，身体に関して強姦・強制わいせつ・売買春・ドメスティック・バイオレンス・セクシュアル・ハラスメント，リプロダクティブライン等に関して積極的な法提言を行い，これらは各国の立法例等に影響を与えるようになってきている。国際機関においても，1980年コペンハーゲン世界女性会議で，女性の身体に加えられる性暴力，家庭内暴力や職場におけるセクシュアル・ハラスメント等が「女性の人権」に対する攻撃として強調され，これらの行為は「女性に対する暴力」として「人間の尊厳に対する耐え難い侵害」と位置づけられ，1985年国連総会ではこれらに対する規制強化が決議され，1993年世界人権会議（ウィーン会議）を契機として，「女性の権利は人権である」というスローガンのもとにこれらの運動が推進され，同年12月国連総会において「女性に対する暴力の撤廃宣言」が採択されるようになった。1994年世界人口開発会議ではリプロダクティブヘルス・ライツが取り上げられ，1995年北京世界女性会議の「行動綱領」ではリプロダクティブライツやセクシュアル・オリエンテイション（＝性的指向）など，女性の生殖に関する自己決定権や性的自由，身体の自由が，女性の人権に不可欠のものであるとして位置づけられるようになった。

　この間1985年ナイロビ第3回世界女性会議では，「ジェンダー平等」を促進する戦略として「ジェンダー視点の主流化」がとりあげられ，1995年第4回北京女性会議の「行動綱領」では重大問題領域の全ての分野の政策やプログラムの策定にあたり，「ジェンダー視点での統合（＝主流化）」が提唱され，爾来国連，各国政府やNGO等取り組むべき課題とされ，2000年国連特別総会女性2000年会議の「政治宣言」及び「成果文書」や，安保理事会決議（1325号）でもジェンダーは女性だけの問題ではなく，人類共通の課題であるとの

視点が打ち出されるようになっており，この点につき ILO 駐日代表であった**堀内みつ子**は次のように述べる。

> 「「ジェンダーの主流化」とは，ジェンダー平等を推進するための，グローバルに受け入れられた戦略である。したがって，ジェンダーの主流化はそれ自体が目的ではなく，目標達成の戦略，アプローチ，手段といえるものである。1995年に北京で開催された第4回世界女性会議で，はじめて変革のための戦略として確立された。それまでは，女性の地位向上（90年代初めからジェンダー概念が登場する）のための制度（法制度も含めて），組織の確立・整備（制度の場合には，実効ある推進も）が戦略であった。97年，国連経済社会理事会で，その定義がなされるとともに，全国連機関の活動のガイドとして採択された。すなわち，「ジェンダー視点の主流化とは，あらゆる領域・レベルで，法律，政策，およびプログラムを含む計画されているすべての活動で，男性及び女性への関わりを評価するプロセスである」。（中略）ジェンダーは女性問題ではないし，生物学的な「男女の性」を問題にしているのでもない。男女の社会的に構築された違い（多くは格差といえる），を問題にしているのである。その意味で，ジェンダーの主流化は，きわめて幅の広い分野に男女の視点を取り入れる野心的な戦略と言えよう」（堀内みつ子〔2004：1〕）。

このように「ジェンダー主流化」という戦略もまた，「近代」法の本格化の中で進展をしてきているものといえよう。

さらにグローバリゼーション／新自由主義は後述のとおり，今日社会全体における格差拡大／貧困や社会的排除を招来しており，フェミニズムはこのような潮流に対して，平等戦略／機会均等／ディーセント・ワークをキーワードとしたジェンダー平等を対抗軸として対置してきており，具体的には，国際機関においては，政策設定プロセスにおける「ジェンダー平等主流化」アプローチ，主として発展途上国に対する社会開発における「発達の権利」アプローチ，雇用の分野における「ディーセント・ワーク」アプローチ，さ

らにはEU等が推進している「ジェンダー平等」アプローチなどを指摘でき，これらのアプローチがそれぞれ連携しながら，「ジェンダー平等」を目指しているといえよう。次項ではそれらについて述べることにしよう。

## 4  ジェンダーと法の現在

### （1） 近代の「本格化」と「グローバリゼーション」／新自由主義の潮流

「近代」の本格化
──1970年代まで

1960年代以降にいわゆる「近代」が本格化するなかで，わが国を含むいわば先進資本主義諸国における「近代」の法システムは，労働者や女性を含む全ての社会の成員を，政治的責任主体とする民主主義政体を政治基盤としつつ，人間の尊厳と個人の尊重を承認し，自由な平等を，政治理念とする法システムを指向するようになってきた。

すなわち，前述したとおり，1960年代以降の先進資本主義国が経験した経済社会変動の中で，1970年代をとおして，職場や大学・社会活動の場においては，大量の女性の進出がもたらされ，それに伴って「男性社会」であった大学や職場，政治分野など社会の各層において，男性中心の権威主義的支配と女性の従属が解体されるようになり，このような社会経済的背景のもとに，女性の自立がうながされるようになってきたのである。かくして親密圏においても，いわゆる家長や教会・地域集団などの規制がゆるむと共に，個人的自由の意識が高まるようになり，離婚率の急上昇ともあいまって，男女同権や離婚制度の自由化のための民法改正がなされると共に，セクシュアル・マイノリティである同性愛婚や性同一性障害に関しての法的制度や整備がされるようになってきており，このような個人の権利の尊重を背景とした実質的価値の広がりと強まりは，男性による「家父長的支配」を脱却し，「近代」の理念を強化する動き

## コラム12　「グローバリゼーション」

　「グローバリゼーション globalization」は一般に，これまでの国家や地域などの境界を越えて，地球規模で，複数の社会とその構成要素との間での結びつきが強くなることに伴う，社会における変化やその過程のことを意味しており，1980年代から広く用いられるようになった用語である。「グローバリゼーション」という概念は，「国際化」という概念とも似ているが，国際化は一般に国の存在を前提としているが，グローバリゼーションは，国と国との関係を前提としない意味で用いられる点が異なっているといえよう（水谷〔2003：5〕）。

　今日グローバリゼーションという言葉は，さまざまな分野で用いられており，例えばギデンスのように，通信技術等の発展がもたらした，経済・政治・文化等における，我々の社会全般に亘る革命的変化というとらえ方があるものの（アンソニー・ギデンス［1999, 訳2001：21］），一般には，例えばR. ギルピンのように，経済的な側面に注目して用いられているといえよう（ロバート・ギルピン［2000, 訳2001］）。

　即ち，グローバリゼーションは，多国籍（超国家）企業（Transnational Enterprises）と呼ばれる超巨大企業の，国境を越える活動，通信手段の飛躍的発展によってもたらされるデジタル情報やコンピュータの結合，それに伴って巨額の資金が瞬時のうちに世界を駆けめぐる金融市場の出現等により，地球規模の市場経済化と大競争という，経済のグローバル化に主たる特徴を有するものといえよう。

　グローバリゼーションは，インターネット，携帯電話，コンピュータネットワーク等の情報手段の飛躍的な発達によって，人々の生活を全世界的規模で相互に結びつけ，経済・政治・社会・文化の均質化をもたらしつつある一方，情報技術へのアクセスの偏在等による所得格差の拡大，文化の多様性やヒューマニズムの喪失等の差異化をもたらしており，グローバリゼーションに対する評価はこのような問題をめぐって極端に分かれてくることになる。

が強まり、フェミニズムは、「ジェンダー平等」な法的政策論を展開してきたのである。

このような主として、ヨーロッパ諸国におけるリベラリズム（主としてケインズ主義）や社会民主主義的な理念にもとづき、年金、失業保険、医療保険等の社会保障の拡充、公共事業による景気の調整、主要産業の国有化などの推進により、国家が経済に積極的に介入して、個人の権利を拡充し、実質的な自由と平等を保障しようとする福祉国家的政策は、1970年代に入り石油危機に直面し、財政赤字の拡大、失業率の拡大等を招くことになり、「大きな政府」政策の失敗との非難を招くことになった。こうして1980年代以降に登場したのが、おりからのソ連をはじめとする東側陣営の崩壊を契機とした「グローバリゼーション」と新自由主義の潮流である。

**グローバリゼーション／新自由主義――1980年代以降**　「近代」が本格化すると共に、1980年代に登場した「グローバリゼーション」／新自由主義は、「近代」が前提としていた資本主義／市民社会／国民国家のワク組みに大きな変動をもたらしつつある。1989年のベルリンの壁崩壊にはじまるソ連邦の解体や中国の市場経済導入など旧社会主義国の経済システムの解体に伴い、旧ソ連、東欧などの諸地域には急進的自由主義的改革、自由市場の導入がおこなわれ、世界経済は単一の資本主義／市場経済の世界へと変容をとげ、アメリカを中心とした「グローバリゼーション」の進展による、物、人、カネの国境を越えた移動が一気に強まることとなり、さらに同じ頃に登場した「新自由主義」のイデオロギーは、「近代」が前提としている市民社会や国家のあり方を大きく揺すぶっており、フェミニズムが課題としている「ジェンダー平等」のあり方にも多大な影響を与えている。

すなわち、サッチャリズムやレーガノミックス、小泉改革にみられるように、国家による福祉／公共サービスの縮小（「小さな政府」、民営化）や大幅な規制緩和、市場原理主義を特徴とする経済政策で

### コラム13　新自由主義

「新自由主義 neo liberalism」は一般に，国家による福祉・公共サービスの縮小（小さな政府，民営化）と，大幅な規制緩和，市場原理主義の重視を特徴とする経済思想であり，国家による富の再分配を主張する「自由主義（liberalism）」や「社会民主主義（Democratic Socialism）」と対立する思想である。

即ち，第二次世界大戦後，1970年代頃まで，ヨーロッパを中心とした先進諸国の経済政策は，リベラリズム（ケインジアン）や社会民主主義が主流であり，これらは，伝統的な自由放任主義に内在する市場の失敗と呼ばれる欠陥が，世界恐慌を引き起こしたとする認識のもと，年金，失業保険，医療保険等の社会保障の拡充，公共事業による景気の調整，主要産業の国有化などを推進し，国家が経済に積極的に介入して，個人の実質的な自由と平等を保障すべきであるというものであった。

しかしながらこのような，大きな政府＝福祉国家と呼ばれる路線は，1970年代に入り石油危機に陥ると，マネタリストやサプライサイダー（供給重視の経済学）からの批判にさらされ，こうして1980年代に登場したのが新自由主義である（ハイエクの新自由主義論：1986年）。

その代表例が，英国のサッチャー政権によるサッチャリズム，米国のレーガン政権によるレーガノミクスと呼ばれる経済政策であり，例えばサッチャー政権は，電話，石炭，航空などの各種国営企業の民営化，労働法制に至るまでの規制緩和，社会保障制度の見直し，金融ビッグバンなどを実施し，グローバリゼーションの流れにのって，外国資本を導入し，労働者を擁護する多くの制度・思想を一掃し，またレーガン政権も，規制緩和や大幅な減税を実施し，民間経済の活性を図ったりし，同時期の日本においても，中曽根政権によって，電話，鉄道などの民営化が行われたのである。

更に1990年代に入ると，日本では小沢一郎が，著書「日本改造計画」で，小選挙区制の導入，市町村の全廃と300市への収斂などの新自由主義政策を述べ，その後のわが国の政治・経済政策等に大きな影響を与えることになり（現在では小沢一郎も新自由主義に反対の立場を明確にしている），また，クリントン政権の経済政策であるいわゆる「ワシントン・コンセンサス」や，韓国の金大中政権，日本の小泉純一郎政権の政策なども，新自由主義の典型といえよう。

ある「新自由主義」は、前述したグローバリゼーションのもと、世界規模に拡大した多国籍企業間の競争を激化させ、このような市場の力が社会のすみずみまで浸透し、人々の貧富の差の拡大や、いわゆる「ワーキング・プア」などを生み出すと共に、外国人労働者の国境を越えた移動等は、安定的で同質的な市民社会を前提として成立している「国民」国家の概念を大きく揺るがすようになり、いわば「包摂型」社会から「排除型」社会へと進行しつつあるかの様相を呈している。1980年代以降の社会は、これらを背景とした社会「実態」によって、かえって個人の尊重や社会的平等への要求が高まり、いわば「近代」の本格化を促しているのである。フェミニズムにおける多様な差異を求めるいわゆる「差異アプローチ」の主張や、I. M. ヤングらが主張する「承認の政治」などは、このような文脈の中で位置づけることが可能であろう(ヤング, I. M. 〔2007：159〕)。この点について、**J. ヤング**は『排除型社会』という著書で、「排除」が社会の3つの分野で進行しているとして次のように述べる。

> 「第1は労働市場からの経済的排除である。第2は市民社会の人々のあいだでおこっている社会的排除である。第3は刑事司法制度と個人のプライバシー保護の領域で広がっている排除的活動である。(中略)努力すれば報酬が増えるという昔ながらの考え方はもはや適用しなくなり、個人主義が社会生活のあらゆる領域で制度化され、それは、これまで神聖視されていた領域にまで浸透し、市場が謳いあげる欲望むきだしの言葉が、社会民主主義と近代主義の〈大きな物語〉(メタナラティブ)に対抗し、後者を脅かしている。(中略)女性は労働市場に参入し、さらにレジャーや政治、芸術など広く公的な活動に正式に参加するようになり、これこそが戦後最大の構造的変化といえるだろう。しかし、この包摂の過程で、別の状況が生まれたのも必然の成り行きであった。ウルリッヒ・ベックは、次のように述べている。『女性は、自分が男性と平等に扱われることを期待するようになったが、他方で職場や家庭では不平等のままであり、そのあ

> いだに矛盾があることは明らかである。このような外的状況が男女間の個人的関係にまで入りこみ，両者の対立が激化することは，容易に予想できることである」〔1992, p.120〕。しかし，対立が激化するのは，たんに女性の平等への期待が高まったからだけではなく，その期待が男性の先入観にたいする挑戦であるとともに，男女間の対立を隠蔽しようとする男性にたいする抵抗でもあるからである。「家庭こそは暴力が頻発する場である」というギデンズの指摘は，確かに的を射ている。政治に起きていることは，家庭でも起きているのである。(中略) ドメスティックバイオレンスが増加すると同時に，サンドラ・ウォークレイトが指摘しているように，「女性は以前ほど……男性の暴力にたいして寛容ではなくなった」〔1995, p.95〕のである。対立の度合いが高まるにつれて，家庭でこれまで当たり前のように存在していた暴力が許されることも少なくなった。」（J. ヤング〔1999, 訳2007：11-46〕）。

このような，「近代」の本格化の進展と共に到来している「グローバリゼーション」や「新自由主義」の潮流に対して，フェミニズムはどのような対抗軸を提示しているのであろうか。

グローバリゼーション／新自由主義は，今日社会全体における格差拡大／貧困や社会的排除を招来しており，フェミニズムにはこのような潮流に対して，平等戦略／機会均等／ディーセントワークをキーワードとしたジェンダー平等を対抗軸として対置してきており，具体的には，国際機関においては，政策設定プロセスにおける「ジェンダー平等主流化」アプローチ，主として発展途上国に対する社会開発における「発達の権利」アプローチ，雇用の分野における「ディーセントワーク」アプローチ，さらにはEU等が推進している「ジェンダー平等」アプローチなどを指摘でき，これらのアプローチがそれぞれ連携しながら，「ジェンダー平等」をめざしているといえよう。しかしながら，それぞれのアプローチには独自の意義と困難がつきまとっている。そこで以下にはそれぞれのアプローチの意義と限界について述べることにしよう。

## （2）「ジェンダー平等視点の主流化」アプローチ

**「ジェンダー平等視点の主流化」戦略とは？**

フェミニズムを含む今日の女性たちの主要なアプローチとしてまず、「ジェンダー平等視点の主流化」戦略を指摘できよう。すなわち、この間フェミニズムは、男性優位や性別役割分業を前提としない法規範の再編をめざして積極的に提言し、身体に関して強姦・強制わいせつ・売買春・ドメスティック・バイオレンス・セクシュアル・ハラスメント、リプロダクティブライン等に関して積極的な法提言を行い、これらは各国の立法例等に影響を与えるようになってきている。今日これらの提言や運動を踏まえた「ジェンダー平等視点の主流化」と呼ばれる、社会関係や法秩序の再編成をめざした動きがはじまってきているといえよう。すなわち、今日一般に「ジェンダー平等視点の主流化（gender-equality-perspective mainstreaming）」とは、「あらゆる領域・レベルで、法律、政策およびプログラムを含む、計画されているすべての活動で、男性及び女性へのかかわりあいを評価するプロセスである。女性と男性が等しく利益を得かつ不平等を永続させないようにするために、政治、経済、社会のあらゆる分野において、施策の計画、実践、評価にあたり、女性と男性の経験と関心という性別の視点で分析し、それを政策決定や組織の意思決定プロセスに反映し、結合させていくための戦略である。究極の目標はジェンダー平等を達成することである」と定義されている（1997年国連経済社会理事会合意文書）(注3)。

「ジェンダー平等視点の主流化」戦略は、それ自体が目標とされるものではなく、男女平等実現の手法とされ、あらゆる政策、施策、事業等にジェンダー格差是正／解消の視点を組み入れることを意味しており、このような戦略の一環としてILOは2001年国連関係機関ではじめて、女性のおかれている状況の把握、情報、統計の収集→結果の分析と問題点の抽出→政策の推進→政策の監査のプロセスからなるジェンダー・オーデット（監査）の手法を開発し、その後

このような手法が国連各機関に拡がって今日に至っている(注4)。

このように「ジェンダー平等視点の主流化」戦略は、ジェンダー概念の定着とともに広がってきた比較的新しいアプローチであるが、当然のことながらグローバリゼーション／新自由主義という経済社会状況の影響も色濃く受けているという限界も有している。そこで以下には、「ジェンダー平等視点の主流化」をめぐる国際社会の動向について少し詳しく述べてみよう。

国際社会においては、戦後1960年代に、相次いで植民地支配から政治的に独立した発展途上国の経済的／社会的開発の必要性が自覚されるようになり、1970年代に入り、とりわけ、女性の地位向上／貧困の解消のためには、まず、主として女性に的を絞った積極的な雇用や市場へのアクセスを促す社会開発アプローチである、「開発と女性 Women in Developement/WID」アプローチが導入された。WIDアプローチは、1961年米国対外援助法113条（パーシー修正案）でその重要性が明記され、1974年米国海外援助庁（USAID）にWIDオフィスが設置されたことに示されているように、元来、アメリカの対外援助政策にルーツをもつものである。やがてこのようなアプローチは、1975年「平等、開発、平和」をスローガンとする第1回メキシコ世界女性会議で採用され、その後1976-1985年を「国連女性の十年」と定めた国連機関においてWIDアプローチが採用され、1975年国際女性調査訓練研修所（INSTRAW）、1976年国連婦人ボランティア基金（現在、国連女性開発基金 UNIFEM）が相次いで設置され、1979年国連総会では、女子差別撤廃条約（CEDAW）が採択され、その後1980年第2回コペンハーゲン世界女性会議、1983年経済開発協力機構（OECD）開発援助委員会（DAC）においてもWIDアプローチが指導原則として採択された。

しかしながら、1980年代に入り、WIDアプローチは、発展途上国の社会構造やジェンダー構造はそのままにし、もっぱら女性を対象とした社会開発に焦点をあてていたために、男女間の不平等や固

> ### コラム14 「開発と女性」アプローチ
>
> 「開発と女性（WID）」は，開発途上国の社会経済開発を効果的に進めるにあたって，女性が開発の受益者であるばかりでなく，重要な開発の担い手であるとし，開発過程への女性の参加を進めるアプローチであり，1970年代にデンマークの経済学者E. ボズラップにより，開発が男性と女性に対しそれぞれ違った影響を及ぼしていることが報告されて以来，欧米の国際援助機関を中心に，女性に対する教育や雇用の平等な機会の提供を目的として，発展途上国における，開発援助の重点課題とされるようになった。したがってWIDアプローチは，女性に焦点が当てられ，女性の実際的活動／ニーズへの対応が中心的テーマとされ，女性を「開発」に統合（integrate）することを目指すアプローチである。

定的性別分業の解消には至らず，結果的には，女性の政治参加や社会の意思決定過程への参画もさほど見られなかったという批判がなされるようになり，新たに，男女間の不平等な機会や処遇，ジェンダーの埋め込まれた社会・経済構造や制度の変革，戦略的ジェンダー課題・ニーズへの対応の中で，社会的に不利な状況や立場にいる人々が主体的に社会参画し力をつけること（エンパワーメント）をめざす「ジェンダーと開発 Gender and Developement/GAD」アプローチが重視されるようになり，1985年第3回ナイロビ世界女性会議では，GADアプローチにもとづく，「女性の地位向上のためのナイロビ将来戦略」が採択された（なお同年，わが国においても女子差別撤廃条約が批准された）。

さらに1990年代に入り，GADアプローチを定着させる包括的な取り組みとして，「ジェンダー平等視点の主流化」戦略が提唱されるようになり，1995年第4回北京世界女性会議の「行動綱領」で同戦略は定式化され，2000年ニューヨーク国連特別総会「女性2000年会議——21世紀に向けての男女平等・開発・平和」では，行動綱領の実施状況の検討・評価が行われるとともに，さらなる行動および

第2章　ジェンダーと法

> **コラム15**　「ジェンダーと開発」アプローチ
>
> 「ジェンダーと開発（GAD）」は，援助対象国におけるジェンダーに基づくニーズを分析し，持続的で公平な開発を目指そうとするアプローチであり，このようなアプローチの効果は，世界銀行発行の『男女平等と経済発展』（2002）の報告書では，例えば，女性の教育水準が向上するにつれて子どもの予防接種率が高くなったり，識字率の男女差が大きい国ほどエイズウィルス感染率が高かったり，教育の男女差を早くなくした国ほど経済成長率が加速する，ということが指摘されている。さらに，権利や所得に関して男女間での平等の度合いが高い国ほど，教育や政治参加におけるジェンダー平等が進んでいるとしている。GAD は，このように社会資源や雇用機会の公平と平等を確保することにより，ジェンダー平等を前進させ，経済効率を向上させようとするアプローチである。

イニシアティブに関する検討が行われ，その結果が「政治宣言」及び「北京宣言及び行動綱領実施のためのさらなる行動とイニシアティブ」として取りまとめられ，あらゆる分野におけるジェンダー平等視点の主流化および女性のエンパワーメントの重要性が国際的に再確認されるに至っているのである。このように国際社会においては，ジェンダー平等への取り組みは，WID アプローチ→ GAD アプローチ→「ジェンダー平等の主流化」アプローチという流れの中で進展しているといえよう。

**「ジェンダー平等視点の主流化」戦略のリアリティは？**　ところで，1960年代以降は，前述したとおり「近代」が本格化した時代であったが，1980年代以降のいわゆる「グローバリゼーション」／新自由主義の潮流は，世界的な規模での貧富の格差拡大や「失業による貧困や女性の人権侵害」をもたらしており，これらの現実は，「ジェンダー平等な社会」の推進を中核におく「ジェンダー平等視点の主流化」戦略のリアリティを急速に失わせているように思われる。

すなわち，1990年代から急速に進展した経済の「グローバル化」と「IT（情報技術）」などの高度技術の導入は，多国籍企業を中心とした世界的規模での企業間競争を招来し，このような国際競争の圧力と，それを促すME情報技術によるIT化に伴い，先進諸国では，経験や筋力等の不要な女性のパート労働などの雇用比率が顕著に高まっており，例えば，今日日本の女性（40歳代～50歳代前半）の7割強もが賃労働に従事するに至っており，もはや「男性片働き家庭」モデルにもとづく専業主婦モデルは崩壊状態にある。他方で，このような動きは，例えば「ワシントン・コンセンサス」にみられる新自由主義政策ともあいまって，第三世界諸国においても，農村や家族的経営など，女性を中心とした低廉もしくは無給の労働による経済活動に破壊的作用を及ぼしており，このようにして「グローバリゼーション」による市場経済は，先進国，発展途上国を問わず，貧富の差を拡大し，その中で女性の搾取／抑圧が強化されているのである。このように，日本を含む先進諸国における女性の職場進出にもかかわらず，先進国，発展途上国共通にみられる女性の低賃金／差別排除等は，多国籍企業の発展途上国への進出に伴う，極度の低賃金労働の利用と深く関連している問題なのである。

　このような状況に対して，「ジェンダー平等視点の主流化」戦略は，女性たちの貧困化／排除に対して，有効な戦略となりえているのだろうか。そこで「ジェンダー平等」を促進する「ジェンダー平等視点の主流化」戦略が採用された，1995年第4回北京女性会議における「行動綱領」をみてみよう。「行動綱領」には極めて多くの論点がとりあげられているが，それらの論点を通じてくりかえし強調されている点は，男性に対し女性の地位が不平等であり，その解決のために女性のエンパワーメント（＝力をつけること）への障害を除去し，自由と人権の確保，経済的資源へのアクセスの自由と平等を確保すべきであるという基本的メッセージである。「行動綱領」にあげられている12の重大問題領域である，貧困，教育，健康，暴

### コラム16　「ワシントン・コンセンサス」とは？

　ワシントン・コンセンサスは，1989年，アメリカの国際経済研究所のJ. ウィリアムソンが最初に用いた用語であり，主としてラテンアメリカに必要な経済改革として，ワシントンを本拠とするアメリカ政府，IMF（国際通貨基金），世界銀行などの間で成立した「意見の一致（コンセンサス）」のことを指す。彼によれば，その内容は，(1)財政赤字の是正，(2)補助金カットなどの財政支出の変更，(3)税制改革，(4)金利の自由化，(5)競争力ある為替レート，(6)貿易の自由化，(7)直接投資の受け入れ促進，(8)国営企業の民営化，(9)規制緩和，(10)所有権法の確立という新自由主義に基づいた経済政策であり，当時，IMFや世銀は，こうした考えに基づく改革を，その国に融資する際の条件としたのである。

　こうした条件に合わせて，急進的な市場自由化プログラムを導入した1980年代からの南米諸国や，1990年代の旧ソ連・東欧諸国では，著しい経済後退が起き，とくに1997年の東アジア通貨危機では，IMFの勧告に従ったタイ，インドネシア，韓国などで，失業の急増，多くの企業の経営破たん，国民生活向け予算の削減が行なわれ，国内経済の混乱を大きくした。

　この点について，世界銀行の副総裁をつとめ，ノーベル賞を受賞した経済学者のスティグリッツは，金融市場や資本の急激な自由化が，通貨危機の最大の原因だと指摘し，「IMFが押しつけた政策は，状況をいっそう悪化させ」，「格差社会」を世界中に広げたと批判している（スティグリッツ，J. E［2006：訳54］）。他方IMFの勧告を拒否して国内経済の混乱を抑えたマレーシアや，南米諸国，EUなどは規制緩和・市場原理万能とは異なる政策を追求している。ちなみにワシントン・コンセンサスは，いまでもアメリカの対外経済戦略や新自由主義の考えを示す言葉として用いられている。

力，武力紛争，経済，権力，制度的仕組み，人権，メディア，環境，女児などの論点も，この基本的メッセージの関連で扱われており，いうまでもなく，この基本的メッセージは，ジェンダーをめぐる問題を考え，社会的に女性の地位を向上させてゆくために欠かせない

要点であり,フェミニズム／ジェンダー平等の推進に大きな励ましを与えるものではある。

しかしながら,このような基本的メッセージとそれにもとづく「ジェンダー平等視点の主流化」戦略は,ジェンダー平等／個人の権利擁護とのかかわりでは,今日の女性たちがおかれた状況に対する事実認識と課題設定において,不十分なものであるばかりか,むしろ問題の根源を不明確にしてしまうおそれも含んでいるといわざるを得ない。例えば,「行動綱領」の「女性と貧困」では,「今日,世界の10億人以上の人々が容認できない貧困状態で暮らしているが,それらのほとんどが開発途上国に集中し,大多数は女性であ」り,「貧困の撲滅は反貧困計画を通じるのみでは達成できず,資源,機会及び公共サービスへのアクセスをすべての女性に保障するために,経済構造への民主的な参加と構造の変革とを必要とするだろう」と述べる。

たしかに第三世界の国々に絶対的貧困層といわれる人々が存在し,その負担が女性に重くかかっていることは事実であるが,「貧困層のほとんどが開発途上国に集中し」という認識は,後述するとおり,今日の先進国における広範な貧困層の存在を無視するものであり,また絶対的貧困層の「大多数は女性である」という認識も,前述したとおり適切な認識とは思えない。このような分析の背景には,前述したとおり,「ジェンダー平等の主流化」戦略が主として発展途上国の「社会開発」の一環として女性／ジェンダー問題を取り上げてきた歴史的な経緯があるが,これによって,かえって貧困をもたらすグローバリズムや新自由主義の潮流の問題性から目をそらして,男女の地位の不平等にその主要な問題と原因があるかのような,転倒した発想に通ずるものであろう。したがって,そのような発想の延長上に,第三世界の貧困問題の解決が,女性のエンパワーメントによる平等な資源や機会へのアクセスの保障によって得られるという問題解決の設定がでてくることになりかねず,これでは「形式的

な平等」の実現が「ジェンダー平等」の内容ということになり,近代を本格化させている今日の状況において,適切な課題設定とはいえないと思われる。

結局,こうした「行動綱領」/「ジェンダー平等視点の主流化」戦略の時代認識の背景には,前述した新自由主義による市場原理への信頼を読みとることが可能であろう。すなわち,人びとに教育等へのアクセスを保障して,市場における資源や機会の利用に自由に参加させて,各人の能力を発揮させれば,経済的貧困も不平等もともに解消されてゆくというものである。それは,1970年代末以降,経済危機への対応のなかで,先進諸国をつうじ,社会保障の負担を削減し,富裕層に有利な税制を実現し,公企業を民営化し,ME情報技術を広く導入しつつ,競争的な市場経済のグローバルな再活性化を展開してきた,新自由主義への信頼であり,このような理論に立てば,すべての社会経済的な問題は,市場経済への参加の個人的な能力の平等な開発の機会が,人為的に阻害されていることに由来するものとみなされることになるのであり,ここでは第三世界の貧困と女性の問題に,このような論理がそのまま適用されているとみてよいであろう(注5)。

その反面,グローバリゼーションの進展が,例えば前述したワシントン・コンセンサスにみられるように,第三世界諸国の経済発展を制約し,先進諸国との間に巨大な貧富の格差を拡大再生産し,絶対的貧困層やそのなかでの女性の経済生活や教育へのアクセスの困難を現実に解決しがたいものとしていることが見逃され,グローバリゼーションと新自由主義のもたらす巨大な格差の問題が,いわば「ジェンダー」の問題にすりかえられているともいえよう。また,「行動綱領」も言及しているように,先進工業諸国の持続不可能な生産・消費パターンが,周辺諸国の開発過程で生じている公害,有害廃棄物,森林伐採,砂漠化,旱魃,資源枯渇などにより,とくに農村や先住民の女性に厳しい環境悪化と貧困の深化が生じている問

題も，解決の方針を与えられていないのである。

ではどうするべきなのだろうか。こうした中で，注目すべきは，近年国際社会の取り組みの中で，「社会開発」における「人権アプローチ」「発展の権利」）を重視する流れが出てきていることである。このようなアプローチは，グローバリゼーション／新自由主義の隆盛の中で，前述した行動綱領の限界を補い，反差別／ジェンダー平等と個人の尊重／権利付与により「近代」の本格化に貢献する可能性を有するものといえよう。そこで，以下には，ジェンダー平等とのかかわりで，このようなアプローチを具体化する動きとして，「社会開発」における「人権アプローチ（発展の権利）」，ILO が提唱している「ディーセント・ワーク Decent Work」，EU が推進している「平等戦略」を取り上げることにしよう。

### （3） 社会開発と人権アプローチ（「発展の権利」）

**社会開発**　　国際社会においては近年いわゆる「社会開発」が重視されるようになり，ジェンダー平等は，このような観点からも補正／補強が図られつつある。国際社会においては，近年社会開発，すなわち，基礎的な社会サービスの拡充強化こそが国際社会において達成すべき中核的目標であるとの考えが強くなってきており，その法的な反映として，「発展の権利」がいわゆる「第三世代」の人権の1つとして，自由権的人権と社会権的人権とを包括する概念として注目されるようになってきている。ここでは「発展の権利」が「社会開発」において，ニーズを満たすという意味の福祉アプローチのみならず，権利を実現すべきものとしての人権アプローチの内容を形成するものとして理解されるようになってきているのである。

**「社会開発」と**　　ところで社会開発は，一般に開発の社会的
**「ジェンダー平等」**　側面を中心とした開発のあり方を指す用語であり，従来の技術的／財務的／経済的側面への偏重に対するアン

## コラム17 「社会開発」

「社会開発 social developement」は一般に，1950年代後半ころから国際社会で用いられるようになってきた用語であり，いわば，「経済開発ではない介入／活動の全て」（西川［1997：3］），即ち，「経済的な豊かさだけを目指すのではなく，人と人としての関係性の豊かさや，文化の発展，自然との共生によって社会全体が豊かになることを目指した活動一般」，具体的には，「貧困の解済，雇用の促進，社会保障やジェンダー平等の推進，保健／教育サービスへのアクセスの拡大など」を意味している（佐藤［2007：5］）。このように「社会開発」は，社会政策とそのプログラムを経済発展と関連づけることによって，人間の福祉を向上させようとするアプローチであり，従来，発展途上国の開発アプローチの1つとして理解されてきていたが，1995年コペンハーゲン国連世界社会発展サミットを契機として，とりわけグローバリズム／新自由主義の隆盛の中で，近年，日本，EU，アメリカなどの先進国における貧困，社会的排除，ジェンダーの解放済にとっても重要なアプローチとして評価されつつある。

チテーゼを含意するものとして用いられるようになってきたものであり，具体的には，ジェンダーをはじめとする，民族や宗教，人種などによる社会的格差の是正／克服をめざすアプローチであり，その範囲は，保健・教育・環境だけでなく経済インフラの整備をも含む，基礎的な社会サービスの拡充・進歩を図ることが目標とされるものである（ミッジリィ．J〔1995, 訳2003：23〕）。このようなものとして，2000年9月ニューヨーク国連総会及びミレニアムサミットの成果としての「国連ミレニアム宣言」では，8大目標がかかげられ，飢餓／貧困の撲滅，初等教育の完全実現，乳幼児死亡の削減，妊産婦死亡の撲滅，HIV／エイズ及びマラリア等感染症への対策，安全な飲料水の確保を含めた環境への取り組み，開発のためのパートナーシップと並んでジェンダー平等が目標とされている。

ここには明らかに、開発における発想の転換が見られることに注目する必要がある。すなわち、「ジェンダー平等」との関わりでは、「ジェンダー平等視点の主流化戦略」アプローチが、ジェンダー平等達成のための「手段」とされていたのに対し、「社会開発」アプローチにおいては、「ジェンダー平等」それ自体が、達成されるべき「目標」とされているのである。すなわち、ジェンダー平等が、経済発展という目標達成のための手段ではなく、個人の能力や発達を保障強化するという観点から、目的として捉えられているのである。このようなアプローチは、個人が、「ジェンダー平等」などの基礎的社会サービスを享受することによって、自己の生き方の幅を広げ、潜在的能力を開花させることができる、能力のエンパワーメントである機会が付与されるべきであるという思想につながることになる。その結果、ジェンダー平等／個人の能力開発の権利性が課題とされるようになり、諸個人がニーズの単独実体としてではなく、「社会開発」の享受主体として、権利を付与されることになり、社会開発に対する「人権」アプローチにつながることになる。かくして、「社会開発」と「権利」「人権」との結びつきが問題とされることになり、国際法の領域において、いわゆる「第3世代」の人権とも呼ばれる「発展の権利（right to developement）」を、開発政策と結びつける動きが強まることになってきているのである（月川他〔2006：218〕）。

**「発展の権利」と「ジェンダー平等」**　1990年代に入り、国際社会においては、開発あるいは発展と人権との結びつきを強調する考えが急速に強まっており、その中心に、とりわけジェンダーや子供に関わって、各人のニーズの実現をめざすいわば基本ニーズアプローチのみならず、各人の権利擁護／実現をめざす権利アプローチの進展が注目される。前述した通り「発展の権利」はこのような後者のアプローチと深く結びついたものであり、1986年国連総会では、「発展の権利に関する宣言」が採択され、1993年ウィーン

世界人権会議では,「発展の権利」は「普遍的で奪うことのできない人権であり,かつ基本的人権の不可欠な一部」として再確認された。その後1997年国連人権コミッション決議1997／72は,前述の「発展の権利に関する宣言」を,1948年国連総会の「世界人権宣言」と1993年世界人権会議の「ウィーン行動計画宣言」とを結合する文書と位置づけ,これによって,「発展の権利」は,国連人権規約において一旦分離された自由権的人権と社会権的人権を再統合した,包括的人権アプローチと位置づけされることになったのである。

したがって「発展の権利」は,持続可能な発展への個人の参加という観点から,全ての権利を統合する概念として把握されるものということになり,このようなものとしてジェンダー問題を位置づけた場合,男女差別の廃絶／ジェンダー平等の実現は,法理論のレベル（権利論）のみならず,開発政策／実践レベルにおいても位置づけられることが求められることになる。その具体的な内容としては,とりわけ発展途上国における基礎的社会サービスの充実／強化により,差別／排除されている女性に対するエンパワーメントが要請されることになる。またグローバリゼーションの中で,人身売買,移民労働,養子縁組,臓器売買,傭兵などが国境を越えて広まっており,これらに対するグローバルな規制にとっても,福祉アプローチにとどまらず,人権アプローチが必要なのである。このように「発展の権利」はジェンダー平等を実現していくうえで,反差別の原則と共に,女性のエンパワーメントを求めるうえでも不可欠なアプローチであり,今日,国際社会における「発展の権利」は,女性のエンパワーメント／ジェンダー平等／権利付与に有力なアプローチとして位置づけられつつある。

次にこのような近年注目されるようになっている「発展の権利」アプローチといわれる「第3世代の人権」と共に,国際社会においては,ILOの「ディーセントワーク」アプローチと,EUのジェンダー平等戦略が重要である。そこで以下にILOが推進している

「ディーセントワーク」アプローチをみてみよう。

> **コラム18**　「第3世代」の人権と「発展の権利」
>
> 　「第3世代」の人権は，1970年代セネガル最高裁長官であったケマ・ムバイエやユネスコ人権部長カレル・ヴェサクらによっても提唱されるようになった人権の総称であり，アジア・アフリカ・中南米諸国等の発展（開発）途上国を中心に主張されるようになり，今日，国連等の国際機関でも採り上げられるようになってきている。ムバイエらは，従来の人権状況につき，「第1世代」の人権は，「国家は個人の自由の干渉を一切してはならないという消極的な権利」（18世紀末に誕生した自由を確保するための市民的，政治的権利）のことであり，「属性の権利」ともいわれ，主として自由権を指す）であり，「第2世代」の人権は，「第1世代の人権の実施のために，国家の積極的な行動を求める権利」（20世紀初頭に誕生した平等を確保するための社会的／経済的／文化的権利のことであり，「債権の権利」ともいわれ，主として社会権を指す）であるが，これだけでは不十分であり，新しい人権概念（第3の人権）を導入する必要があると主張した。
>
> 　即ち，第1，第2世代の人権が個人の権利として国家との関連でとらえられていたのに対し，「第3世代」の人権は，①権利主体として，個人と集団の双方が据えられ，②内容，性格として，従来の人権を保障する前提基盤としての性格を有し，③義務主体として，①，②の内容は一国のみで達成できないことから，国際機関，共同体などとの協同／連帯を必要とし，したがって④達成手段として，個人，国家，団体などの参加が要請されることになり，⑤具体的な権利内容としては，「発展の権利」「環境の権利」「平和の権利」「共同財産への権利」「人道援助への権利」などが主張されている。このような主張は，元来，20世紀後半に植民地の政治的独立が達成されたものの，その反面，発展途上国と先進国との経済格差の拡大等いわゆる南北問題が生じることになり，その結果，発展途上国を中心に国際社会における政治経済構造の変革の必要性が唱えられるようになったことによるものであり，更に近年のグローバルリズム／新自由主義の隆盛の中で，先進国の中においても貧困／格差が問題

とされるようになってきたことが背景となっており，とりわけ「発展の権利」はその代表といえよう。「発展の権利」について，ムバイエは「全ての基本的権利及び自由は，人間の生存に対する権利，高次の生活水準に対する権利およびそれに向かって発展する権利と結びついている。人は発展なくして生存できないがゆえに，発展に対する権利は人権なのである」と提唱し，1981年には，このような権利を初めて承認したアフリカ統一機構（現アフリカ連合）バンジュール憲章第22条や，1986年国連総会で採択された「発展の権利に関する宣言」がある。

もっとも，これらの「第3世代」の人権については，わが国では，「あくまで国家の政策目標あるいは政治的主張にあって法的権利ではない」，「本来人権は個人の権利である」，「保障制度が欠けては」などどする消極意見が大半を占めているといえよう（土居［2000：100］）。

しかしながら，凡そ「人権」概念はそれ自体，誕生時においては，権利内容や主体が不明確であったのであり，今日においても生存権などについては政策目標と言われたりすることもあり，また「人権」「権利」は本来，他者との関係から生じたものであり，その意味では関係性の上に成り立つものである以上，あらゆる「人権」「権利」は集団的側面を有しているのであり，更に，保障制度についてみても，それ自体は制度構築の問題であり，このようにしてみた場合，「第3世代」の人権を否定する根拠は稀薄であり，むしろ我々は積極的に，その内容構築に努力すべきであろう。

### （4） ILO ——「ディーセント・ワーク」の推進

**グローバリゼーション——広がる格差と貧困**　主としてアメリカ主導で進められるグローバリゼーション／新自由主義の潮流は，先進国／発展途上国を問わず環境破壊や農業の衰退など各国の自立的な経済発展を妨げ，さらには貧困，失業，飢餓，不平等，人権と労働組合権の侵害など，労働者・国民に大きな犠牲をあたえており，その結果，今日の世界は，あらゆる面で貧困の深化と格差の

拡大という深刻な問題をかかえるようになっている。

　まず，雇用についてみると，全世界の失業者は今日1億8,600万人に達していると推測されるが，そのうち47％が若者であり，いわゆる「不完全就業者」を含めると，その数は少なくとも10億人に達するものと考えられる。しかも多国籍企業によるグローバル競争の激化によって，前述した正規雇用から非正規雇用への置き換えが進み，職に就いている若者の多数が非正規雇用となり，長時間，低賃金労働に苦しんでおり，アジア・太平洋地域では，若者の約30％，日本では約半数が非正規であり，ILOは，この問題を「インフォーマル経済」の拡大と表現し，これらの解決を重要な政策課題とするに至っている。また世界人口の約半分，若者の25％が1日1ドル以下での生活を余儀なくされ，貧困と密接に結びついている児童労働（5歳〜14歳）は，2億5,000万人，実に児童6人に1人が働いており，その数はアジアに最も多いのである。

　国連『人間開発報告書』（1999年）によると，富裕層と貧困の所得格差は，1960年に30対1であったのが，1997年には74対1にまで拡大し，富裕20カ国のGDP平均は，貧困20カ国のそれの37倍にも達し，その格差は40年に間で約2倍に開いているのである。

　他方労働者に対する社会保護の面でも格差が深刻であり，世界の労働者のうち適切な社会保障を受けているのは，約20％といわれ，年間33万5,000件の労災死亡事故が発生し，1億6,000万人以上が職業病を患っている。

　日本の労働者の状態も，日雇い派遣など低賃金で不安定な非正規雇用がワーキング・プア（働く貧困層）の原因となり，貧困と格差の拡大をもたらすなど，世界の労働者の状態と共通しているのである。

　ところで**河上肇**は，かつて名著，『貧乏物語』で次のように述べている。

　　「貧乏なる語にはだいたい3種の意味がある。すなわち第1の意

> 味における貧乏なるものは，ただ金持ちに対していう貧乏であって，その要素は「経済上の不平等(エコノミック・インイクオリテー)」である。第2の意味における貧乏なるものは，救恤を受くという意味の貧乏であって，その要素は「経済上依頼(エコノミック・デペンデス)」にある。しかして最後に述べたる意味の貧乏なるものは，生活の必要物を享受しおらずという意味の貧乏であって，その要素は「経済上の不足(エコノミック・インサフセンシイ)」にある。すでに述べしごとく，この物語の主題とするところは，もっぱら第3の意味における貧乏である」（河上肇〔1916：20〕）。

今日女性をとりまく状況は，グローバリゼーション／新自由主義の潮流の中で，河上が述べるとおり，「経済的不平等」「経済的依頼」のみならず，「経済的不足」という，いわば絶対的貧困の克服が世界的な規模での課題となっているのである。

**ILOとディーセント・ワーク**　このような中でILOはいま，国際社会から新たに注目を浴びている。その転機となったのが，北京世界女性会議と同じ年である1995年にコペンハーゲンで開催された国連「世界社会開発サミット」であった。サミットは，これまで国際社会で強調されてきた「成長と安定」という考え方を転換し，貧困，失業，社会排除について10項目のプログラムを採択し，雇用と社会開発の分野においてILOの特別の役割を承認したのである。すなわち，貧困や失業，社会排除という問題を解決するには，その根底にある「人間らしい労働が保障されていない」という現実を変革しなければならないという認識のもとに，労働市場への女性や若者の参加等を含むディーセント・ワーク（人間らしい労働）の課題の実現を，ILOの役割として次のような行動計画をたてたのである（図表3，章末）。

> 「政府は，次により労働と雇用の質を向上させなければならない。
> 「（b）　強制労働及び児童労働の禁止，結社の自由，団結及び集団交渉の権利，男女間の同一価値労働同一賃金，雇用における無差別を含む基本的な労働者の権利の尊重を保障し，促進すること。真

4 ジェンダーと法の現在

**コラム19** ディーセントワークとインフォーマルセクター

　ILO は元来1970年代ころから,「インフォーマルセクター」という用語を用いて,主として発展途上国における,10人未満の小規模事業所で,具体的には個人で独立して事業を営んだり,家族経営などの小規模事業や,そこに就労している人々を含む経済活動,即ち経済学的には生産要素の価格（賃金や資本収益）が市場で決まらないような,いわば労働と資本が分離できない経済領域のことを意味していた（経済学的に考えると,資本制社会における産業部門においては,その企業の利益は,労働か資本かに分配され,労働への分配は賃金という形で行なわれ,賃金率×資本量となる。ところが,「インフォーマルセクター」においては,一般に自営業という形態をとっているので,その収入は,資本による所得なのか,労働による所得なのか分けることができず,自営業者の所得は労働市場によっては決らないことになり,その意味で「インフォーマル」といえよう。ILO Key Indicators of the Labor Market（KILM）1995など))。

　しかしながら,このようなインフォーマルセクターにおいて働く人々,とりわけ女性や若者達の雇用,人権状況が劣悪なまま放置されている状況に対し,「ディーセントワークの欠如」という観点から,2002年 ILO 総会は,「ディーセント・ワークとインフォーマル経済」に関する決議を行い,「インフォーマル経済」という用語を用いて,「法またはその執行上,正規に法が適用されない,あるいは適用が不十分な労働者・事業体によるあらゆる経済活動」と定義し,これらの「経済活動」においては,「法の視野に含まれていず,従って正規に法が適用される範囲外で事業が行なわれていたり,あるいは法慣行の上で適用される範囲内にあるのに,実際には法が適用・施行されなかったり,または,法そのものが不適切であったり,大きな負担を要したり,過度な費用を課すものであったりする為に,法の遵守が進んでいない」と宣言し,これらの法の枠外におかれている領域を撲滅し,「ディーセント・ワーク」の観点にたった施策を推進する立場を明言し,そのプログラムを提唱するに至っている。このように ILO が法規遵守を中心にすえて,かかる領域の撲滅を宣言している点は,注目されよう。

に持続的経済成長と持続可能な開発を達成するために，ILO条約当事国はこれらの条約を完全に履行し，非当事国はこれらの条約の原則を考慮に入れること。

（c）これらの分野のILO条約及び少数者，女性，若年者，障害者及び先住民の雇用にかかわる権利に関するILO条約を批准することを真剣に検討し，完全に履行すること。」（「行動計画第54段」なお，（a），（d）〜（f）省略）

ちなみに第56段では，

「労働市場への女性の完全参加及び女性の雇用機会への平等なアクセスのためには，次を必要とする。

「（a）雇用政策の基礎として男女間の平等の原則を設定すること。女性の雇用に対する偏見を撤廃するためにジェンダー間の問題を視野に入れた訓練を促進すること。

（b）例えば，採用，賃金，信用へのアクセス，手当，昇進，研修，キャリア開発，職務の割り当て，労働条件，雇用保険及び社会保障給付において適当な場合には，ポジティヴ・アクションをとることによって，性差別を撤廃すること。

（c）職場及び家庭における労働を容易にし，自己支援を慫慂し，所得を創出し，生産過程におけるジェンダー間の固定された役割を変革し，旧来の低賃金労働から抜け出すことを可能にする技術への女性のアクセスを改善すること。

（d）性別に基づく労働の分離を強化する政策と態度を変化させること。働く親が仕事と家庭的責任とを両立することができるようにするために，妊婦への社会保護，出産休暇等の制度的支援，家事の分担を容易にし，負担を削減する技術，ひとり親の家庭のニーズに特別な注意を払いつつ，親が自発的パートタイム雇用及びワーク・シェアリングを含む柔軟な労働に関する取り決め，アクセスできる利用可能な質の高い育児施設を提供すること。

（e）育児及び家事の分担等家族及び家庭的責任の全ての分野において男性が積極的な役割を果たすように慫慂すること」

と規定している。（国連〔1995：訳55J〕[注6]）。

グローバリゼーション／新自由主義の進展の中で，国際社会は貧困と格差の拡大という共通する問題をかかえるようになったのは先にみたとおりであり，世界の世論と政策立案者は，人間らしい労働が欠如している現実を変革しないかぎり，この問題の解決はないという認識から，ILO が重視してきた基本的価値に注目するようになったのである。

かくして ILO はサミットの負託をうけた上記各項を実践すべく，1998年総会にて，「労働における基本的原則及び権利に関する ILO 宣言とそのフォローアップ」を採択し，「社会進歩と経済成長との関連性の維持に努めるに際し，労働における基本的原則及び権利の保障は，関係する者自身が自由に，その機会の均等を基礎として，彼らの寄与により生み出された富の公平な分配を主張すること，及び女彼らの人的潜在能力の実現を可能にすることから，特別に重要であ」ると宣言して，グローバリゼーション／新自由主義の潮流に抗する姿勢を明確にしたのである(注7)。

ILO は，さらにグローバル化のもとでこの基本的価値を実現するために，それまで進めてきた39のプログラムを，①職場における原則と権利，②雇用，③社会保護，④社会対話の4つの戦略目的に整理し，この戦略目的を集約するものとして，1999年総会で，ディーセント・ワーク（人間らしい労働）という新しい概念が打ち出したのである。ディーセント・ワークがはじめて提起された1999年総会で，ILO 事務局長は，「女性と男性に対して，自由と平等，安全，人間としての尊厳という条件のもとで，ディーセントで生産的な労働への機会を促進すること」が ILO の第1の役割であると強調したのであった。

この点について，ILO 駐日事務所は，ディーセント・ワークを，「人間らしい適切な働き方」を意味するものとし，「生産的で公正な所得をもたらす仕事の機会，職場における保障と家族に対する社会的保護，個人として能力開発と社会的統合へのより良い見通し，

人々が不安や心配を表現する自由，自分たちの生活に影響を及ぼす決定に団結して参加すること，すべての男女のための機会と待遇の平等など」，①人間らしい生活をおくることのできる十分な所得があることと，②幅広い社会保障によって労働者が保護されていること，③労働基本権などの労働者の権利が保障されていること，④男女平等を内容とする労働，と解説している。

### ディーセント・ワークとジェンダー平等／個人の尊重

前述したとおりILOは早くから，女性が差別に苦しみ，劣悪な労働条件のもとで働いている問題を重視してきており，ILOの条約と勧告には，こうした視点が徹底して貫かれているが，ILOがジェンダー平等という表現を使用したのは，ディーセント・ワークを提起した1999年総会がはじめてである（世界の労働［1999, 10：24］）。この総会の事務局長報告は，4つの戦略目的を貫く重要な課題として，女性に対する平等を強調し，来る2009年の総会では，「ディーセント・ワークの核心におけるジェンダー平等」と題して，この問題が討議されることが予定されている（Servais, J-M. et, ed.〔2007:225〕）。

また2007年開催のILO総会に提出されたグローバル・レポート『職場における平等』は，これまでで最も包括的な差別に関する報告書であり，性別，人種，宗教などの伝統的な形態から，年齢，性的指向，HIV（エイズウィルス）／エイズ状態，障害に基づくより新しい形態のものにまでとりあげ，「差別を克服する闘いにおける世界的な状況は，大きな進展と失敗の混在を示している」として，4年前に発行された最初のグローバル・レポート（2003年）以降の進展を紹介しつつ，ILO加盟180カ国のほとんどが，差別に関する2つの中核的条約（100号，111号）を批准し，反差別法制・政策の形成に努めているとしている。

同報告書の主要テーマの1つは，雇用と賃金において依然として残る男女格差の是正と，職場における責任と家族的責任を調和させつつ，報酬における性差別と性別職業分離に取り組む総合的な政策

の必要性である。例えば，欧州連合（EU）諸国全体の全事業所を通じての時間当たり平均賃金総額には，依然として平均15％の男女格差が存在し，また，急上昇を続ける女性の労働力率は現在56.6％に達しており，労働力率における男女格差は世界的に縮小しつつあるが，地域的偏りがあり，北米71.7％，欧州連合62％，東アジア・太平洋61.2％に比し，中東・北アフリカは32％にすぎないと指摘している。

さらに女性の雇用状況改善の重要な尺度として，立法職・上級公務員・管理職といった質の高い職を得ることの可能性が挙げられ，このような職種における高い就業率は差別障壁の低下を示す徴表といえようが，世界全体を通じて，女性はなおもこのような地位における明白な少数派であり，上級職位に占める女性の割合は28.3％に過ぎず，しかも地域別でみると進展は不均等で，北米は41.2％，中南米・カリブでは35％，欧州連合では30.6％を占めているが，南アジアでは，この9年間にほぼ倍増したものの，依然8.6％にとどまっていると指摘している。

他方報告書は，「不平等，不安定，危険性がますます高まっているように見える世界において」，雇用での差別をなくす必要性は，4年前より緊急性を増しているとした上で，「所得，資産，機会の面で依然残る不平等は，差別対策に向けた行動の有効性を薄めており，この事態は投資と経済成長を打ち消す政治的不安定や社会的混乱につながる可能性がある」と指摘し，職場でのさまざまな差別を重視し，女性の賃金が男性のそれよりも低く，家族責任の負担が不平等に大きく，フルタイムの仕事を探すうえで不利な立場に立たされていることなど，雇用と賃金におけるジェンダー格差を暴き出し，それを是正する新しい政策が必要になっていることを強調している。また，今日世界の労働組合が，団体交渉の議題として焦点をあてているのが，差別撤廃と平等の実現であり，その中心にすわっているのがジェンダー平等であることを紹介している（ILO [2007]）。

ところがこの点で，日本は大きく立ち遅れている。同じく2007年開催のILO総会に提出された条約勧告適用専門家委員会報告書は，中核的差別禁止条約である「同一報酬条約」（第100号）の実施状況について，男女賃金格差が縮小していない問題をあらためて指摘し，日本が条約を完全に履行するよう求め，また「家族的責任に関する条約」（156号）にかかわっては，遠隔地への転勤について家族責任に配慮するよう求めている。しかも日本は，同じく中核的差別禁止条約である111号条約を批准していないのである（ちなみに世界でこの条約を批准していない国は14カ国しかなく，「先進国」では日本と米国だけである）。

このように「近代」の本格化の進展の中で，法の理念の「タテ前」と「実態」の乖離を埋める努力が，今日，国連やILOをはじめとする国際機関や各国で進展しているのであり，「ジェンダーの主流化」を真に推進するためには，今日このようなディーセント・ワークの実現が不可欠の課題となっているといえよう。さらにEUにおいてもジェンダー平等の観点で重要な進展がみられる。

### (5) EU——「平等政策」の推進

**EUとジェンダー平等**　EUにおけるジェンダー平等は，主として「社会的欧州／ヨーロッパ社会モデル」の推進と共に進展してきたといえよう。EUは，1958年EECとして設立当初より，労働者の自由移動（ローマ条約第39条以下），国籍をはじめとする一般的差別禁止（同12条以下）に加えて，雇用における男女の賃金差別禁止を規定していた（同141条以下）[注8]。これはEUが何よりも，ヨーロッパ域内での関税面での統一（但し，いわゆる非関税面での各国に独自の諸規制——例えば，輸入に対して数量制限／課徴金を課したり，煩雑な手続／検査を要したり，国内事業に対して助成金などの保護を与えることなど——の撤廃は1985～92年のことである）を図る，いわば関税同盟として出発したことによる。

4 ジェンダーと法の現在

すなわち，EUは，1957年締結のローマ条約により，ヨーロッパ6カ国が経済復興／発展の重要資源である石炭，鉄鋼などの効率的生産と合理的分配を目指して発足した経済共同体（＝EEC）を前身とするものであり，したがって，共同体の使命は，何よりも共同市場の設立と，加盟国の経済政策の接近による共同体の経済活動の発展，持続的な拡大，安定強化，生活水準の向上，加盟国間の関係の

**コラム20　EUの拡大**

　ローマ条約は，欧州経済共同体（EEC）設立に関して，フランス，西ドイツ，イタリア，ベルギー，オランダおよびルクセンブルクが1957年3月25日に調印した条約であり，もとの正式名称は，欧州経済共同体設立条約（Treaty establishing the European Community）であったが，マーストリヒト条約により，"経済"を除去する修正を受け現在は欧州共同体設立条約またはEC条約と呼ばれている。同日調印されたもう1つの条約である欧州石炭鉄鋼共同体設立条約と共に，その後に続けて成立したEUの諸条約によって改正されてきたが，共同体としての制度のほとんどの判断は，今だに共同体法規の主たる典拠であり続けるEC条約の法的基礎にもとづいてなされている。

　EECはその後，EC→EUへ拡大していくことになり，ブリュッセル条約（1965年合意／発効によりECになるのは1967年），マーストリヒト条約（1992年合意／発効によりEUになるのは1993年），アムステルダム条約（1997年合意／1999年発効），ニース条約（2000年合意／2003年発効）により今日のEUの姿になり，さらに21世紀に入り，中東欧諸国の加盟により拡大を続け，欧州憲法条約の挫折（2005年フランス，オランダの反対で失効）を経て，「改革条約」（リスボン条約）（2007年12月合意）を2009年1月までに発効させることを目指している（しかし，同条約もアイルランドの2008年6月の国民投票で批准が否決された。毎日新聞2008年6月19日付）。

　http://eur-lex.europa.eu/en/treaties/index.htm.

緊密化の促進に集約され，これらを達成するために，(1)加盟国の関税と数量制限などの措置の撤廃，(2)第三国に対する共通通商政策の設定，(3)加盟国間のヒト，サービス，資本移動に対する障壁の除去，(4)農業・運輸部門に対する共通政策の樹立が求められることとされた。とりわけ(3)に関わって，域内での資本，サービスの移動に伴う労働力の移動の自由は，ヨーロッパの「経済開発」にとって不可欠であり，したがって，このような移動の自由を前提とした市場の確立，移民労働者の雇用確保や職業訓練，さらには，いわゆるソーシャル・ダンピング防止が必要とされ，このような課題に応えるものとして，国籍による差別禁止や雇用の分野における男女平等原則の規定や各国の有給休暇制度，労働時間と割増賃金の均衡等の推進が図られることになり，他方ではこれらとの関わりの稀薄な，人格権，表現の自由等の基本権保護の規定が欠落することになったのである(注9,10)。

EUは加盟国の拡大にあたっては，資本主義国家の同質的な成熟化を前提に，平等化 Equalization／調整化 Harmonization／均等化 Approximation などの諸原理を基礎として，加盟各国の「経済開発」と「社会開発」との両政策のバランスのうえに，いわゆる「社会的欧州」の創出／推進を図ってきたが，それと同時に，以下に述べる通りグローバリズム／新自由主義と，社会的欧州との間を揺れ動いてきたとも言えよう（佐藤進［2006：161］）。

**社会的欧州モデル**　当初EC加盟のヨーロッパ各国は，リベラリズム（ケインズ主義）に先導され，高度成長の下で福祉国家政策を推進していたが，1970年代のいわゆる石油ショックに端を発した経済の停滞，大量の失業で行きづまり，1980年代に入り，グローバリゼーションの進展と共に，新自由主義（1979年成立のサッチャー政権やアメリカのレーガン政権，日本の中曽根政権など）の影響が増し，ヨーロッパ各国でも規制緩和／民営化等の要求が強まると共に，ECがそれまで「社会開発」よりも「経済開発」を優先

し，単一市場の形成に焦点をあててきた結果，EC 内で高度な社会的基準をもつ国（主として西ヨーロッパ）から，賃金が安く労働者保護が脆弱な国（主として南ヨーロッパ）へと資本と生産施設が移転するという，前述したソーシャルダンピングが問題とされるようになってきた。

　さらにこのようなソーシャルダンピングに伴う加盟国間の資本／人の移動と共に，職場や大学・社会活動の場においては，大量の女性の進出がもたらされ，それに伴って「男性社会」であった大学や職場，政治分野など社会の各層において，男性中心の権威主義的支配と女性の従属が解体されるようになり，このような社会経済的背景のもとに，女性の自立がうながされるようになり，このような人権意識の高まりの中で，EU レベルでの平等待遇を求める裁判が頻発するようになり，これに応えて，欧州司法裁判所は，1985年グラヴィエ判決で国籍による差別，1986年マーシャル判決で性別による差別が EC 条約に違反しているとの判断を相次いで下すようになった。

　こうした時代背景の中，1985年 EC 委員長に就任したドロールの提唱により，「社会的欧州 social Europe」というスローガンのもと，市場統合の社会的側面が重視されるようになり，いわば「経済開発」と「社会開発」との均衡ある発展が目指されるようになったのである）。今日，EU においては，経済の持続的成長と共に，労働者や女性，障害者，高齢者等の社会的弱者に焦点をあてた社会労働分野の視点が不可欠の課題とされており，経済成長と同時に社会的結束を求め，労働の分野においてもいわば「労働の人間化」を求める「欧州社会モデル（Europe social Model）」(2000年リスボン理事会）が提唱されているが，「社会的欧州」は，その源流となるスローガンである（恒川〔1992：211〕）。

　すなわち戦後北部ヨーロッパ諸国では，いわゆるネオ・コーポラティズム neo-corporatism 型の政策導入が遂行されていたが，ド

第2章 ジェンダーと法

### コラム21 「社会的欧州」

　ソーシャル・ヨーロッパの定義とされたのは，1989年12月，欧州理事会で採択されたEC社会憲章 Social Charter（労働者の基本的社会権に関する共同体憲章 Community Charter of Fundamental Social Rights for Workers）であり，イギリス以外の賛成で採択され，その第一部で，共同体レベルで保障されるべき社会基本権として12の権利をあげている。
(1)　域内自由移動の権利
(2)　雇用の自由および公正な賃金を受け取る権利
(3)　生活・労働条件の改善を受ける権利
(4)　社会保障等の社会保護を受ける権利
(5)　団結権および団体交渉権
(6)　職業訓練に関する権利
(7)　男女平等取扱いに関する権利
(8)　企業情報・経営協議・経営参加に関する権利
(9)　職場での安全衛生に関する権利
(10)　児童および若年者が労働に関して特別な保護を受ける権利
(11)　高齢者が退職後も十分な収入を受ける権利
(12)　障害者が社会統合のために住居や交通機関に関して適切な措置を受ける権利
　社会権の思想は，イギリスの社会学者 T. H マーシャルによって提唱されたシティズンシップ論で定式化されたものであり，人間は社会階級において不平等であるが，シティズンシップにおいては基本的に平等であるとし，その要素として市民権，政治権，社会権があげられたことによる（T. マーシャル etc [1950：訳59]）。主に20世紀に確立されたのが社会権であり，そこでは全ての国民が経済的，文化的に最低限の生活が保障される権利を持ち，社会権を保障するのは国家の役割とされたが，EC社会憲章により，労働者への情報と協議，経営参加を含むヨーロッパ社会権が確立したことになる。なお，2000年12月には，EC社会憲章をベースに，ヨーロッパ市民の権利を定めたEU基本権憲章 Charter of Fundamental Rights of the European Union が採択されている。

ロールは,前述したグローバリズム／新自由主義の潮流に対し,「社会的欧州」のスローガンの下,①労働市場の規制緩和によって労働者の基本的権利が侵害されず,②ヨーロッパ全体に適用される社会基準を設定することによりソーシャルダンピングを回避し,③将来のEU社会政策展開の基盤を確立するものとして,マルロ／ミクロレベルのコーポラティズム型のEU政策決定システムの導入を提唱し,経済成長を,全ての市民が豊かな生活を享受するための手段ととらえ,社会総合を展開するためのソーシャルパートナーとして,労働組合,使用者団体を位置づけ,各レベルでのパートナーによる「社会的対話 social dialogue」を導入したのである。

その後1989年のEC社会憲章,欧州レベルのソーシャル・パートナーが締結した協約を共同体法制へ編入することを可能にした1993年の欧州連合（マーストリヒト）条約と社会政策に関する合意,2000年3月欧州雇用戦略（リスボン戦略）,2001年12月ソーシャル・ダイアログの将来に関する"ラーケン宣言",2002年11月の"ソーシャル・ダイアログ作業計画（2003-5年）"と,ソーシャル・ダイアログ機能は漸進的に強化され,こうして,社会的諸権利,社会的包摂,ソーシャル・ダイアログ,ソーシャル・パートナーが負う重要な役割を中核的要素とする「社会的欧州」という概念が,EU発展の重要な位置を占めることになる。特に,1987年の単一欧州議定書,1989年のEC社会憲章は,ECの社会労働政策を劇的に前進させるものであり,職場の健康と安全,団結権,団体交渉権の保障,男女の均等待遇,労働条件の改善等がECの政策として法的基盤を与えられることになった。

かくして1980年代から1990年代中半まで,EUは,ドロール委員会を中心とした協調的政府間主義／社会的欧州モデル（ネオユーポラティズムを基盤とし,協調,国際ケインズ主義,社会的対話を政策の中心にすえる）と,サッチャリズムによる競合的政府間主義／新自由主義モデル（自由主義を基盤として,資本獲得,経済成長を中心にす

## コラム22　ネオ・コーポラティズム

　ネオ・コーポラティズム（＝団体協調主義）は一般に，先進諸国における利益集団並びに利益集団と政府との結びつきの比較分析をする理論枠組として用いられている概念であり，職能領域をほぼ独占的に代表する巨大な利益集団（労組，経営者団体，農業団体など）が政府の政策過程に参加ないし包摂・編入されるような政治形態のことを指し，具体的には，戦後，北欧ヨーロッパを中心に発展してきた，政・労・使によるマクロ・メゾ・ミクロレベルでの社会／経済政策の協調的決定メカニズムを意味しており，戦前のイタリア・ファシズム期などの政治体制と区別するために，「ネオ」が付けられている（戦前のコーポラティズムを，「国家的」または「権威主義的」コーポラティズム，戦後のコーポラティズムを，「社会的」または「自由主義的」コーポラティズムと呼ぶこともある）。アメリカでは，外部圧力団体が激しい競争の中で政府機関に圧力をかけ，敗者は影響力を行使できなくなるシステムであるのに比し，コーポラティズムにおいては，圧力団体の競争を回避して，妥協／協調を優先するシステムとされる。

　北欧諸国におけるコーポラティズム展開の背景について，社会民主主義政党と労働運動の確立された伝統があり，また資本と労働の社会的パートナーシップが形成され得る下地が歴史的につくられていたからであり，他方アメリカにコーポラティズムが育たなかったのは，労働運動が弱く，社会民主主義政党が存在しなかったからであり，また，イタリアやフランスでコーポラティズムが育たなかったのは，大きな共産党に労働運動が支配されていたために，資本と労働の社会的パートナーシップが形成され得る下地がつくられていなかったからとの指摘がある（富永健一［2001：138］）。

　このようにネオ・コーポラティズムは，1970年代の石油危機に際して，北欧諸国で主として社会民主主義政権を中心に推進されてきたが，1980年代以降は，アメリカ／イギリスを中心とする新自由主義の潮流の中で，規制緩和，民営化や労使関係／政治過程の分権化が進展し，ネオ・コーポラティズムが衰退しているとの主張もみられる（ちなみに日本では，大規模な職能代表制はないものの，中規模程度の形態でいわゆる「族議員」（農林族，建設族，運輸族，防衛族など）により，特定分野の政策決定に大きな影響力を発揮する「族政治」がみられる。

える)とが競合する状態となり,EU の社会政策はイギリスを除外(オプト・アクト)して推進せざるを得なかったのである(1997年ブレア政権誕生により,イギリス政府自ら,EU の社会政策をオプト・インすることとなる)。すなわち,1993年に発効したマーストリヒ条約(EU 条約)では,社会政策に関する議定書と協定を提起し,イギリスを除く加盟11カ国が社会政策の分野での共同歩調をとることになり,1994年に欧州事業所協議会指針が提起され,EU 域内の複数の間で事業活動をする企業で働く従業員に企業経営に関する情報入手権と協議権が承認されたが,イギリスへの適用除外により,EU 内に社会労働政策等に関する2つの法領域が存在するという不正常な状態が続いたのである。しかし,ブレア政権の登場により,1999年発効のアムステルダム条約(改正 EU 条約)により,イギリスを含む全域内での社会政策が遂行されることとなり,特に同条約で,反差別/男女平等,男女同一賃金原則やポジティブ・アクションなどジェンダー平等政策が飛躍的に前進することとなった。

**ヨーロッパ社会モデルへの変容**　このようなドロールに主導された EU の社会政策と経済政策のバランスの上に立った「社会的欧州」は,1997年サッチャーの退場により勝利したかにみえたのもつかの間,1990年代後半に至り,ヨーロッパ全体の景気の後退に伴って失業率が急上昇するようになり,かくして,EU は,失業問題解決のため,労働市場の柔軟化を視野に入れるようになり,社会政策から経済政策重視へと政策転換を余儀なくされ,規制緩和,公共サービスの民営化,社会的保護の削減等が徐々に EU の政策にとりいれられるようになる。すなわち1993年「ドロール白書」では,労働市場の硬直性が構造的失業の原因とされ,労働市場(特に「内部労働市場」)の柔軟性を高め,企業の競争力強化という政策転換を提唱し,翌1994年「ヨーロッパ社会政策白書」では,これを社会政策全般に及ぼし,労働者保護や福祉の見直しを進めつつ,柔軟な雇用組織と積極的雇用政策により成長を維持しようとするものであり,

英米流の新自由主義路線とは一線を画しつつ，従来の「社会的区別」の路線をも修正するものであり，その後「ヨーロッパ社会モデル」と呼ばれることになる（他方イギリス／ブレア政権は，「第三の道」として「ステイクホルダー（利害関係）社会」をかかげ，新自由主義を前提としつつ，一部，ヨーロッパ社会モデルを受け入れるというものであった）。

　この傾向はやがて2000年「リスボン戦略」により，経済政策にウェートをおいた成長重視の政策をとることによって一層拍車がかかることになり，かくして2000年以降，ヨーロッパにおいては新自由主義政策の推進とあいまって社会政策が後退し，加えて，2004年東欧諸国が加盟することにより，東欧などの低賃金労働者の大量流入に伴って，西欧諸国でのリストラや賃下げ，社会保護の削減などに一層拍車がかかることとなった。すなわち，「リスボン戦略」が提唱された2000年当時，EU 各国は平均10％，約1,500万人の失業者を抱え（しかもその半数は1年以上に亘り就業しておらず，失業率は独，仏，伊，スペインで特に高かった），折からのグローバリズム／新自由主義隆盛の中で，とりわけ「ニューエコノミー」論のもと好景気にわいていたアメリカに比し，女性労働者，高齢者の就労のみならず，IT 部門やサービス部の就労者が少ない状況にあり，これらの「人的資源」の有効利用により競争力を高めることが至上命題とされ，かくして，EU は「知識経済」のスローガン（アメリカのニューエコノミー論の倣ね）のもとに，経済成長によって市民生活の質を向上させるという新自由主義に傾斜した戦略を採ることとなったのである。しかしながらこのような状況の中で，十分な経済成長がなされないまま，さらなる性急な民主的社会的政治共同体を目指した欧州憲法条約は，新自由主義的政策をも内包するものであったことから，2005年，フランス，オランダの国民投票で発効を拒否されることとなったのである（その後のアンケート調査により，反対の最大の理由が「憲法条約がヨーロッパの失業を悪化させる」という点にあり，

EU と加盟国政府が一体になって進めてきた新自由主義的政策／社会開発の減速に対する市民の反発にあることが明らかとなっている)。

「ジェンダー平等」政策の推進　このように EU では2000年以降，新自由主義的政策と「社会的欧州モデル」をめぐるせめぎ合いが続く中で，むしろ基本的権利と社会政策としての平等政策推進への期待が高まってきていることが注目される。前述したとおり EU は，ジェンダー平等政策を，創立以来推進してきていたが，1990年代に入り，主としてスウェーデンやフィンランドなど独自の平等政策を推進してきた北欧諸国の加入により (1995年加盟)，これらの諸国の働きかけによるジェンダー平等政策が進展することになる。すなわち EU では，1995年のサンテール EC 委員長主導の下，EC 各機関との連携を強化して，ジェンダー主流化に関する全政策を上級レベルで議論することとされ，1996年 EC 委員会は，「全 EC の政策・活動への女性・男性の機会均等の組み入れについて」を採択し，前述した1997年採択のアムステルダム条約で男女平等（ジェンダー平等）の視点に基づく男女の機会均等を謳うこととなったのである（なお，EU のジェンダー主流化については加盟国間で差があり，この格差の解消が今後の統合拡大のなかでの課題といえる)。

特に2000年リスボン戦略以降は，積極的雇用政策としての潜在労働力の有効活動が課題とされるようになり，その一環として，2010年までに，EU 全体 (15〜64歳) ならびに女性の就業率をそれぞれ70％ (2000年時点で61％)，50％ (同51％) に引き上げる目標が定められ (なお，高齢者 (55〜64歳) についても2001年に，50％まで引き上げる目標が設定された)，雇用の機会を保障することにより，フル就業，仕事の質と生産性の改善，社会的結束と包摂の強化が目標とされるようになった。さらに EU は2001年，女性が労働市場に登場するためには，仕事と家庭の両立ができる環境整備が不可欠として，「貧困と社会的排除と戦う目的」をかかげ，具体的には，3歳児未満33％，3歳〜未就学児90％をカバーできるだけの「保育サービ

ス」を整備するという目標値を設定している。また雇用戦略と労働時間との問題については、いわゆるワークシェアリングやワークライフバランス政策を推進することにより、女性／高齢者の労働市場への参加や、男女平等／労働条件の改善が可能と考えられ、EUは1970年代半ば以降このような立場から、フレキシビリティに関する合意（新しい勤務スケジュール、労働時間の多様化など）や労働規制の企業や事業所レベルへの分権化の方向に向かっており、労働時間短縮は、フランス（2002年に法定労働時間を週35時間にしている）などを除くと、フルタイム勤務の労働時間の大幅な短縮が実現した例は稀であり、多くの国では、パートタイム労働の増加により柔軟な労働組織を実現し、そのうえでパートタイムやその他の非典型労働者に対する均等待遇対策を進めている。

しかしながら労働時間の現状は、多くの男女の希望を満たしておらず、特に長時間フルタイム労働は、家事や育児などと両立に適していないだけでなく、健康上も望ましくないと考えられている（欧州16カ国の平均では、男性が希望する労働時間は週36.5時間、女性は週30時間である）。

またパートタイム労働の拡大に伴い、これらの仕事の質が問題とされている。すなわちパートタイム勤務は自分のキャリアや雇用をめぐる権利にマイナスとする可能性が高く、育児や学習などの期間を限って希望する傾向があり、育児と仕事のバランスなどの制約的な状況の中でやむを得ず選択されがちである。

そこでパートタイム労働の質の向上により、パートタイム労働者の雇用増をめざし、1997年、パートタイム労働の差別禁止と労働内容の向上を内容とする「パートタイム指令」が出され、各国で国内法による対応が行われている。

しかしながら、2002年現在女性の雇用率は55.6％であり、男女の雇用率の差（17.2％の差）は依然として大きい。教育水準の低い女性や高齢の女性の雇用率は依然低く、また小さな子供を持つ女性の

雇用率は子供を持たない女性より12.7%低い（他方，子供を持つ男性は子供を持たない男性より雇用率が9.5%高くなっている）。

他方経済のグローバル化の中で，ヒト／モノ／カネ／サービスの移動が進展するにつれ，基本的権利の平準化と労働条件の向上が無視できない課題となってきている。特に，基本的権利については，2000年12月に「EU基本権憲章」が公布され，同憲章は，尊厳／平等／連帯／市民権／司法の6章から構成され，これらの条項はその後，前述した憲法条約，2007年策定の「改革条約」に引き継がれている。

他方，EU加盟国の憲法や他の基本法には，概して平等な処置の原則が含まれていたものの，その定義や適用範囲については加盟国により異なっていたことから，この分野において最低水準の保護を確保し，EU域内の全ての人々にとって機会均等を促進するために，2002年EUレベルで特別な反差別法令が発布された。反差別法令は，一般雇用均等指令と人種・民族均等指令の2つの要素で構成されており，前者は，男女差別だけでなく，人種／民族／宗教／信条／障害／年齢／性的指向などを根拠とした雇用差別（嫌がらせを含む）を禁止する画期的なものであり，後者は，人種／民族的出身に絞って，雇用分野のみならず，教育／文化／財／サービスなどの広範な領域に亘る差別を禁止するという野心的なものであり，しかも加盟国は，遅くとも2006年12月までに，これらの反差別法令を実施し，国内法に置換することが義務づけられたのである（小宮文人・濱口佳一郎［2005：251］）。

しかしながら，このようなEUレベルでの反差別に関した取組みにもかかわらず，その後の調査でも，広範かつ深刻な差別の存在も明らかとなってきた。そこでEUは2007年を，「万人のための欧州機会均等年」と位置づけ，同年1月ベルリンで初の平等サミットを開催し，それに先立つ2006年，EUレベルで，差別に関する広範な実態調査を実施した。同調査による回答は加盟国により大きく異

なっているが，共通しているのは，欧州市民の64％が，自国において差別がいまだ横行しており，その撲滅が必要と回答しており，また，6割〜8割の人々が，ロマ人／高齢者／民族・エスニシティなどが社会的に不利な立場におかれていると回答している。性差別については，大多数の人々が，女性の管理職や国会議員が少なすぎ（77％，72％），職場においては，障害者や中高年齢者が少なく（74％，72％）。さらに，就職に際して不利な要素として，障害と年齢を挙げ（いずれも80％），家族責任が女性の管理職登用の妨げとなっていると回答している（68％）。他方，前述の反差別法令の存在や権利行使方法を知っている者は約3割にすぎず，情報開示，キャンペーン等により，平等／反差別の政策を推進する必要性を強調している（EU［2007］）。

EUはこのような「万人のための欧州機会均等年」に引き続いて，2010年には「排除と貧困と平等な欧州年」を設定している。このようにEUは，「経済開発」と「社会開発」の両政策のバランスのうえに「ヨーロッパ社会モデル」推進を図ることにより，ジェンダー平等政策を推進しつつあるといえよう。

このように国際社会は，グローバリゼーション／新自由主義の隆盛の中で，数々の困難を抱えつつも，ジェンダー平等政策を推進してきているといえよう。

### (6) 家族・社会保障などの現状

このように20世紀後半の「社会」の変容はさまざまな分野での近代の本格化をうながしている。そこで，本章では家族／社会保障／女性の身体について述べ，以章で労働について改めて詳論しよう。

**「家族」の変容**　近現代社会の家族のモデルとされる夫婦と未成熟の子を中心とした家族制度は，19世紀初頭のフランス民法（1804年）に淵源を発するものであるが，そこでの実態は夫と父の権力を特徴とする典型的な「家父長的」家族制度であ

り，このような特徴はその後19世紀後半制定のドイツ民法や日本民法にも踏襲され，さらに日本民法は「戸主」の強大な権力を加えた「家」制度として20世紀中葉まで存続した。しかし第二次世界大戦を契機として，わが国の家族制度は，個人の尊厳と両性の平等をうたった憲法（13条，24条）の理念に基づいた民法の親族・相続編の大改革によって再編させられ，その内容は当時の世界の先端に位置づけられるものであった（もっとも男女別婚姻最低年齢や妻のみの再婚禁止期間等，平等原則からみて不十分なものもあった）。

やがて20世紀後半に入り，社会の変化の中で西欧諸国を中心に多様なライフスタイルの選択を求める動きが生ずるようになり，異性愛を前提とした家族とは異なるものとして，婚姻と妊娠，出産，性関係とを切断した人々の「自由結合」（例えばホモ，レズ，同性婚など）を前提とした婚姻制度の「脱制度化」現象が進行するようになり，このような状況に応えるべく，近年同性婚等の法的承認がなされつつある（例えばスウェーデンでは1988年同性の内縁を公認し，フランスでは1999年民事連帯契約（パクス法）により同性のカップルを法的に承認し，ドイツやオランダでは2001年相次いで同性カップルの結婚を合法化するようになっており，アメリカでは今日同性婚法をめぐって国論を二分する状態となっている→Q1）。

他方わが国では憲法が「婚姻は両性の合意のみに基づいて成立する」（24条）と規定されているが，婚姻手続は戸籍法の手続に従ってなされ（届出婚主義，民法739条，戸籍法74条），夫婦の氏につき同一の「氏」を称するものとされ（同氏同戸籍，一戸籍一夫婦，三代戸籍禁止の原則），その結果ジェンダーの組み込まれた男性優位の社会関係の中で，女性は事実上夫の「氏」を名のることを余儀なくされていた。これに対して1980年代ころから，個人の呼称としての「氏」を自ら決定する権利を求める運動がおこるようになり，1985年批准された女性差別撤廃条約でも，夫と妻の同一の個人的権利として「姓及び職業を選択する権利」が含まれることとされ（16条1

項g），爾来今日まで夫婦別姓や選択的別姓の立法化が絶えず俎上に登るようになっている。

また離婚制度についても，西欧諸国を中心に，宗教上の制約等から近年に至るまで離婚の自由が認められていなかったが，1960年代以降，裁判所の関与により子供や配偶者に対する生活保障等のケアを条件として，いわゆる「有責主義」から「積極的破綻主義」へと移行するにつれ，わが国でも1987年，最高裁が一定の条件の下での有責配偶者の離婚請求を認めるようになり，さらに近年「5年別居」やいわゆる「1/2」ルールの導入構想が議論されている。

個々人のライフスタイルの多様化の進展に伴って家族形態の多様化が進行しているが，それと同時に「ジェンダー」の組み込まれた社会関係の中で，女性たちは今日でも政治，経済，雇用，市場，家庭等いたるところで劣位な立場におかれているのが現状があり，婚姻制度，とりわけ離婚制度の改革に際しては，このような現況の改善，変革が同時になされるべきである（ギデンス1992，三木他2003）。

**社会保障制度の変革** 20世紀後半に入り，経済構造の変動や世界的な規模でのグローバル化は各国に貧困の差をもたらすと共に，とりわけに女性労働者の生活環境に深刻な影響をもたらすようになってきた。一般に男性は自らの労働時間の大半の報酬を有償労働（paid work）に費やしているが，女性の大半は職場や自営業等の有償労働に従事するだけでなく，社会に組み込まれた「ジェンダー」の中で，家庭内での子供や高齢者のケア，家事労働，地域活動等さまざまな無償労働（unpaid work）に従事することを余儀なくされ，その労働の3分の1に対してしか報酬を得ておらず，女性は「世界の労働の3分の2を行っているにもかかわらず，収入は5パーセント，資産は1パーセントにも満たない」状態にあると指摘されている（ILO, 2004a）。しかも経済的貧困層（約10億人）の約7割が女性で占められ，近年ライスタイルの変化や離婚，単独世帯等の増加に伴って，母子世帯などの女性世帯主家庭が増加し，「世界

の全世帯の4分の1が女性世帯で占められて、これらが貧困層を形成しているが、それは労働市場における賃金差別や職種差別などのジェンダーによる障害のためである」と指摘されている（1995年第4回北京世界女性会議「行動綱領」）。日本においても母子世帯の平均収入は年間約250万円程度であり、高齢者女性のうち月収3万円未満が2割を占めている状態にある（図表5-④）。

このような世界的規模の「貧困の女性化」の解決は、女性の人権擁護と共に喫緊の課題になっており、上述の北京世界会議の「行動綱領」では、世界の女性たちの直面している12の重要分野の最重点課題として「貧困」の解決が上げられている。社会保障制度はこのような課題の解決策の最重要分野として位置づけられるものなのである（川崎他2000など）。

社会保障は20世紀前半に社会保険と公的扶助とを結合する概念として登場した社会システムであり、とりわけ1942年イギリスのヴェバリッジによる報告書「社会保険及び関連サービス」はその後の世界各国における社会保障の基本システムを形成することになったが、そこでは貧困の原因を「扶養の喪失」ととらえ、社会保障制度の中核を占める社会保険は、夫である男性労働者と妻である専業主婦がモデルの家族単位でとらえられいた。

しかし、20世紀後半に入り、産業構造の変容、経済のグローバル化やライフスタイルの多様化の中で新しいモデルが提唱されるようになっており、そのようなものとして例えば1984年、フランスのラロックがヴェバッジの社会保障モデルは今日では適切な生活保障を実現していないと批判し、新しいモデルとして「女性が社会で1人でも安心して生活していくことのできる『新しい生活スタイル』のモデルを構築すべきである」として、具体的には同居者が個人として受給権をもつ仕組みやあらゆるタイプの夫婦関係を前提とした社会保障制度の構築を提唱している（ラロック・レポート）。わが国でも1990年代に入り、ようやく「世帯単位から個人単位へ」という方

向性が提言されるようになったものの（1995年社会保障制度審議会勧告），依然として1980年に持ち出され，家庭基盤の充実，生活保護の適正化，児童扶養手当の重点化等を内容としたいわゆる「日本型福祉社会」論が社会保障システムの指導原理となっていると言えよう。ライフスタイルの多様化や高齢少子化が進行する中で，ジェンダーの組み込まれた社会関係の変革のためにも，上述した社会保障システムの再編成が急務となっているといえよう。

　社会福祉の分野では，公的扶助制度としての生活保護法が「補充性の原理」のもと親族（とりわけ夫）の扶養義務が優先されており（4条），さらに1981年，厚労省の「適正化通達」による受給手続の厳格化に伴って，要保護状態にある女性の受給を困難にしている（例えばドメスティック・バイオレンスにより別居中の妻が，受給申請をする場合，扶養義務者の夫に扶養照会がなされ，追跡されたりする例が跡を絶たない）。また高齢者介護についてみると，2000年4月から介護保険制度が実施されているものの在宅介護が中心とされ，その中でも家族介護の担い手である女性は大きな負担を強いられている状態にある。また社会手当についてみると，児童手当は国際的には一般に父親の所得にかかわりなく，母親と子供の生活を保障する独立の手当として母親に支給する方向にあるものの，わが国では「家計の主宰者」である父親に事実上支給される運用がなされ，また母子家庭等に支給される児童扶養手当は近年に至るまで婚外子への支給がなされない等，憲法上の法の下の平等原則に反する運用がなされてきた状況にある。

　次に現在の公的年金制度は，老後保障を目的として，国民年金と被用者年金（国民年金を基礎部分とし，比例報酬部分が積み上げられた2階建方式）の2本立によって成立しており，「国民皆年金」といわれているが，実際には国民年金の支給水準が低額であり（国民年金受給額は現在，40年加入で月額約6万7,000円程度であり，一世帯の生活保護費を下回っている），老後の安定的な生活保障を受けられる層

は，被用者年金を受給する第2号被保険者である男性サラリーマンと一部のキャリア女性に限定されており（その割合は50％以下），しかも妻が専業主婦（一定額以下のパートも含む）の場合，夫の所得に大きく依存せざるを得ないことになる。

　年金制度の改革は複雑な要素がからみ合っているが，社会的ネットワークとしての社会保険の充実を図るためには，全ての国民が同一の制度に加入することにより，安定しかつ人たるに値する生活保障にふさわしい受給を得られるようにすべきであり，そのためには基礎年金部分は税負担し（いわゆる「2階建」部分は個人負担を加味した年金にすべきであろう），年金制度は個人単位に一本化して遺族年金は原則廃止し，それにかわって児童手当等の社会手当を充実させることが必要であろう（加藤他2001など）。

　近現代の税制度は「公平」「中立」を原則とし，個人にかかわる所得は個人名で申告，納税するという個人単位の制度を採用しているが，わが国では配偶者（特別）控除制度等により実質的には世帯単位となっており，さらにいわゆる「103(130)万円の壁」の就労調整により「中立性」もそこなわれており，その結果，労働可能年齢にある女性の約3分の1（これらは主として，専業主婦，パートタイマー等一定額以下の所得の女性労働者）が税金等の負担をしていない状態にある。「男性＝主たる働き手，女性＝補助的働き手」という性別役割分担意識が広範に存続し，かつ家庭責任を負担する女性への支援が不十分な状況の中で，税や年金制度が女性に「中立的」でない現状においては，このような状態が急速に変化することはないであろう。

　女性の労働人口を増加させると共にキャリア形成を促進するためには，女性が働きやすい環境整備が必要であり，少なくとも税制度についてみると，個人単位を徹底させるべきであり，そのためには基礎控除を引きあげたうえ，配偶者（特別）控除，寡婦（父）手当や扶養控除等は将来的には廃止して，女性にとって「公平」「中立」

な税制にすべきであり、かわって社会手当を充実させるべきであろう。多様な生き方、働き方が出現し、カップルのあり方もプライベートな自由な選択となり、さらに高齢少子化が進行している社会状況の中では、公的制度としては、より「公平」「中立」性が徹底した制度にすべきであり、配偶者（特別）控除制度等による政策誘導の必要はもはやなく、また「扶養控除」等も結局高額所得者に手厚い保護となっており、本来の子育て支援の趣旨からそれており、むしろ社会手当を充実させるほうが有効な政策手段といえよう。

**女性の身体と暴力**　ジェンダーの組み込まれた社会において、女性がしばしば被害を受ける分野は「身体」に関してであり、今日では「女性に対する暴力」として克服の対象とされるべきであるとの認識を共有するようになってきている。女性は、身体に対する直接的な暴力としては性暴力、職場や教育現場その他におけるセクシュアル・ハラスメント、ストーカー、家庭においてドメスティック・バイオレンス等の被害を受け、また身体そのものが売春の対象とされたりするものとしては買売春、ポルノ、さらには女性の生殖に関するものとしては中絶、リプロダクティブ・ヘルス／ライツ、生殖医療等が問題とされている（R. クワラスワミ2003、角田2001、金城2002、京都YMCA・APT 2001など。身体に関するホットイッシューの問題としてセクシュアル・ハラスメント、ドメスティック・バイオレンス、ストーカーについては小島・水谷〔2004〕参照）。

### 図表1 年表 (1776〜1969)

(＊印は著者と書名)

| | |
|---|---|
| 1776 | アメリカ「独立宣言」 |
| 1789 | フランス革命　　　　　　　　　　　　　　＊O.グージュ『女性宣言』 |
| | フランス「人及び市民の権利宣言」 |
| | 　　　　　　　　　　＊M.ウルストンクラフト『女性の権利の擁護』 |
| 1973 | フランス女性結社禁止 |
| 1804 | ナポレオン法典 |
| 1816 | フランス離婚禁止 |
| 1839 | アメリカ(ミシシッピー州法)既婚女性財産法(妻の財産処分権承認) |
| 1848 | イギリス工場法(労働時間制限)　＊1869　J.S.ミル『女性の解放』 |
| 1857 | イギリス離婚法(裁判離婚承認) |
| 1868 | アメリカ憲法修正14条(平等条項)　＊1879　A.ベーベル『婦人論』 |
| 1870 | イギリス既婚女性財産法(妻の財産処分権承認) |
| 1884 | フランス裁判離婚承認 |
| 1893 | ニュージーランド女性参政権(世界初)　＊1911　平塚らいてう『青鞜』創刊 |
| 1908 | 日本刑法施行(女性のみ姦通罪,堕胎罪) |
| 1914 | (〜18)第1次世界大戦 |
| 1917 | ロシア革命　女性参政権 |
| 1918 | イギリス女性参政権(30歳以上) |
| 1919 | ILO憲章(ヴェルサイユ条約),産前産後女子使用条約(ILO3号),夜間女子使用禁止条約(4号→1934改正) |
| 1920 | アメリカ憲法修正19条(女性参政権) |
| 1928 | イギリス男女普通選挙　　　　　＊1929　V.ウルフ『自分だけの部屋』 |
| 1935 | アメリカワグナー法 |
| 1939 | (〜45)第2次世界大戦 |
| 1944 | ILO憲章(フィラデルフィア宣言),フランス女性参政権 |
| 1945 | 国連憲章　日本女性参政権 |
| 1946 | 国連女性の地位委員会 |
| 1947 | 日本労基法・日本国憲法・優生保護法,刑法(姦通罪廃止)・民法(「家」制度廃止)・戸籍法改正 |
| 1948 | 世界人権宣言 |
| 1949 | 人身売買禁止条約,米州人権宣言　＊1949　S.deボーボワール『第二の性』 |
| 1950 | ヨーロッパ人権条約 |
| 1951 | 男女同一価値労働同一賃金条約(ILO100号,90号勧告),難民条約 |
| | 　　　　　　　　　　　　　　　　　＊1949　M.ミード『男性と女性』 |
| 1952 | 母性保護条約(ILO103号) |
| 1953 | 女性の参政権に関する条約 |
| 1954 | 無国籍者地位条約 |
| 1956 | 日本売春防止法 |
| 1957 | 既婚女性国籍条約署名開放 |
| 1958 | 雇用・職業差別条約(ILO111号),日本人身売買禁止条約加入 |
| 1961 | ヨーロッパ社会憲章 |
| 1962 | 婚姻の同意・最低年齢・登録条約署名開放 |
| 1963 | 人種差別撤廃宣言,アメリカ同一賃金法　＊B.フリーダン『新しい女の創造』 |
| 1964 | 雇用政策条約(ILO122号),アメリカ公民憲法第7編(雇用平等),EEOCの創設,日本母子福祉法 |
| 1965 | 人種差別撤廃条約,家庭責任勧告(ILO123号) |
| 1966 | 社会権規約(A規約),自由権規約(B規約),選択議定書,アメリカ全米女性機構(NOW)設立 |
| 1967 | 女性差別撤廃宣言,イギリス妊娠中絶法,日本ILO100号条約批准 |
| 1969 | 米州人権条約,イギリス離婚法改正 |

*181*

## 図表2　年表（1970〜）

(＊著者と書名)

|  |  |
|---|---|
| 1970 | イギリス同一賃金法　　　　　　　　　　　　　　　　　　　　＊1970　K.ミレット『性の政治学』 |
| 1971 | アメリカ ERA（→82廃案），アメリカ連邦最高裁「間接差別」判決 |
| 1972 | フランス同一賃金法　　　　　　　　　　　　　　　　　　　　＊1972　田中美津『いのちの女たちへ』 |
| 1973 | アメリカ連邦最高裁妊娠中絶判決 |
| 1974 | スウェーデン育児休暇法 |
| 1975 | 第1回世界女性会議（メキシコ），国連1976〜85「国連女性の10年—平等，開発，平和」宣言，イギリス性差別禁止法 |
| 1976 | EC 均等待遇指令，民法改正（婚氏続称制度），日弁連「女性の権利に関する委員会（→1993，両性の平等に関する委員会）」 |
| 1979 | 女性差別撤廃条約　日本A規約，B規約批准，日本女性学会 |
| 1980 | 第2回世界女性会議（コペンハーゲン），民法改正（配偶者相続分増加） |
| 1981 | 家族的責任平等条約（ILO156号） |
| 1982 | 女性差別撤廃委員会（CEDAW）　　　　　　　　　　　　　　＊1982　C.ギリガン『もう一つの声』 |
| 1984 | 拷問等禁止条約，EU 女性のための PA 理事会勧告，日本国籍法・戸籍法改正（国籍の父母両系血統主義採用） |
| 1985 | 第3回世界女性会議（ナイロビ将来戦略）　日本男女雇用機会均等法（86.4.1施行），女性差別撤廃条約批准，労働者派遣法（86.7.1施行），生活保護基準額の男女差別解消，国民年金法改正（女性の年金権確立） |
| 1986 | 日本女性労働基準規則 |
| 1987 | アメリカ連邦最高裁 AA に合憲判決，日本最高裁有責配偶者の離婚請求認容，国際女性の地位協会 |
| 1988 | CEDAW 勧告，スウェーデン「同性婚」承認 |
|  | 　　　　　　　　　　　　　　　　　　　　　　＊1987　C.マッキノン『フェミニズムと表現の自由』 |
| 1989 | 子供の権利条約，日本国家公務員試験女性受験制限撤廃 |
| 1990 | 夜業条約（ILO171号），日本セクハラ裁判（静岡地裁） |
| 1991 | アメリカ公民権法第7編改正，フランス刑法改正（セクハラの刑罰化），日本育休法　＊1988　J.W.スコット『ジェンダーと歴史学』 |
| 1992 | 環境と開発に関する国連会議（リオ・デ・ジャネイロ） |
|  | 　　　　　　　　　　　　　　　　　　　　　　　　　　＊1990　J.バトラー『ジェンダー・トラブル』 |
| 1993 | 世界人権会議（ウィーン）ウィーン宣言「女性の権利は人権」，女性に対する暴力撤廃宣言，アメリカ家族・医療休暇法，日本パート労働法 |
| 1994 | パートタイム条約（ILO175号），国際人口・開発会議（カイロ）「リプロダクティブ・ヘルス／ライツ」 |
| 1995 | 第4回世界女性会議（北京）　日本 ILO156号条約批准，人種差別撤廃条約加入，最高裁婚外子差別合憲判決，育児休業法改正（→育児介護休業法へ） |
| 1996 | クワラスワミ報告「従軍慰安婦」問題，第1回子供の商業的性的搾取に反対する世界会議（ストックホルム），EU 理事会指令（育児休業），イギリス雇用権法（妊娠差別禁止） |
| 1997 | EU アムステルダム条約，男女雇用機会均等法改正（セクハラ，PA など，99.4.1施行），労基法改正（女性保護規定撤廃），介護保険法（00.4.1施行），国連経済社会理事会合意文書「ジェンダー視点の主流化」 |
| 1999 | 最悪形態児童労働廃絶条約（ILO182号），女性差別撤廃条約選択議定書，フランス民事連帯契約（パクス法）で同性婚承認，男女共同参画社会基本法，児童売春・ポルノ禁止法，拷問等禁止条約加入，改正男女雇用機会均等法施行，人事院規則10-10（セクハラ） |
| 2000 | 国連特別総会女性2000年会議（ニューヨーク），世界人口白書（ジェンダー差別克服を最優先課題），ILO 母性保護条約改正，子供の買売春・ポルノに関する子供の権利条約選択議定書，女性国際戦犯法廷，フランス「パリテ」法（政党候補者男女同数），韓国政党法改正（全国比例代表区と市・道議会候補者の30％以上女性），日本ストーカー法，児童虐待防止法，男女共同参画基本計画 |
| 2001 | 第2回子供の商業的性的搾取に反対する世界会議（横浜），ドイツ・オランダ「同性婚」合法化，日本 DV 法（02.4.1施行），最悪形態児童労働廃絶条約批准 |
| 2002 | 拷問禁止条約選択議定書，仏「姦生子」差別廃止 |
| 2003 | 改正派遣法，改正労基法 |
| 2004 | 改正育児介護休業法，性同一性障害特例法施行 |
| 2005 | 最高裁女子系排除入会権資格無効判決，人身売買罪（改正刑法）施行 |
| 2006 | 高齢者虐待防止法施行，セクハラ労災認定，改正均等法成立 |
| 2007 | 改正パート法成立，韓国戸主制廃止（08.1.1施行） |

**図表3 最近のILO総会における主要な議題・報告**

| | 主要議題・報告 |
|---|---|
| 1995年 | 第4回北京世界女性会議<br>国連世界社会開発サミット |
| 1998年 | ●職場における基本的原則と権利に関する宣言 |
| 1999年 | ●児童労働　　　　　　　　●母性保護<br>☆「ディーセント・ワーク」 |
| 2000年 | ●母性保護<br>○「職場の声」　　　　　　○「三者協議会」 |
| 2001年 | ●社会保障　　　　　　　　●協同組合の振興<br>○「強制労働の廃止」　　　○「女性の深夜労働」<br>☆「ディーセント・ワークの欠如を減らす」 |
| 2002年 | ●ディーセント・ワークとインフォーマル経済<br>●協同組合の振興　　　　　○「児童労働のない未来」 |
| 2003年 | ●雇用関係の範囲　　　　　☆「貧困に陥らずに働く」<br>○「職場における平等の時」 |
| 2004年 | ●移民労働者　　　　　　　☆「公正なグローバル化：ILOの役割」<br>○「社会正義のための組織化」 |
| 2005年 | ●若者労働　　　　　　　　●安全衛生<br>○「強制労働の禁止」　　　○「労働時間」 |
| 2006年 | ●雇用関係　　　　　　　　●安全衛生<br>○「児童労働のない世界」　○「労働監督」<br>☆「労働の世界におけるパターンの変化」 |
| 2007年 | ●グローバル化のもとでのILOの能力強化」<br>●持続可能な企業　　　　　○「職場における平等」<br>☆「持続可能な発展のためのディーセント・ワーク」 |

（注）　●総会議題　○報告書　☆事務局長報告

---

（注1）　ミノウは，アイデンティティ・ポリティクスについて論じた著作『私自身のためだけでなく（Not Only for Myself）』（1997年）において，様々な集団的アイデンティティ，すなわち関係性の中で，個人は自らのアイデンティティを形成すると論じている。尚，「切り札としての権利」についてはR. ドゥオーキン［1977，訳2001：53］参照。
（注2）　Bradwell v. State of Illinois, 83 U. S.（16 Wall）130, 1872, Müller v. Oregon, 208 U. S. 412, 1908.

（注3）「ジェンダー平等視点の主流化」戦略は，内容的には包括的な GAD アプローチであり，既に1980年代から世界女性会議や ILO などの国際組織で現れていたが，用語自体は，1995年4月第4回北京世界女性会議で採択された行動綱領ではじめて明記されたものである（注6）。即ち，同綱領は，女性の地位向上をめざして各国で設置されている機構は，「多くの場合，国の政治機構の中から外され，これらの機構は不明確な権限と，スタッフ，訓練，データ及び資料の不足，並びに国の政治的指導層からの十分な支援の欠如のためにしばしば活動を妨げられている」（パラグラフ196）という現状認識に基づき，

「201，「女性の地位向上のための国内本部機構は，政府内部の中心的な政策調整単位である。その主要な任務は，政府全体にわたって男女平等の視点をあらゆる政策分野の主流におくことへの支援である。そのような国内本部機構が効果的に機能するために必要な条件には，以下のものが含まれる。

(a) 政府内の可能な限り最高レベルに位置づけ，閣僚の責任下に置くこと。

(b) 草の根から本格的なものに至るまでの非政府機関及び地域社会の機関を巻き込むことを目的として，適当な場合，多極分散された立案，実施及び監視を促進する制度的な仕組み又は過程

(c) 予算及び専門的能力の観点から十分な資源

(d) 政府のあらゆる政策の開発に影響を与える機会

202，女性の地位向上を促進するための機構の問題に対処するに当たり，政府その他の行為者は，決定がなされる前に，それが女性及び男性それぞれに与える影響の分析が行なわれるように，全ての政策及び計画の中心にジェンダーの視点を据える，積極的で目に見える政策を促進すべきである。」

とし，戦略目標として，①国内本部機構その他の政府機関を創設又は強化すること，②法律，公共政策，計画及びプロジェクトにジェンダーの視点を組み込むこと，③立案及び評価のための男女別のデータ及び情報を作成・普及することを要請している（政府に①②③の全てを，国内本部機構に②を，国連に③を戦略目標とすることを定めている。同203～209）。

（注4） http://www.ilo.org/public/english/bureau/gender/newsite2002/about/audit.htm.

(注5) 新自由主義を唱導したいわゆるシカゴ学派の総帥であったM. フリードマン（2006年死去）は，ハリケーンが直撃し，壊滅状態状況になっていたニューオリンズの惨状の直後に，ウォールストリートジャーナルに寄稿した論文で，「これは悲劇だ。しかし同時にまた教育システムの抜本的改革のチャンスでもある」と述べ，バウチャー制の導入を提唱し，彼の年来の主張である学校の民営化／チャータースクールの大規模導入の提言をし，これに対して，N. クラインは，学校教育への新自由主義の導入として激しく批判している（Klein, N. [2007：4]）。

(注6) 「世界社会開発サミット」の宣言及び行動計画についていは，http://www.unic.or.jp/centre/pdf/summit.pdf 参照。

(注7) http://www.ilo.org/public/japanes/region/asro/tokyo/standards/declaration.htm.

(注8) EC 条約第141条は，加盟国が男女の賃金に差別を設けることを禁止し（第1項），また，男女の機会均等や，職業・雇用問題に関する男女平等，賃金の平等を達成するために必要な措置を講じる権限を EC 理事会に与えた（第3項）。この規程が適用される以前，雇用における男女平等は全ての加盟国で保障されていたわけではなく，例えば，1973年加盟のイギリスやアイルランドでは，賃金に関する男女の平等は保障されていなかった。その後，EC 裁判所の一連の画期的な判決に後押しされ，この原則は EC 内で貫徹されるようになっていく（柴山他編 [2004]）

(注9) EEC 条約には，当初より，男女同一賃金規定や各国の有給休日制度の均等維持規定に加えて，労働時間と割増率の均等待遇に関する議定書が，フランスの提案により付けられていた。1970年代に入り，EC での社会対策の進展につれ，1975年には「週40時間労働及び4週間の年次有給休暇の原則に関する理事会勧告」が採択されている（いずれも各国の任意の履行にゆだねられていた）。なお，ソーシャル・ダンピングとは，長時間労働等の劣悪な労働条件や社会条件をもとに，生産能率に比べて賃金水準を低位に保つことによって安値輸出をしていることに対する非難の言葉であり，第二次世界大戦前，日本綿業が世界市場へ進出した時期に，イギリスの紡績資本家が用いたことばで，当時イギリスでは，自国よりも劣った労働条件で生産された商品の輸出をソーシャル・ダンピングと規定していたことによる。しかし，一

般に生産力と労働条件はほぼ比例することから，低賃金で劣悪な労働条件は低生産性と結び付き，国際競争上，高賃金・労働条件の国が特に不利になるものではないが，労働集約的商品の生産は，先進工業国では衰退産業に属するもので，後進工業国との競合をおそれて，自己防衛のためにソーシャル・ダンピングと非難する面があるといえよう。

(注10) 当初の EC 条約には，基本権——財産権，人格権，表現の自由，団結権，裁判を受ける権利など——保護に関する規定はなく，そのため，初期の EC 裁判所の判例では，基本権の保護が重視されず，ドイツ連邦憲法裁判所などから批判を浴びた。そこで EC 裁判所は，法の一般原則として，基本権保護の必要性を認めるようになり，この判例法は，1993年発効のマーストリヒト条約（EU 条約）の中で明文化されるに至った（第6条第2項。尚 EC 裁判所の管轄権は，1995年のアムステルダム条約によってである）。

# 第3章
# ジェンダーと雇用の法

1 はじめに
  (1) グローバリゼーションと女性
  (2) 雇用社会の変容と女性労働者の現状
  (3) ジェンダー平等への取り組み―世界と日本

2 「ジェンダー」と雇用社会
  (1) ジェンダーと「規範」
  (2) フェミニズムの雇用社会分析(その1)
  (3) フェミニズムの雇用社会分析(その2)

3 「ジェンダー平等」な雇用社会の構想とは?
  (1) 「ジェンダー平等」な雇用社会
  (2) 「ジェンダー平等」な規範とそれを目指す雇用社会の法政策は?

4 日本の「男女雇用平等」法制の歴史
  (1) 雇用平等法制と均等法
  (2) 均等法以前
  (3) 均等法以後

5 ジェンダーと雇用の法の「未来」は?
  (1) 改正均等法(第3ステージ)の役割・インパクトは?
  (2) 平等待遇・収入,反周縁化の実現を目指して
  (3) 「ワーク・ライフ・バランス」―「労働時間短縮・平等余暇」「ケア支援」の規範構築を目指して

6 おわりに―「ジェンダー規範」から「ジェンダー平等」な規範の実現を目指して

グローバリズム／新自由主義は，一方では社会全体における格差拡大／貧困や社会的排除を招来しており，フェミニズムはこのような潮流に対して，前章で述べたとおり平等／機会均等／ディーセント・ワークをキーワードとした「ジェンダー平等」を対抗軸として対置し，具体的には，国際機関等の政策設定プロセスにおける「ジェンダー平等視点主流化」アプローチ，発展途上国を中心とした社会開発に際しての「発展の権利」アプローチ，雇用の分野における「ディーセント・ワーク」アプローチ，さらにはEU等が推進している「ジェンダー平等」アプローチなどを指摘でき，これらのアプローチがそれぞれ関連しあいながら，「ジェンダー平等」をめざしているといえよう。

　このような「ジェンダー平等」戦略は，事実上職場と家庭の両立を迫られている女性労働者の権利擁護と雇用世界における男女平等の実現という複合的なアプローチに支えられた戦略であり，今日このような複合的な戦略が，各国，国際機関共通の課題とされるに至っているのである。このようにジェンダー平等戦略が，各国において進められている中で，わが国においては，とりわけ雇用の分野におけるジェンダー平等戦略の立ち遅れが顕著となっている。現代の雇用世界における「ジェンダー平等」な規範形成とそれをめざす法政策は，何よりも「雇用」と「家族」の分野にまたがっており，いわばその部分的「融合」をめざすものであり，労働者であると共に市民としての権利を実現するものとして，そのためにはとりわけ労働法と社会保障法の共同作業が不可欠であり，「ジェンダー平等」な規範並びに法政策はこの分野における労働法と社会保障法との「融合」をもたらすものとなろう。

　そのためには，ジェンダーにとわられない規範，即ち，「ジェンダー平等」な規範の構築がなされなければならず，そのようなものとして，少なくとも平等待遇・収入，労働時間短縮・平等余暇，ケア支援，反周縁化，尊重の平等の諸原則を規範化していく必要があるということが明らかになったと思われる。しかしながら，わが国の雇用社会の特徴は，第2次世界大戦後次第に形成されてきた男女雇用平等法制が，未だにこれらの規範から著しくかけ離れた水準にあるということであり，その原因として，水準が低く実効性に欠ける法制のみならず，わが国の雇用社会をおおっている，グローバリズムや産業構造の変化に伴う規制緩和，新自由主義的政策と，その中で進展している雇用の非正規化・不安定化，長時間労働等が複合して「ジェンダー平等」な規範の実現を阻止している現状を指摘せざるを得ないのである。したがってわれわれの「ジェンダー平等」な規範実現に向けた戦略も，複合的なものでなくてはならず，とりわけ平等待遇・収入，反周縁化に向けての均等待遇原則の実現や，労働時間短縮，平等余暇，ケア支援を中核とする，いわゆる「ワーク・ライフ・バランス」尊重の推進等が強力に実施されなければならず，そのための法政策としては，労働と生活の両分野にかかわるものとして，労働法と社会保障法の共同作業が必要とされているのである。「ジェンダー平等」な規範の実現は，雇用社会における正義の実現を目指すものであり，それは必然的に「ジェンダー平等」な社会の実現を伴うものなのである。

## 1  はじめに(注1)

### (1) グローバリゼーションと女性

　東西冷戦の崩壊などに伴って1980年代頃より登場するようになった「グローバリゼーション／新自由主義」は、「近代」が前提とした資本主義／市民国家／国民国家のワク組を大きく揺るがしている。アメリカを中心とした「グローバリゼーション」は、世界経済を単一の資本主義／市場経済の世界へと変容させ、ヒト／物／カネが国境を越えて移動するようになり、他方では、福祉／公共サービスの縮小（「小さな政府」／民営化）や大幅な規制緩和、市場原理主義を特徴とする「新自由主義」にもとづく経済政策は、人々の貧富の差を拡大させ、いわゆる「ワーキング・プア」や外国人労働者の増加等を生み出し、安定的で同質的な市民社会を前提として成立している「国民」国家の概念を大きく揺るがすようになり、いわば「包摂型」社会から「排除型」社会へと進行しつつあるかの様相を呈している（前掲, J.ヤング）。このような中で、女性をとりまく社会環境もとりわけ、雇用、家族、身体に関して大きく変容しつつあり、わけてもグローバリズム／新自由主義の潮流は、雇用にもっとも大きな影響を与えている。そこで以下では雇用を中心に述べることにしよう。

### (2) 雇用社会の変容と女性労働者の現状

　1990年代以降、日米欧の先進諸国を中心に経済のグローバル化、産業構造のIT化・ソフト化等が急速に進展する中で前述したとおり、競争激化に伴うコスト削減や製品需要に迅速に対応するために、各企業では柔軟に活用できる労働者の需要が一層増加し、さらにわが国では2000年に入りいわゆる「小泉構造改革」の名の下で、新自由主義的政策に基づく規制緩和に伴って、いわゆる「勝ち組」「負け組」に代表される格差社会の急速な進展がもたらされるようにな

り、さらに近年では「ワーキング・プア」に代表される貧困層の増大の中で、雇用をとりまく社会の変容は女性労働者の雇用・労働現場に大きな変化をもたらしている。

このような状況の中で女性労働者は、過去10年間に世界全体で約2億人増加し、2006年には全労働力人口の約4割（約12億人）と過去最高記録を達成しているが、反面失業率も高く（8,180万人、男性6.1％、女性6.4％）、低賃金職種（約6億5,000万人）の約6割を女性が占め、しかもいずれの職種においても一般的に男女賃金格差があり（ILO調査の6職種では先進国の場合平均70〜80％）、看護や教育等の典型的女性職種でも女性の賃金が男性よりも低く、「男女均等」には程遠い状況にあり、また管理職に占める女性の割合は2〜4割に過ぎず（60ヶ国）、その増加の割合もここ数年ほとんど変化がなく、「役職が高くなればなるほど女性が減るという経験則が未だに健在」と指摘されている（ILO〔2007：16〕）。

この傾向は日本についてみるとより顕著になり、女性労働者の平均賃金は男性の65.3％にすぎず、その理由として、女性の就労が収入の低い分野に集中しているだけでなく、一般職種についても、例えば金融、保険業等にみられるように「男性が一般的に昇進につながる総合職として採用されるのに対し、女性の大半は一般職として採用され、その結果女性の大卒社員の大半は同条件の男性社員の53％の収入にすぎない」という、採用時点での事実上の男女間の取扱いの差異が広範に存在し、また昇進・昇格についても「日本では管理職の女性労働者が著しく少なく、女性の係長が11.9、課長が5.5、部長が3.2％にすぎず」、その結果「男性社員は同じ経歴の女性社員と比して6年〜10年の昇進の開きがある」等と指摘されている（ILO前掲）。このような男女間の職種・賃金格差や昇進・昇格格差等の中で、女性労働者が正規社員として「男並み」に働いて昇進・昇格等のキャリア形成をしようとしても男性労働者と同等の処遇を受けられないという、いわゆる「グラスシーリング（glassceilling)」の壁に直面し,他方では,家庭責任等の制約ゆえにパート派遣等の非正規雇用に参入せざるを得ない中で,女性労働者は身分差別や低賃金労働を余儀なくされるという状況にある。しかも,近年のわが国の雇用分野における規制緩和政策により,パートのみならず派遣・契約社員等の非正規雇用が激増しており,その結果,女性労働者の二極化も進行し,1995年には女性労働者に占める非正規社員の割合は約39%であったものが,10年後の2005年には約53%に達し(男性はこの間約9%→約18%),非正規が未既・既婚にかかわらず女性にとって「標準的」な働き方になってきているのである(図表1,章末(注2))。

これらは,基本的には社会に組み込まれた「ジェンダー」による性別役割分業論や特性論等により,もっぱら女性が家事・育児・介護等のいわゆる「ケア」責任を負担し,女性たちが自らの能力に応じた職業生活を十分に送ることができないという社会構造や,利益の極大化をめざす企業がこれらの構造を最大限利用しているという資本制社会特有の問題が複雑に絡み合って生じていると言えよう。今日このような社会構造・慣行システムの変革により,雇用等の分野における女性差別の克服が雇用・法政策の役割となってきており,具体的には,賃金や採用,昇進,昇格,退職等の雇用の全ステージ

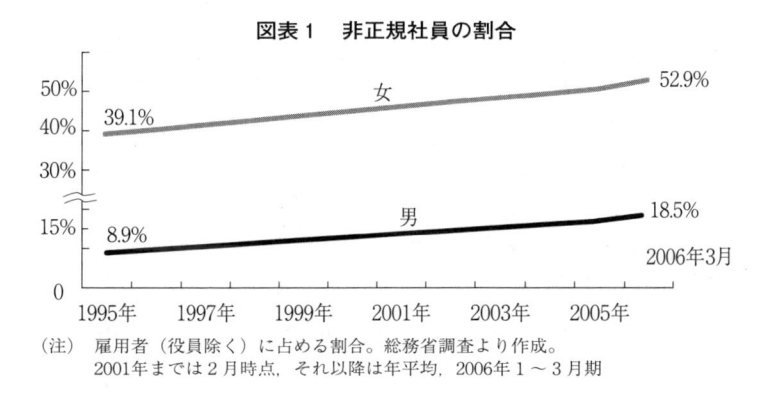

**図表1 非正規社員の割合**

(注) 雇用者(役員除く)に占める割合。総務省調査より作成。
2001年までは2月時点,それ以降は年平均,2006年1〜3月期

における男女の均等待遇(ポジティブ・アクションやセクシュアル・ハラスメントを含む)法制の実現,さらにはこれらの均等法制をサポートするものとして「ケア」責任との調和・充実を図る法制の整備,またはこのようなシステムの整備に連動するものとして,年金,社会保険等の社会保障制度や税制の整備・充実が不可欠となっているのである。

### (3) ジェンダー平等への取り組み——世界と日本

**さまざまなジェンダー平等戦略**　このようにグローバリズム／新自由主義は,一方では社会全体における格差拡大／貧困や社会的排除を招来しており,フェミニズムはこのような潮流に対して,前章で述べたとおり平等／機会均等／ディーセント・ワークをキーワードとした「ジェンダー平等」を対抗軸として対置し,具体的には,国際機関等の政策設定プロセスにおける「ジェンダー平等視点主流化」アプローチ,発展途上国を中心とした社会開発に際しての「発展の権利」アプローチ,雇用の分野における「ディーセント・ワーク」アプローチ,さらにはEU等が推進している「ジェンダー平等」アプローチなどを指摘でき,これらのアプローチがそれぞれ関連しあいながら,「ジェンダー平等」をめざしているといえよう。

このような「ジェンダー平等」戦略は,事実上職場と家庭の両立を迫られている女性労働者の権利擁護と雇用世界における男女平等の実現という複合的なアプローチに支えられた戦略であり,今日このような複合的な戦略が,各国,国際機関共通の課題とされるに至っているのである。

**「ジェンダー平等視点主流化」アプローチ**　まず,今日国際的に広く指向されるようになってきている「ジェンダー平等視点の主流化」——あらゆる政策,施策,計画等にジェンダー格差是正／開放の視点を組み込む——アプローチについてみてみよう。前述

したとおり1980年代に入り，国際社会では，男女間の不平等な機会や処遇，ジェンダーの埋め込まれた社会・経済構造や制度の変革，戦略的ジェンダー課題・ニーズへの対応の中で，WID アプローチにかかわって，社会的に不利な状況や立場にいる人々が主体的に社会参画し力をつけること（エンパワーメント）をめざす「ジェンダーと開発 Gender and Developement ／ GAD」アプローチが重視されるようになり，1985年第3回ナイロビ世界女性会議では，GAD アプローチにもとづく，「女性の地位向上のためのナイロビ将来戦略」が採択された（尚同年，わが国においても女子差別撤廃条約が批准された）。

さらに1990年代に入り，GAD アプローチを定着させる包括的な取り組みとして，「ジェンダー平等視点の主流化」戦略が提唱されるようになり，1995年第4回北京世界女性会議の「行動綱領」で同戦略は定式化され，2000年ニューヨーク国連特別総会「女性2000年会議——21世紀に向けての男女平等・開発・平和」では，行動綱領の実施状況の検討・評価が行われるとともに，更なる行動及びイニシアティブに関する検討が行われ，その結果が「政治宣言」及び「北京宣言及び行動綱領実施のための更なる行動とイニシアティブ」として取りまとめられ，あらゆる分野におけるジェンダー平等視点の主流化及び女性のエンパワーメントの重要性が，国際的に再確認されるに至っているのである。このように国際社会においては，ジェンダー平等への取り組みは，WID アプローチ→ GAD アプローチ→「ジェンダー平等の主流化」アプローチという流れの中で進展しているといえよう。

**男女共同参画社会基本法**　わが国でも，このような「ジェンダー平等視点の主流化」戦略は，1999年制定の男女共同参画社会基本法（以下「基本法」という）が，「男女共同参画社会の実現を21世紀の我が国社会を決定する最重要課題と位置づけ，社会のあらゆる分野において，男女共同参画社会の形成の促進に関する施策

の推進を図っていくことが重要」(前文3段)とされたことにより，その法的基盤が与えられ，2000年には，2010年までの長期的政策の方向性を示す「施策の基本的方向」と，2005年までの「当面の施策」を盛り込んだ「男女共同参画基本計画」が閣議決定され，これらの計画を推進する体制(ナショナル・マシーナリ)として，2001年内閣府に「男女共同参画局」及び「男女共同参画会議」が設置されると共に，内閣総理大臣を本部長とする男女共同参画推進本部が設置されて，日本における「ジェンダー視点の主流化」を推進するための制度的メカニズムが整備されることとなった。しかし，「ジェンダー平等視点の主流化」推進の制度的メカニズムの整備は，とりもなおさず，以下に述べる通り，わが国の現状が「ジェンダー平等視点の主流化」にとって多くの課題を抱えていることを示すものとなっている。

基本法は，「ジェンダー平等視点の主流化」の課題と方向性として，(1)男女の人権の尊重，(2)ジェンダーの組み込まれた社会制度や慣行の「中立化」への配慮，(3)公／私分野に亘る政策立案，決定への共同参画，(4)家庭生活と他の活動との両立，(5)国際的協調，という基本理念をあげ(3条〜7条)，これらの実現を国，地方公共団体のみならず国民の責務とし(8〜10条)，具体的には政府は男女共同参画基本計画，都道府県は男女共同参画計画策定の義務を，市町村は男女共同参画計画策定の努力義務を負うこととされた。

**積極的改善措置** ところでこれらの「計画」には「積極的改善措置」が含まれることとされ，同措置とは「前号(＝男女共同参画社会の形成)に規定する機会に係る男女間の格差を改善するため必要な範囲内において，男女いずれか一方に対し，当該機会を積極的に提供することをいう」(2条2号)と定義されたが，その具体的内容については基本計画の中で若干の言及があるものの，ほとんど示されていない(例えば国の審議会の女性委員につき，2005年度末までにナイロビ将来戦略で示された国際的目標である30％を達成

するよう鋭意努めるものとする等と定められ，同目標は2005年9月末日に達成したことから，翌2006年4月，国の男女共同参画推進本部は，さらに審議会等の委員会について，2020年までに男女いずれか一方の委員の数が，委員総数の10分の4未満とならない状態を達成するよう努め，当初の目標として，2010年度末までに，女性委員の割合が少なくとも33.3％となるように努めるとした他，従来，数値目標を設定していなかった専門委員等についても数値目標を設定している。ちなみに基本法には，男女共同参画会議の学識者議員のうち「男女のいずれか一方」が「議員の総数の10分の4未満であってはならない」とされている。図表2，章末）。

　ここで述べられている「積極的改善措置」は「実質的機会の平等」を実現する施策として，国連女性差別撤廃条約（4条1項）で社会的，歴史的性差克服の手段としての暫定的な特別措置として位置づけられて以来，ナイロビ将来戦略宣言や北京「行動綱領」等でくり返し追及されてきた課題であり，その拘束力に着目した場合，①特定の優遇政策を国や企業等に強制する形態（例えばEU議会選挙での比例代表候補者の男女交互名簿制，韓国での国会議員比例区女性候補者30パーセント制や，フランスの2000年「公職における男女平等参画促進法（通称パリテ法）等の「クォーター」制度），②特定の優遇政策を定めることを国や企業等に義務づけてその実現を奨励する形態（例えば使用者に対して，上位職種の女性管理職を30％にするという数値目標と実施に向けてのタイムテーブルを定めることを義務づけて，その実施を奨励するタイム・ゴール方式や目標値設定方式など），③特定の優遇政策を定めることを国や企業に奨励する形態等があり，これらの形態の中では，①が最も厳格な拘束力をもつものとして，実質的には「結果の平等」を追及するものであり，しかも他者の権利（機会）との衝突の可能性があり各国で憲法論争を引き起こしており，また③は実効性に欠けるものであり，結局多くの国では②が最も中心的に推進されている施策といえよう（浅倉2000：287，大沢2002な

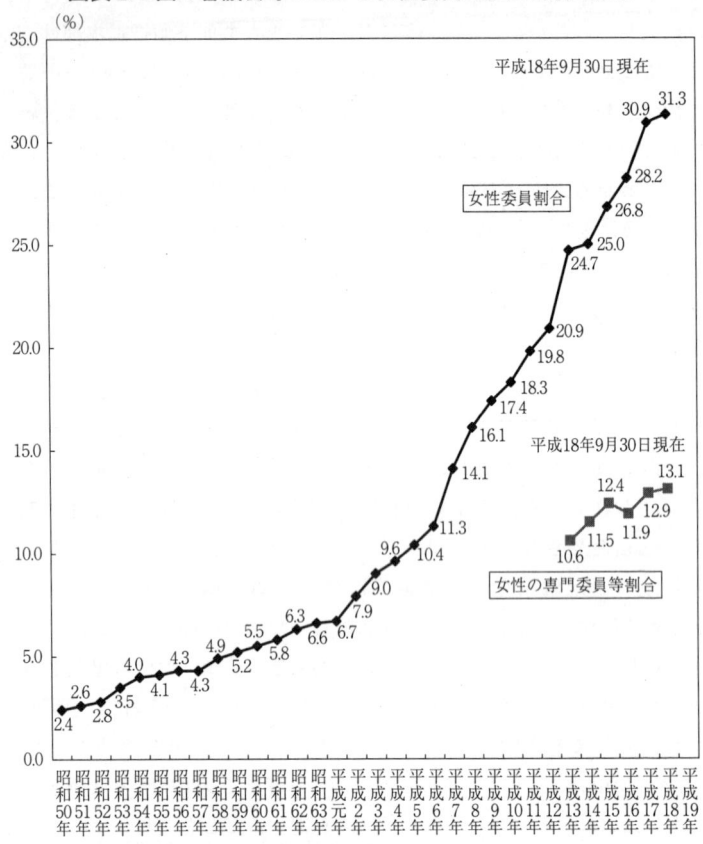

**図表2　国の審議会等における女性委員の参画状況の推移**

出所：平成18年11月内閣府男女共同参画局調べ
（※平成17年9月30日以前の調査における専門委員等数には臨時委員，特別委員及び専門委員のほかに試験委員が含まれている。）

ど）。

　その意味ではわが国の基本法並びに計画等の現状は③にとどまっており，実効的な「積極的改善措置」を実施するためには②を中心に推進すべきであろう（なお基本法制定に先行した1997年改正男女雇用機会均等法では，女性労働者に係る措置に関する特例として，

「事業主が,雇用の分野における男女の均等な機会及び待遇の確保の支障となっている事情を改善することを目的として女性労働者に関して行う措置を講ずることを妨げるものではない」(9条)として「積極的改善措置」が位置づけられたものの,同規定に基づいて「自発的」に「改善措置」を実施した事業主に対して,「国は(中略)相談その他の援助を行うことができる」(20条)とされたにすぎなかった。しかし基本法により,事業主も「国民」として職場において「男女共同参画社会の形成に寄与するよう努めなければならない」(10条)とされたことから,企業自ら「積極的改善措置」を計画実施する「努力義務」を負うことになったというべきであろう(注3)。

**「ディーセント・ワーク」アプローチ**　ILOがかかげているディーセント・ワークアプローチは,今日,雇用におけるジェンダー平等戦略にとって極めて重要である。

前述したとおりILOはいま,国際社会から新たに注目を浴びている。その転機となったのが,北京世界女性会議と同じ年である1995年にコペンハーゲンで開催された国連「世界社会開発サミット」であった。サミットは,これまで国際社会で強調されてきた「成長と安定」という考え方を転換し,貧困,失業,社会排除について10項目のプログラムを採択し,雇用と社会開発の分野においてILOの特別の役割を承認したのである。

かくしてILOはサミットの負託をうけた上記各項を実践すべく,1998年総会にて,「労働における基本的原則及び権利に関するILO宣言とそのフォローアップ」を採択し,「社会進歩と経済成長との関連性の維持に努めるに際し,労働における基本的原則及び権利の保障は,関係する者自身が自由に,その機会の均等を基礎として,彼らの寄与により生み出された富の公平な分配を主張すること,及び彼女らの人的潜在能力の実現を可能にすることから,特別に重要であ」ると宣言して,グローバリズム／新自由主義の潮流に抗する

姿勢を明確にしたのである。

　ILOは，さらにグローバル化のもとでこの基本的価値を実現するために，それまで進めてきた39のプログラムを，①職場における原則と権利，②雇用，③社会保護，④社会対話の4つの戦略目的に整理し，この戦略目的を集約するものとして，1999年総会で，ディーセント・ワーク（人間らしい労働）という新しい概念が打ち出したのである。ディーセント・ワークがはじめて提起された1999年総会で，ILO事務局長は，「女性と男性に対して，自由と平等，安全，人間としての尊厳という条件のもとで，ディーセントで生産的な労働への機会を促進すること」がILOの第一の役割であると強調したのであった。

　前述したとおりILOは早くから，女性が差別に苦しみ，劣悪な労働条件のもとで働いている問題を重視してきており，ILOの条約と勧告には，こうした視点が徹底して貫かれているが，ILOがジェンダー平等という表現を使用したのは，ディーセント・ワークを提起した1999年総会がはじめてである（世界の労働［1999, 10：24］）。この総会の事務局長報告は，4つの戦略目的を貫く重要な課題として，女性に対する平等を強調し，来る2009年の総会では，「ディーセント・ワークの核心におけるジェンダー平等」と題して，この問題が討議されることが予定されている（Servais, J-M. et, ed.〔2007：225〕）。

**グローバル・レポート
——職場における平等**

　また2007年開催のILO総会に提出されたグローバル・レポート『職場における平等』は，これまでで最も包括的な差別に関する報告書であり，性別，人種，宗教などの伝統的な形態から，年齢，性的指向，HIV（エイズウィルス）／エイズ状態，障害に基づくより新しい形態のものにまでとりあげ，「差別を克服する闘いにおける世界的な状況は，大きな進展と失敗の混在を示している」として，4年前に発行された最初のグローバル・レポート（2003年）以降の進展を紹介しつつ，

ILO加盟180カ国のほとんどが，差別に関する2つの中核的条約（100号，111号）を批准し，反差別法制・政策の形成に努めているとしている。

　同報告書の主要テーマの1つは，雇用と賃金において依然として残る男女格差の是正と，職場における責任と家族的責任を調和させつつ，報酬における性差別と性別職業分離に取り組む総合的な政策の必要性である。

　他方報告書は，「不平等，不安定，危険性がますます高まっているように見える世界において」，雇用での差別をなくす必要性は，4年前より緊急性を増しているとした上で，「所得，資産，機会の面で依然残る不平等は，差別対策に向けた行動の有効性を薄めており，この事態は投資と経済成長を打ち消す政治的不安定や社会的混乱につながる可能性がある」と指摘し，職場でのさまざまな差別を重視し，女性の賃金が男性のそれよりも低く，家族責任の負担が不平等に大きく，フルタイムの仕事を探すうえで不利な立場に立たされていることなど，雇用と賃金におけるジェンダー格差を暴き出し，それを是正する新しい政策が必要になっていることを強調している。また，今日世界の労働組合が，団体交渉の議題として焦点をあてているのが，差別撤廃と平等の実現であり，その中心にすわっているのがジェンダー平等であることを紹介している（ILO［2007］）。

　ところがこの点で，日本は大きく立ち遅れている。同じく2007年開催のILO総会に提出された条約勧告適用専門家委員会報告書は，中核的差別禁止条約である「同一報酬条約」（第100号）の実施状況について，男女賃金格差が縮小していない問題をあらためて指摘し，日本が条約を完全に履行するよう求め，また「家族的責任に関する条約」（156号）にかかわっては，遠隔地への転勤について家族責任に配慮するよう求めている。しかも日本は，同じく中核的差別禁止条約である111号条約を批准していないのである（ちなみに世界でこの条約を批准していない国は14カ国しかなく，「先進国」では日本と米国

だけである)。

　ところでILOは,労働者と使用者の代表が,政府の代表と同等の地位において参加する三者構成の国際機関であり,これが他の国際機関に見られない特徴となっている。三者構成の原則を採用することになったのは,その結成に当たり,多数の国の労働組合が,労働条件に関する国際的な討議に労働者の代表者を参加させて労働組合の意見を反映させることをつよく希望したからであり,そのうえで,労使の均衡を確保するために,使用者代表も会議に参加することとなったのである。すなわち,三者構成の原則がまず打ち立てられて,それによってILOが構成されたのではないということである。このことはILOの性格を考えるうえで,極めて重要な意味を持っている。例えば2007年の総会に提出された,ILOの能力強化に関する報告書は,「三者構成主義は,ILOの力とアイデンティティ(存在証明)の源泉である」として,あらゆる労働問題を,政府・労働者・使用者間の「社会対話」(三者協議または労使協議)の中核である団体交渉によって解決することを強調すると共に,「労使自治」の名によって,政府の役割や労働行政の役割が過小評価されてはならないとも指摘している。ディーセント・ワークの実現には,三者がそれぞれ責任を果たさなければならないが,なかでも政府の責任が重要だというのがILOの立場なのである。このような三者構成主義を重視するILOに対して,日本政府は,民間労組の約1割を占める全労連を各種審議会から排除するとともに,団体交渉の促進に関する条約を批准していない。この面でも日本の立ち遅れは顕著である。

　さて,ILO第288回理事会(2003年)は,「グローバル化の統治は,普遍的に共有される価値と人権尊重にもとづかなければならない」と声明を発し,2006年ILO総会における事務局長報告も,「ILOは中立の観察者であってはならない。ディーセント・ワークを促進するという使命を担っている」と強調している。国際労働基準を設定

し，各国政府にそれぞれ順守させるための監視活動をおこなうILOが，この面で主導的役割を発揮することがますます重要になっている。ILO憲章33条は，「加盟国がそれぞれの審査委員会の報告書または国際司法裁判所の決定に含まれている勧告を指定された期間内に履行しなかったときは，理事会は，勧告の履行を確保するための適宜と認める措置を総会に勧告することができる」と規定し，権利侵害とたたかう立場を明らかにしている。この点で，労働運動の力が決定的に重要となる。政府や使用者が条約の批准と条約・勧告の実施を怠ろうとするのに対して，批准と実施を迫っていくのは労働組合だからである。ILOは，条約の批准をせまる力としての労働運動を支えとするとともに，批准した条約の適用を確保する力としての労働運動をも支えとしている。労働組合はILOを積極的に活用し，労働者の権利擁護と生活向上のために奮闘することが求められるのであり，ILOは労働組合に活用されることによって強化されていくのである。

このようにジェンダー平等戦略が，各国において進められている中で，わが国においては，とりわけ雇用の分野におけるジェンダー平等戦略の立ち遅れが顕著となっている。そこで以下では，雇用にテーマをしぼってわが国における「ジェンダー平等」と法の現状を検討することにしよう(注4,5,6)。

## ②「ジェンダー」と雇用社会

### (1) ジェンダーと「規範」

今日フェミニズムは「ジェンダー概念」を用いて国内外の各種立法や制度整備のみならず，社会学，法学等の学問分野にも大きな影響を与え続けており，とりわけ雇用の分野においてもそのインパクトは大きなものがあるが，従来の法道徳，慣習等の「規範」の壁は未だに厚く，他方，1990年代以降，先進国を中心にグローバリズム

と共に勢いを増している新自由主義の潮流の中で，フェミニズムが唱える「ジェンダー」は，その「ラディカル」さに陰りがみられると共に，新自由主義との奇妙な「蜜月」ともいえる状況が生じていることは無視できないものといえよう。そこで以下に労働法学，社会政策学におけるフェミニズムの代表的論客である浅倉むつ子，大沢真理の所説をとりあげながらこれらの問題に検討を加えていこう。

## （2） フェミニズムの雇用社会分析（その1）……労働法・労働世界が想定する「労働者像」・「男性規範」とはどのようなものか？

**浅倉の「労働者像」** この点につきフェミニズムの立場から雇用世界における「ジェンダー」の問題について研究を蓄積してきた高名な労働法学者である浅倉むつ子は，「労働法が対象とする『労働』とは，あくまでも市場労働としての『ペイド・ワーク』であり，その中心的な担い手は男性だった。（中略）この典型的な労働者像は，社会におけるその後の大規模な変化によって大きく変容したものの（中略），労働世界に組み込まれている男性中心のジェンダー規範（=「男性規範」）に変化が生じたわけではない」と述べられ，このような浅倉の所説は極めて示唆に富むものであるが，同時にいくつかの問題点も含まれているように思われる[注7]。まず浅倉が述べる労働法の対象とされる「労働者」は，基本的には性中立的であり，そのことは浅倉自身も「労働者が想定する人間像は抽象的で中性的な『労働者』ではある」と認めているところである。

むしろ問題は，労働法が前提とする「雇用社会」の「典型的な労働者」像は何か？であり，そこにはどのような形で「ジェンダー」が規範化されているか？である。この点について，わが国の雇用社会で「典型」とされた「標準的労働者」とそこで成立する「規範」とは，浅倉が述べる通り，「夫が勤労者として働き，妻は家庭に

入って家事・育児・介護等に従事するという性別役割分業型の家族モデル」(浅倉2004.13)であり，ジェンダーの視点で見たとき，このような「性別役割分業型の家庭モデル」を規範化したものが，「男性(中心)規範」ということになる。ところでこの意味での「標準的労働者」とそれに基づく「ジェンダー規範(=男性規範)」は，民間部門のしかもいわゆる「終身雇用・年功賃金・企業別組合」に組織された，主として大企業の男性正規労働者のそれであり(後述する大沢が述べる「男性稼ぎ主」型モデル)，そこでは，第2次世界大戦後男女雇用機会均等法施行に至るまでの間，大卒の女性たちの大半は採用自体排除され，高卒以下の女性たちはもっぱら出産・妊娠までの短期間雇用として採用され，処遇においても基幹的業務につくことはできずもっぱら付随的業務に従事させられ，いわゆる男女別雇用管理が広範に行われたのである。他方企業から排除された女性たちは，教員，医師，薬剤師，看護師等の専門職として就職せざるを得ず，また公務部門においては，公立学校，病院等での看護師や教員等に女性たちが進出しており，そこでの賃金体系は民間企業とは異なり昇給査定を行わない職務給的年功給(職種・職務別年齢別賃率)があり，労働条件についても公務員法による平等取扱い原則がとられており，一応は男女平等の労働条件が措定されていた。さらにヨーロッパ諸国においては第二次世界大戦後しばらくの間は性別役割分業を前提とした「雇用世界」がつくられ，そこでの「典型・標準的労働者」は男性労働者であったものの，主として1970年代以降は性別役割分業の解消に向けた諸施策と労働市場のあり方を変容させる試みがEUレベルをはじめ各国レベルで行われてきており，とりわけ，北欧諸国では，男女両性の家事・育児労働負担と社会的労働参加とを支える労働法制，社会保障，税制が高い水準で整備され，社会の諸領域への女性の進出も大きく進んでおり，雇用世界における「典型・標準的」な労働者像は著しく変容をとげてきているといえよう[注8]。

このように浅倉が指摘する「典型的・標準的労働者」とそれ前提とした「ジェンダー規範」は，少なくともわが国の場合，民間大企業の正規雇用労働者に限定されていたのであり，そのモデルに合致しない広範な労働者を，労働法・雇用社会は対象としていたといわざるを得ないのである。

　　大沢の　　　この点につき，浅倉の長年の盟友でもあり，同じ
　男性規範　　くフェミニズムの立場からわが国社会の女性政策
に大きな影響力を発揮してきた社会政策学者大沢真理は，「ジェンダー視点を組み込んだ比較社会政策研究」の成果に基づき，社会対策システムの型には，男性稼ぎ主型，両立支援型，市場志向型の3つの型があり，これらは客観的な事実認識である以上に，「規範」として存在し，「日本の社会政策システムが強固な『男性稼ぎ主』型であることについては，諸説がほぼ一致している」としたうえで，「男性稼ぎ主」型の構成要因として，男性（それも大企業正規従業員の）のみを対象とする長期安定雇用・年功処遇制度，男女雇用平等に関する規制の長らくの不在等をあげ，このようなモデルは「『伝統的』なものではなく，高度成長以降に導入され」1980年代に仕上げされたものであると指摘している(注9)。

　ここでは，「男性稼ぎ主」型モデルは民間大企業正規従業員のそれであり，「規範」として「仕上げされた」のは1980年代に入ってからであると，その範囲・成立時期について限定が加えられて述べられている点が注目されよう。

　「ジェンダー　　浅倉と大沢がそれぞれ労働法，社会政策学とい
　規範」とは？　う学問分野の違いがあるものの，いずれも雇用
社会における「規範」に焦点をあてて，「男性中心のジェンダー規範（＝男性規範)」(浅倉)若しくは「男性稼ぎ主型」モデル（大沢）を論じている。

　言うまでもなく社会学上の意味として「規範」とは，法律，道徳，慣習等の束からなる人々の思考や行動様式の基準・準則のことであ

り，このような「規範」は，実態としてそれらが社会の「部分」や「平均」であるとしても，社会全体の思考や行動様式の基準・準則となっている場合には，そのような「規範」の成立が認められることになり，本稿との関連では，そのような「規範」「モデル」は，それを支える経済的・社会的・政治的背景が実態として存在することが前提とされ，「ジェンダー（男性）規範」は，経済的にはもっぱら夫若しくは父親が主たる「一家」の「稼ぎ主」であり，社会的には性別役割分業論というイデオロギーに支えられ，政治的には男性中心の政治活動に支えられていることを意味するものであり，この意味では，大沢の「男性稼ぎ主」と浅倉の「ジェンダー規範（＝男性規範）」は同一の意味を有するものと言えよう(注10)。

この問題につき，浅倉は「その（＝ペイドワーク）中心に位置するのは常に男性だった」（浅倉2004.8）と述べるのみで，その対象，成立時期等に触れることなく，しかも特段の根拠を示すことなく「ジェンダー規範（＝男性規範）に変化が生じたわけではない」とも論じている（同2006.21）。他方大沢は「男性稼ぎ主」型の日本での対象，成立時期について，より明確な根拠に基づいて指摘をしており，大沢の所説がより説得的なものと言え，この点については後に詳述することにしよう。もっとも大沢が述べるように「日本の社会政策システムが強固な『男性稼ぎ主』型であることについては，諸説はほぼ一致している」という点について，筆者も同じ見解に立つものであるが，なおこの問題については検討の余地が残っていると思われる(注11)。

### (3) フェミニズムの雇用社会分析（その2）……「男性規範」，「男性稼ぎ主」型は変化したのだろうか？

浅倉の見解　浅倉はこの問題について，「この典型的な労働者像は，社会におけるその後の大規模な変化によって大きく変容したものの（中略），労働世界に組み込まれている男性

中心のジェンダー規範（＝「男性規範」）に変化が生じたわけではない」と述べられる。浅倉はその根拠として，1980年代から90年代にかけての，「ジェンダー規範をゆるがす若干の変化」として，いくつかの法制度改正や裁判例や学説に現れた変化をあげ，具体的には「法制度としては，均等法の制定（1985年）と改正（1997年），それに伴う労働基準法上の女性労働者保護規定の見直し（1997年），育児休業法の制定（1991年），ILO156号条約の批准と育児介護休業法への改正（1995年），さらに続いた育児介護休業法の改正（2001年，2004年），男女共同参画社会基本法の制定（1999年）などがある」ものの，反面「ジェンダー規範の強化」として，1990年代以降の「規制緩和論」とバックラッシュをあげ，具体的には「労働者派遣法の度重なる改正による派遣事業の自由化（1999年，2003年），労働基準法改正による専門業務型と企画業務型の裁量労働制の導入（1987年，1998年）ならびに有期労働契約の期間制限の緩和（2003年）などの一連の法改正」，並びに「男女共同参画に対するバックラッシュとして『ジェンダー』という用語を使うことにすら嫌悪を示す政権党の中の動き」の中で，「少子化対策は逆に，かかるジェンダー規範を強化し，労働者の権利保障のための理論的素地をも根底から覆すものとして利用される危険性をはらんでいる。すなわち，『少子化基本法』が定めるように，家庭の役割が強調され，子育てに誇りと喜びを感じることが推奨されると，出産や育児へと個人を誘導する施策が強化されるだろう」（浅倉2006.23）と論じている。

**大沢の見解** 浅倉の見解に対し，大沢は「日本では，社会政策システムの「男性稼ぎ主」型が仕上げられた1980年代に対して，1990年代から『両立支援』型の施策が芽生え，2002年にいたって型の転換を予期させる動きが起こった」と指摘し，1990年代の育児・介護休業制度，労基法の「女子保護」規定解消，男女雇用機会均等法の改正強化，介護保険法，男女共同参画法基本法の制定等は，「両立支援」型システムの要素であるとし，さらに

2000年以降の「小泉構造改革」による税や社会保険制度の「個人単位化」や、内閣府男女共同参画会議の影響調査専門調査会による「『ライフスタイルの選択と税制・社会保障制度・雇用システム』に関する報告」の公表、厚生労働省による「少子化対策プラスワン」のとりまとめとその実施のための「次世代育成支援対策推進法」を指摘し、このような近年の「両立支援型」への移行が生じている要因を、「少子高齢化が加速するなかで、女性が労働市場にいっそう参入し、税・社会保険料を負担することが期待され、子育て支援の必要性が認められたこと」に求めている（ただし氏は、「男性稼ぎ主」型から「両立支援」型へと、型の転換を予期させる動きが見られるといっても、「構造改革全体としては規制緩和や民営化といった『市場志向』ベクトルが強く、『両立支援』が『市場志向』に呑みこまれる可能性は小さくない」という点も同時に指摘している。大沢2004, 58)。

**「ジェンダー規範」は変化したのだろうか？** このように「男性規範」「男性稼ぎ主」型モデルについて、浅倉は「変化が生じたわけではない」と主張し、大沢は「両立支援型」への型の移行の「萌芽」「可能性」を指摘しており、明らかに主張に相違がみられる。両者の違いはとりわけ「少子化」対策に対する評価にみられ、浅倉は規制緩和の諸政策に加えて、ジェンダー・バッシングが放置されている状況の下における「少子化」対策が、ジェンダー規範の強化に利用される危険性を指摘し、逆に大沢は「少子化」対策を「男性稼ぎ主」型からむしろ両立支援型への移行の重要な構成要素としてみている。大沢の見解がジェンダー・バッシングが今日ほど問題にならなかった時期に述べられたという時代背景もあろうが、少なくとも大沢は「男性稼ぎ主」型を「規範」として論じている以上、政治的・文化的背景をもったジェンダーバッシングをこのような「規範」を動揺させるものと捉えているとは思われず、今日においても同様の見解と思われる。

では、我々はこの問題をどのように捉えるべきであろうか。わが

国における「ジェンダー(=男性規範)」「男性稼ぎ主」型規範は現在どのような状況にあるか？それは変化がないのだろうか。あるいは変化しつつあるとすればどのような方向へなのだろうか。結論から言えば、浅倉が述べるように、「ジェンダー規範に変化が生じたわけではない」というのは、1990年代以降のわが国の雇用社会に生じている変化をみた場合に正確な評価とは思われない。何よりも浅倉が、1990年代以降の「規制緩和論」やそれに基づいてなされた労働者派遣法の改正や裁量労働制の導入、有期労働契約規制の緩和等の法改正を、「ジェンダー規範の強化」と位置づけている点は、これらの諸法規の改正が、不安定・非正規雇用の増加をもたらし、女性のみならず男性労働者も巻き込んで、今日、ニート・フリーターに代表される「雇用の劣化」現象が、年齢を超えて広がっている現象を見逃している点である。これらの現象は、結果としてこれらの労働に従事する労働者の「貧困化」をもたらすだけでなく、「男性稼ぎ主」型雇用社会における「男性中心」のジェンダー規範を支える経済的基盤をほりくずす重要な契機となっており、氏の見解はこれらの現状を十二分に直視していないと言わざるを得ない(注12)。

　他方大沢が述べるように「両立支援型」への転換を予期させる動きが起こっているとする認識にも賛同しがたいものがある。むしろ近年のわが国社会、とりわけ雇用社会における変容についてみたとき、1990年代以降の新自由主義潮流に基づく規制緩和政策や、2000年以降のいわゆる「小泉構造改革」は、制度的レベルでみた場合、若干の「両立支援」型の政策があるにもかかわらず、むしろ大勢としては新自由主義にもとづく「市場志向」型の政策をめざすものであり、このような諸政策の遂行により、規範的レベルでみた場合、少なくとも雇用社会においては、従来の性別役割分業を前提とした「ジェンダー(男性)規範」「男性稼ぎ主」モデルを支える経済的基盤である雇用の分野において、もはや夫や父親が主たる家計維持者足り得なくなり、「ジェンダー規範」の経済的基盤が崩壊しつつあ

ることを示しており、長期的には「ジェンダー規範」は崩壊過程に入っており、短期的にはしかしながらもそれにもかかわらず、社会全体に広範に残存する、社会的政治的背景に支えられた「ジェンダー」が依然として残存し、いわば規範の混在若しくは稀薄化の現象に陥っているというのが今日の状況といえるのではなかろうか。

　1980年代以降のME技術革新の中で、企業は経験や筋力の不要な女性雇用を進め、さらに1990年代以降のグローバリゼーションや産業構造のIT化・ソフト化の中でのパート、派遣を中心とした非正規雇用の急増、しかも2000年に入っての「小泉構造改革」によって、年齢層を問わず非正規雇用の比率が上昇し、前述した通り非正規雇用に占める女性労働者の比率が急速に上昇し、今や非正規雇用が女性の標準的雇用形態となり、しかも、男性労働者もこのような流れに巻き込まれ、今日「共働き」を前提としなければ結婚も生活もできない状態が作り出されている。このような今日の雇用社会の現状は、そもそも「男は仕事（ペイドワーク）、女は家庭（アンペイドワーク）」という性別役割を前提としたジェンダー非対称の規範を支える経済的基盤の急速な崩壊を意味しているといわざるを得ない。それに伴ってジェンダー規範は長期的には崩壊せざるを得ないのであり、この流れは、法制度レベルでみると、残業等の長時間労働規制やパートタイマー等への均等処遇（均衡処遇ではない！）原則や労働条件における男女平等（とりわけ男女賃金格差の縮小！）の目途もたたず、派遣、契約社員、フリーター等の不安定雇用規制もなされず、その結果、「低賃金、不安定、長時間過重」就労を強いられる労働者が男女共に増加しており、しかも近年の労働契約法制制定の動きやホワイトカラー・エグゼンプションを主とする労働時間法制改正の動きはこの傾向に拍車をかけるものであり、部分的には「少子化」対策等の「両立支援」型の政策がとられていようとも、全体としては「市場志向」型の諸政策がとられる中で、「規範」レベルでみると今日の雇用世界においては、長期的には「ジェンダー

（＝男性）規範」が崩壊過程に入っていると言えよう[注13]。

しかしながら社会に組み込まれた「ジェンダー（＝男性）」規範の影響は広範に残存しその影響力を保持しており，このような影響を受けて，短期的には雇用社会においても，崩壊しつつあるジェンダー規範を内在させながら，市場志向型の規範も強まりつつあり，いわば規範の混在若しくは稀薄化の現象が生じているといえるのではなかろうか？[注14]

では我々は，このような状況に対して「ジェンダー平等」な社会を構想するにはどのような方策が考えられるのであろうか？

## ③ 「ジェンダー平等」な雇用社会の構想とは？

### （1）「ジェンダー平等」な雇用社会

**ジェンダー平等の可能性？** ところで，崩壊しつつあるとはいえ社会全体の「ジェンダー」が依然として組み込まれている今日の雇用社会において，「ジェンダー」の「脱構築」はどのようになされるべきなのだろうか？浅倉氏はそれこそが労働法・労働法学の課題であり，そのためには労働法の「男性中心主義」を「解体」し，「女性中心アプローチ」に立つことによってこそ，労働法ひいては雇用社会における「ジェンダー規範」の「脱構築」ができるのであると主張し，具体的には，例えば間接差別概念の導入なども「女性保護規定撤廃に希求されている『男女共通の労働条件』を実現するための確かな一つの手法であると言えるかもしれない」と述べている（浅倉2006：23, 2004：9など）。しかし，このような主張は，今日の日本の雇用社会を前提とした場合に，リアリティをもったものとは思われない[注15]。

**二つのアプローチ** そもそも実践的には雇用におけるジェンダー平等，そして労働者個々人が「個性」として尊重される社会を構想する戦略は，労働法によってのみでは実現できず，雇用

社会全体を見据えた法政策、具体的には労働法と社会保障法との共同作業が不可欠であり、また氏の主張は、理論的には後述する通り「平等か差異か」という単線的アプローチに立脚したものであり、「ジェンダー規範」を「脱構築」した、新たな規範を確立するアプローチにはなり得ていないと思われる。男女平等な雇用社会を構想するに際しては、雇用と家族のいずれの分野においても「ジェンダー規範」にとらわれない法構想がなされるべきであり、その意味では、N. フレーザーが言う「ジェンダー公平 (gender equity)」な「規範」の構築がなされるべきであり、具体的にはいわゆる「差異のアプローチ」とも、「平等アプローチ」とも異なったアプローチが構想されるべきなのである(注16)。

では「ジェンダー平等」の基準となる「規範」とはどのようなものだろうか？前述したとおりフェミニスト達は、この問題を「平等と差異」という正義論と結びつけて論争をしてきており、ここでは「平等」とは、女性を全く男性と同じように扱うことを意味し、「差異」とは、女性と男性とは異なるとして女性を区別して取り扱うことを意味している(注17)。

前者の立場は、「雇用平等」規範・モデルに結びつき、このモデルは雇用における男女平等、女性雇用の促進と共に、出産、育児・介護等のケア・家族責任を国家・市場の直接サービスに委ねることを求めるモデルであり、雇用（ペイドワーク）の現場において、女性が男性に匹敵する条件でフルタイムで働くことができ、かつ一人で生活するに足る賃金を要求するために、ケア（アンペイドワーク）の責務から女性を解放することを目指すものである。したがって必然的に大部分のケア労働は家族から市場や国家へ移行されることになるものの、これらのケア労働は依然として女性や外国人労働者などで占められる可能性が高く（例えばホームヘルパーや保母など）、不安定雇用の促進を促しかねず、それを阻止し「雇用の劣化」を防止することが政策課題とされることになろう。しかもこのモデルに

おいては，より多くの女性がフルタイムでの労働を求める結果は，むしろより一層の長時間労働をもたらす可能性が高く，平等な余暇は実現すべくもない。またこのモデルは，女性と男性とを同じ規範順位に当てはめるものの，他方ではそのモデルに当てはまらない女性たちを排除することになり，大沢が述べる市場志向型モデルにより適合的な結果を招来し，何よりも「規範としての男性」を前提とし，浅倉が述べる通り男性中心主義を克服するものとなりえていない(注18)。

後者の立場は，「ケア責任平等」規範・モデルに結びつき，このモデルはフォーマル・インフォーマルなさまざまなケア手当支援を通して，家族責任の平等を図ることにウェートがおかれることとなり，前者と異なり大部分のケアワークを家庭内にとどめたまま，公的資金によってそれを支援するものであり，その目標とするところは，従来ケアワークを担ってきた女性たちの生活を男性たちの生活と同じにするのではなく，ケア支援手当の支給によりペイドワークと同等の地位を確保することにより，「差異に対して，犠牲を払わなくてすむようにする」ことをめざすものである。このモデルは，ケアを担いつつ労働を求める女性たちに応えるために，フルタイム，パートタイム，ケアワークの相互乗り入れというライフパターンを，犠牲を払わずに行うことを求めるものであり，必然的に労働時間短縮につながり，平等余暇を実現するものであるが，このモデルも，結果的にいわゆる「マミー・トラック」を認め，浅倉氏が述べる通り女性中心主義に立脚し，ジェンダーの「差異」に便宜を図るため，結果として「二重の基準」（性のダブルスタンダード）を設けることになり，男女の平等収入を促進できないばかりか，女性の周縁化を阻止することもできず，しかもこのモデルは，典型的女性性という本質主義的概念に親和的であり，女性を現在のジェンダー区分に閉じ込めるという結果をもたらすものである(注19)。

このように前者のモデルは「雇用」の世界における男女平等を促

進し,そのために「家庭」の世界におけるケアを国家・市場にいわばアウトソースするものであり,後者のモデルは「家庭」の世界に対する財政支援を通してケアを促進し,そのために「雇用」の世界における柔軟な労働を求めるものであり,いわば対極に位置するモデルであり,現実の政策はこれらのモデルの間にさまざまなスペクトルを作ることになろう。前者のモデルはアメリカ,イギリス等の国々でのリベラル・フェミニズムが指向するものであるが,現実にこれらの諸国では産業構造のソフト化・IT化等の変容の中で,労働の柔軟化が進展しており,いわば一家の稼ぐ主モデルでなく,企業にとって「意のままになる労働」を求める(「男性稼ぎ主」型モデルの崩壊)ものとなっており,しかもこのモデルは「雇用」「家庭」どちらの分野についても,国・企業に対して一層の財政・コスト負担を求めるものであり,結局のところは現在の新自由主義的潮流の中では,より多くの女性たちに,より一層の長時間労働と家族負担をもたらす可能性が強いと言えよう。また後者のモデルは,主としてEU諸国の労働組合,NPO等が指向するものであるが,ケアに対する国家の財政出動と雇用の柔軟性をもたらす制度の構築を必要とし,北欧諸国の一部で野心的な実験が試みられているものの,未だに端についたばかりのアプローチといえよう。

**第三のアプローチ** このようにいずれのアプローチも,「仕事と家庭」の両方の責任を担われている女性たちにとっては,より改良的アプローチであり,「ジェンダー規範」を改善する要素を含んでいるものの,女性に関連づけられている実践を男性にも行わせるに充分な価値を付与するものでなく,何よりも男性に変わることを要求していないモデルと言わざるを得ず,女性を男性と同等の「人」として市民社会に参加することを催促するものではなく,「ジェンダー平等」の観点からは「ジェンダー規範」の改革にとって不十分なアプローチと言わざるを得ない。したがって今日「ジェンダー平等」な規範を構想するに際しては,このような「平等と差

異」という単一の価値規範を想定するのではなく，複数の規範的原理を組み合わせた複合的な規範概念を構想すべきであり，その「標準的労働者」像は，女性のライフパターンを共通の規範とすることであり，N. フレーザーの言う「総ケア提供者モデル（Universal Caregiver Model）」はこの点で示唆的である。このモデルでは雇用における男女のダブルスタンダードをなくし，あらゆる職が，労働とケア提供者でもある労働者向けにデザインされることを要求するものであり，このようなモデルは当然のことながら労働時間の短縮を要求し，家庭責任であるケアワークは，公式，非公式に地域社会やNPO等を含む人々によって担われることが構想され，いわば「労働世界」と「家庭世界」との部分的「融合」をめざすものといえよう[注20]。

一家の稼ぎを得ることと，家事，育児，介護等のケアをすることがそれぞれ男性的，女性的とコード化され，別々の役割として「構築」されること（＝性別役割分業）が，現在の雇用社会において既にリアリティを失って崩壊過程に入っているにもかかわらず，現在のジェンダーを支える原理となっているとするならば，このような役割とその文化的コードを解体すること，いわばジェンダーの「脱構築」を通して，「ジェンダーの平等」を図ることが一層可能な段階に到達していると言えるのではなかろうか？ではこのような「ジェンダー平等」な規範とそれに基づいた雇用社会を実現する具体的な法政策はどのようなものなのだろうか？

## （2）「ジェンダー平等」な規範とそれを目指す雇用社会の法政策は？

現代の雇用世界における「ジェンダー平等」な規範形成とそれをめざす法政策は，何よりも「雇用」と「家族」の分野にまたがっており，いわばその部分的「融合」をめざすものであり，労働者であると共に市民としての権利を実現するものとして，そのためにはとりわけ労働法と社会保障法の共同作業が不可欠であり，「ジェン

ダー平等」な規範並びに法政策はこの分野における労働法と社会保障法との「融合」をもたらすものとなろう。そこで以下に「総ケア提供モデル」・規範に基づいた労働法，社会保障法における法政策上の指標をいくつか示すことにしよう。

　（ア）　平等待遇・収入の原則　　平等待遇・収入の原則は男女の「ジェンダー平等規範」にとって不可欠の原則であり，この原則は，雇用における男女の平等待遇・同一賃金の原則を推進するものであり，わが国では男女間の昇進昇格差別，賃金格差の是正がとりわけ喫緊の課題となる。

　（イ）　労働時間短縮・平等余暇の原則　　主たる家庭責任を負ってきた女性のライフパターンを共通の規範とするうえで，今日最も重要な政策は，男女共に家庭責任を担うことを可能にする「余暇時間」の創出であり，そのためには労働時間の短縮による「平等余暇の実現」が必要である。男女共に人間としての尊厳をもつライフスタイルを推進するに際して，長時間労働からの転換を図り，時間短縮による余暇の確保が必要であり，この原則は一定時間の休暇確定政策を推進するものであり，わが国に顕著な長時間労働を克服するためにこの課題はとりわけ不可欠な課題である。

　（ウ）　ケア支援の原則　　家族責任が男女によって平等に担われるようにするために不可欠のものであり，女性のライフパターンが規範化されたモデルにおいては，当然に男性も女性と共にケア労働を担うことが要請されることになり，その結果，「平等」モデルのように国家や民間にケア支援を求めることも，「差異」モデルのように女性のみにケア労働を求める必要もなくなるであろう。この分野はとりわけ労働法と社会保障法の共同作業が不可欠であり，労働者の育児・介護保障のみならず，これらのケアサポート体制の推進のために地域，NPO等のインフォーマル・組織も含めた推進が求められることになろう。

　（エ）　反周縁化の原則　　雇用世界における女性の周縁化を防ぐ

ために，とりわけパートと正規社員との均等待遇（均衡でない！）の実現が必要であり，また派遣等の間接雇用は抜本的に規制する必要がある。

（オ）尊重の平等原則　　女性が人間として尊重されるために，雇用における諸政策例えばセクハラ，家庭におけるDV規制等が必要である。

このような(ア)〜(オ)規範に基づく法政策は一体として推進されるべきであり，このような政策の推進によって，労働とケアが，家族・社会・国家に適切に分担され，雇用における「ジェンダー平等」な規範を実現していくことが可能となろう。

以上我々はこのような雇用世界における「ジェンダー平等」な規範を構想したわけであるが，わが国における現在の雇用世界における「男女雇用平等」法制は，このような規範との関係ではどのような状況にあるのだろうか？「ジェンダー（＝男性）規範」・「男性稼ぎ主」モデル並びに「ジェンダー平等」な規範とりわけ(ア)〜(オ)との関わりで以下にそれをみることにしよう。

## 4　日本の「男女雇用平等」法制の歴史

### (1)　雇用平等法制と均等法

わが国の「男女雇用平等」法制の歴史は，第二次世界大戦後成立の憲法，労基法並びに1980年代後半成立の男女雇用機会均等法などの一連の立法や諸判例，通達等によって推進されてきたが，雇用社会に深く根ざした「ジェンダー（男性）規範」に対して，近年に至るまで有効な規範や法政策を提示できず，むしろ1990年代後半以降のグローバリズムや規制緩和等による雇用構造の変化が，「ジェンダー規範」を長期的な崩壊過程に入らせるに至っており，他方「ジェンダー公平」の視点からは，前述した平等待遇・収入，労働時間短縮・平等余暇，ケア支援，反周縁化，尊重の平等等いずれの原則に

ついても，今日においても著しく立ち遅れている現状にあるといえよう。すなわちわが国の「男女雇用平等」法制は近年に至るまで「ジェンダー規範」に対して有効な規範，法政策を提示できていなかったが，1980年代以降のME革命等に端を発する産業構造の変化や，1990年代以降のIT化・ソフト化，さらには経済のグローバリズムの中で推進された規制緩和政策は，男女を巻き込んだ長時間過密労働やパート，派遣等の不安定雇用を進展させ，長期的にはジェンダー規範の崩壊をもたらす段階に入っているにもかかわらず，他方では今日雇用の分野において，労働時間短縮，ケア支援，平等待遇・収入，反周縁化等についてみると，未だに「ジェンダー平等」な規範形成からはかけ離れた事態が進展しているといえよう。そこでまずわが国の「男女雇用平等」法制の中核に位置づけられている均等法を中心としてこれらの規範の今日の到達度を検証してみよう。

## （2） 均等法以前

わが国の場合，1947年成立の日本国憲法が定めた「法の下の平等」（14条）の理念に沿って，労基法は均等待遇の原則（3条），男女同一賃金の原則（4条）を規定して，女性に対する賃金差別を罰則付きで禁止したものの，賃金以外の男女差別については何ら禁止規定をおくことがなかった（但し公務員法は性別取扱いを禁止している。国公法27条など。[注21]）。その結果，第二次世界大戦後もしばらくの間は，雇用世界においては戦前からの封建的家父長的雇用慣行ともあいまって広範な男女差別が温存されることとなり，浅倉氏のいう「ジェンダー（男性）規範」が雇用世界に深く浸透していくことになった。しかしながら高度成長に伴う女性の職場進出に伴って，このような差別的雇用慣行は次第に批判の対象とされるようになり，女子若年定年制や女子結婚退職制等の典型的な差別的雇用慣行について，裁判所は1960年代後半から，民法90条の「公の秩序」に違反するものとして相次いで違法無効判決を下すようになり，「ジェン

ダー規範」に対する批判的潮流が形成されるようになってきたが,依然として募集・採用,昇進昇格等雇用の中核的ステージにおいて女性は排除され続けており,ましてや平等待遇・収入,反周縁化からの脱却は望むべくもない状態であった(注22)。

また労働時間についてみると,戦後労基法は1日8時間労働・最低6日の年次有給休暇制度等によって労働時間規制を図ったものの,女性については母性保護,女性保護の名目でこれらの規制に関して保護の対象とされ,産前産後の休暇等の女性保護規定に加えて,時間外・休日労働制限,深夜業の禁止等の規制がなされ,また1975年制定の勤労婦人福祉法においても女性の育児における役割が重視される等,労働世界における「規範」は,社会全体における男性中心の「ジェンダー規範」が色濃く反映されるものであり,労基法等の雇用における法制がこれらの「ジェンダー規範」に対して果たした役割は極めて限定的なものにとどまらざるを得なかったのである。

### (3) 均等法以後

**均等法制定(第1ステージ)** やがて高度成長に伴う女性の職場進出の中で,このような雇用社会における「ジェンダー規範」への批判の高まりと,それに伴う女性差別判例の増加や国連女性差別撤廃条約批准に伴う国内法整備の一環として,1985年男女雇用機会均等法が制定されると共に,労基法改正により女性の時間外・休日労働制限や深夜労働禁止規制を緩和されることになった。均等法では,判例法理の到達点である定年,退職,解雇等について性差別を禁止されたものの,募集,採用や配置,昇進というキャリア形成の中核部分については企業の努力義務にとどめられ,これらの企業の努力義務は「同一雇用管理区分」内でのものとされたことから,「ジェンダー規範」の克服を目指した差別規制の効果は極めて限定的なものにとどまらざるを得なかった。さらに企業はこれらの流れに対して,均等法以前に広範に存在した「男女別雇用制度」

の代わりに，男女がそれぞれコースを選べるいわゆる「コース別管理制度」を導入するようになり，しかも従来の採用時以降の処遇格差を是正することなく放置された結果，昇進昇格上の男女格差が温存されることになり，また労基法上の女性保護規定等を理由として，大部分の女性は依然として事実上企業内において昇進・昇格というキャリア形成から排除され続けることを余儀なくされたのである(注23)。

さらに女性の福祉に反しないかぎりでの男女の均等確保が容認された結果（＝「片面性効力」。例えば「パート，女性のみ」とか「一般職，女性のみ」等の募集・採用が認められた），男女の職種分離が解消されないばかりか，同時期に制定された労働者派遣法で労働者派遣事業が合法化されたことともあいまって，パートに加えて派遣等の非正規社員が労働市場に参入する契機となり，しかもこれらの大半が女性労働者で占められることになっていき，より一層のジェンダー規範の形成が促進されることとなったのである。その結果，男女の平等待遇・収入，労働時間短縮・平等余暇，反周縁化等いずれについても「ジェンダー平等」な規範の成立が阻害されたばかりか，むしろその結果として大沢氏が言う，民間大企業中心の性別役割分担を前提とした「男性稼ぎ主」型モデル（若しくは浅倉氏の「ジェンダー・男性規範」）の確立に寄与するという結果を招来することになったのである。

しかしながら1990年代に入り，バブル崩壊とも相まって広範な女子学生の就職差別が発生する等，均等法の欠陥が明らかとなり，さらに「共働き夫婦」が女性労働者の過半数に達する中で，性別役割分業論を中核とする「ジェンダー規範」「男性稼ぎ主」型モデルや労基法上の「女性保護」規定が批判の対象とされるようになり，そのような中で均等法は第2ステージへと入っていくことになる。

**改正均等法（第2ステージ）** 1997年労基法改正により，女性の時間外・休日労働制限と深夜業禁止規定が全廃されて，

妊娠，出産に対する保護（＝母性保護）等のみが残されることになり，それと共に均等法も改正されて，募集，採用，配置，昇進等雇用の全ステージにおける差別取扱が禁止の対象とされ，「女性のみ」の募集等が違法とされて片面的性格が修正され，「男女雇用平等」法としての性格を強めると共に，ポジティブ・アクションやセクシュアル・ハラスメント防止規定（配慮義務）等が新たに規定された。しかし同法違反の制裁は実効性に乏しく，ポジティブ・アクションについては広報支援等の援助規定にすぎず，セクシュアル・ハラスメントを理由とする調停申請も認められず（もっとも2001年10月から，個別労働関係紛争解決促進法の施行に伴って紛争調停委員会による斡旋が行われるようになった），また「間接差別」についても，性別による差別的取扱いには，直接差別のみならず間接差別も含まれるとされて明文の規定が盛り込まれず，「男女雇用平等・性差別禁止」法としては限定的な内容にとどまった[注24]。

では「ジェンダー規範」・「男性稼ぎ主」モデルは第2ステージでどのような変容をとげることになったのだろうか？また「ジェンダー平等」な規範はどのように前進したのであろうか？前述した通り，「ジェンダー規範」は雇用構造の変化や規制緩和政策により，第1ステージの後半から既に長期的な崩壊過程に入っていたといえるが，他方「ジェンダー平等」な規範の形成はこの段階ではまだ緒についたばかりといわざるを得なかった。すなわち，1990年代後半以降の経済のグローバル化，産業構造のIT化・ソフト化は，女性労働の一層の戦力化をもたらすと共に，バブル崩壊後の経済停滞の中での雇用の収縮に伴い，終身雇用・年功賃金制の崩壊がはじまり，男女均等法制の欠缺が一層拡大することとなった。

**平等待遇の進展**　まず平等待遇・収入についてみると，均等法における「雇用管理区分」ごとの規制は，総合職・一般職等のコース別の就業形態や，パート・正社員等の雇用形態の異なる場合は差別取扱いの対象とされず，これらを理由とする昇進・

昇給・賃金格差等は均等法規制の対象外とされ、その結果いわゆるコース別の「総合職」から排除された女性労働者のみならず、均等法以前の男女別雇用管理下で採用された女性労働者達は、格差が是正されないまま、より一層昇進・昇給・賃金等の労働条件面で男性労働者と大幅な格差拡大を強いられることとなった。そこでこれに対するおびただしい数の裁判が提起されるようになったが、その中でもいわゆる男女コース別の違法性が争われた最初のケースである日本鉄鋼連盟事件の判決は、男女の昇給等の支給係数について男女差のある協定は民法90条違反で無効としつつ、募集・採用及びその後の処遇についての男女別取扱いは、性差別を禁止した憲法14条の趣旨に反するものの、女性労働者が採用された当時の公序に反するものでないとし、この判決がリーディングケースとなり、その後男女コース別制の下での男女間の採用区分・昇進・昇格・賃金など差別を争った裁判は、一審レベルではすべて原告側敗訴となった。

　すなわち住友電工事件、住友化学事件、野村証券事件、兼松事件、岡谷鋼機事件などでは社員の募集・採用は、労基法3条の定める労働条件に該当せず、採用後の男女コース別処遇が同法4条に直接違反するものではなく、企業には労働者の採用について広範な自由があり、原告はいずれも1986年均等法施行前に入社しており、1997年に均等法が改正されるまで、募集及び採用、配置及び昇進差別が禁止規定ではなく努力義務に止まっていたこと、改正均等法には遡及効果がないことなどを主たる理由として、1960年代から1999年4月1日の改正均等法施行に至る約40年間に限って、憲法14条の趣旨に反する差別的な男女コース別制は「公序違反にならない」とされたのである（いわゆる「時代制約」論。[注25]）。しかしながらこのような一連の判決に対しては、2003年6月ILO総会での審理や、同年8月のCEDAW（国連女性差別撤廃委員会）からの男女格差是正勧告がなされる等国際的「圧力」が強まる中で、2003年から2005年にかけて、野村証券、住友電工、住友化学事件などについて、高裁レ

ベルで相次いで均等法以前の男女雇用管理区分を含む格差是正の和解がなされるに至っており，「ジェンダー規範」の是正，「ジェンダー平等」の前提である平等待遇・収入原則の前進にとって注目すべき動きといえよう[注26]。

**規制緩和の進展** さらにこの間，派遣法の導入，改正など相次ぐ規制緩和により，パート・派遣等の非正規雇用に従事する女性労働者が増加し，その結果，男女の賃金格差のみならず女性間の格差も拡大することとなり，かくして，この分野における法的規制の必要性がようやくにして自覚されるようになり，1993年いわゆる「パート労働法」が制定され，事業主にパート労働者の適正な労働条件の確保，教育訓練の実施等パート労働管理の改善等のために一定の努力義務を課するようになっていたが，さらに一定の賃金格差を違法とする丸子警報器事件が出るに及び（同事件では，いわゆる「疑似パート」の賃金が同じ勤務の女性正規社員の賃金の8割以下となる限りで，使用者に許された裁量の範囲を超えて公序良俗違反とされた。[注27]），ようやくにして2002年7月，厚労省内に設けられた「パートタイム労働研究会」は，パート労働者の処遇格差改善を求める報告書（最終）を発表し，これを受けて2003年パート労働法8条に基づき「労働者の意欲・能力に応じた均衡処遇」（「均等処遇」でない！）を目指す指針改訂を公表し，「指針」でパート処置改善を図る姿勢を明らかにしたものの，このような「均衡処遇」を目指す法政策は，「ジェンダー規範」を克服するものではなく，むしろこの規範を前提とした施策であった[注28]。

ところがこの間にも，雇用の非正規化・不安定化，さらに女性も含む正規社員の長時間過密労働が進行し，他方残業等の長時間労働規制や労働条件における男女平等（とりわけ男女賃金格差の縮小！）の目途もたたず，派遣，契約社員，フリーター等の不安定雇用規制もなされず，その結果，「低賃金，不安定，長時間過重」就労を強いられる労働者が男女共に増加し，しかも近年の労働契約法制制定

の動きやホワイトカラー・エグゼンプションを柱とする労働時間法制改正の動きはこの傾向に拍車をかけ，男性労働者もこのような流れに巻き込まれ，今日「共働き」を前提としなければ結婚も生活もできない状態が作り出され，その結果「男は仕事（ペイドワーク），女は家庭（アンペイドワーク）」という性別役割を前提としたジェンダー非対称の規範を支える経済的基盤が急速に崩壊しつつあり，2005年度には合計特殊出生率が1.25へと低下し，いわば「出産からの逃避」現象が発生し，「少子化対策」が深刻な社会問題となり，就労環境の整備も急務となってきているのである<sup>(注29)</sup>。

このように「ジェンダー規範」の経済的基盤が急速にほり崩されてきたのが近年の特徴であり，他方では，「ジェンダー平等」としての規範についてみると，労働時間短縮・平等余暇，ケア，反周縁化，尊重の平等原則等いずれについても規範の進展はみられず，その意味では，大沢が述べる「両立支援」型への移行若しくは萌芽は，「男性稼ぎ主」型若しくは「男性規範」の崩壊の一面を述べているに過ぎないとも言えよう。そこでこのような状況に対して，より一層の「男女雇用平等」法制を求める動きが出てくることとなった。

**均等法改正（第3ステージ）** 2006年に改正がなされた改正均等法は，㈠男女双方差別を禁止し，片面性から完全に脱却すると共に，㈡差別禁止の対象に，配置，降格，職種・雇用形態の変更・退職勧奨・雇止めを追加してその範囲を拡大し，㈢「間接差別」を明文で禁止すると共に，その対象を省令で(i)募集・採用における身長・体重・体力要件，(ii)コース別雇用管理制度の「総合職」募集・採用における全国転勤要件，(iii)昇進における転勤経験要件の3要件に限定し，㈣妊娠・出産等理由の不利益な取扱いが禁止されて，解雇以外も対象とされると共に，妊娠・出産1年以内の解雇については使用者側に立証責任が課されることとされ，さらに㈤セクハラ対策について事業主の措置義務とされ，㈥実働性確保の一環として違反企業名公表の対象範囲を拡大し，過料規定の創設が盛り込

まれると共に，労基法に規定する女性に対する坑内労働規制の緩和がなされ，これらの改正法は2007年4月から施行された。

## ⟨5⟩ ジェンダーと雇用の法の「未来」は？

我々は，このように「男女雇用平等」法制の中核に位置づけられている均等法を中心として，雇用世界における「ジェンダー」規範の変容並びに「ジェンダー公平」な規範の進展について検討してきたが，「ジェンダー」規範は長期的には崩壊過程への道を歩み出しているものの，「ジェンダー公平」な規範については，未だ緒についたばかりと言わざるを得ない。では第3ステージに入った改正均等法をはじめとする雇用世界の法は，このような規範の変容並びに変革にどのようなインパクトを与えることになるのであろうか？それを最後にみていくことにしよう。

### （1） 改正均等法（第3ステージ）の役割・インパクトは？

**低水準の規制内容，実効性**　雇用世界における男女平等法制を実現するうえで，均等法が果たして来た役割は既に述べた通り大きいものがあり，今後ともその役割を果たしていくことが期待され，そのためには，均等法の内容の充実と実効性の確保が必要であり，そのような観点でみた場合，改正均等法（第3ステージ）は，差別禁止の対象が拡大され，妊娠・出産等を理由とする不利益取扱い禁止対象とされ，セクハラ対策が事業主の措置義務にされる等，規制内容に前進がみられるものの，いわゆる省令で規定される「雇用管理区分」内での差別のみに限定され，新しく導入される「間接差別」の規制内容も限定的であり，またポジティブ・アクションについては使用者に策定義務もなく，規制内容，実効性いずれについても低水準にとどまっていると言わざるを得ず，改正均等法が雇用世界に与えるインパクトはそれほど大きなものとはなり得ず，まし

てや「ジェンダー公平」な規範形成に寄与することも期待できないであろう。そこでまず第3ステージの均等法で最大の目玉とされている「間接差別」の評価から見てみよう。

**「間接差別」導入のインパクトは？** 間接差別法理は、歴史的には平等待遇・収入、反周縁化等の推進に寄与する法理の1つとして形成されてきたものであるが、改正均等法で導入される「間接差別」は、差別対象基準を限定している点で、国際的にみて特異な立法例であり、その結果実際に存在する「間接差別」の多くが事実上均等法に該当しないものとして排除される可能性が高く、雇用における平等法理を推進するインパクトは限定的なものにとどまらざるを得ず、「ジェンダー公平」な規範を推進する力とはなり得ないであろう。

そもそも国際社会は、雇用における差別につき、まず「直接差別」禁止法理を確立し、さらに近年は「間接差別」禁止法理を発展させつつある。雇用における性による不利益取扱いは、一般に他方（もっぱら女性）の性に不利益をもたらす使用者の雇用上の行為のことを意味しており、それは、賃金、採用、昇進、昇格、解雇に至る雇用の全ステージに亘るものであり、この形態には、特定の「性」を指標とする基準（例えば募集に際して、「男」「女」とか「カメラマン」「スチュワーデス」など）を用いる「直接差別」の場合と、特定の「性」を指標としない基準（例えば体重60kg、身長180cmなど）を用いる「間接差別」による場合とがあり、後者については、差別概念の進展の中で、1971年アメリカ連邦最高裁が確立した「不利益効果の法理（disparate impact theory）」が、その後1991年に改正公民権法第7編に明文化されたものである（703条(k)(1)）。同様の法理は、イギリスにおいても1975年性差別禁止法によって導入され（同法は雇用のみならず、教育、物品、施設、サービス等の広範な分野の性差別を禁止する先駆的な包括的性差別禁止法である）、同法では、男女に適用する同一の性中立的基準が、当該条件を充足し得る女性の

割合が,それを充足し得る男性の割合より「相当程度小さく」,条件不充当により女性に不利益をもたらすような場合,使用者らがその行為について正当であることを証明できないかぎり原則として差別取扱いが成立するとされ(1条1項b),同法に基づいて設置された機会均等委員会(EOC)が救済機関として種々のガイドライン等を発して性差別救済にあたっている。またEC／EUも,1976年均等待遇指令において「直接的であれ,間接的であれ,性別,特に婚姻上又は家族上の地位に関連した理由に基づくいかなる差別も存在してはならない」(2条1項)としたものの,「間接差別」の範囲については明文の規定がなく,従来欧州裁判所の判例に拠っていたが,1997年(2001年1月1日施行),EUはいわゆる「挙証責任に関する指令」を発し,その中で,「外見上は性中立的な条項,基準又は慣行であっても,一方の性の成員に対し不均衡に不利益を与える場合には,当該条項,基準又は慣行が適当かつ必要であり,性に関わりのない客観的な目的によって正当化されないかぎり」間接差別が存在するものとされ(2条2項),「客観的な目的によって正当化され」るものとして,EU裁判所は,「その目的を達成するために選択された手段が,企業の当該部分の真の必要に対応し,かつ目的を達成する観点からみて適切である必要があること」と厳格な基準を要件とするに至っている(注30)。

　一般に差別取扱いの基準について,「等しきものは等しく」との平等原則に沿って判断する場合,「直接差別」においては,差別された「女性」と比較される者は比較可能な個人としての「男性」(若しくは「男性基準」)とされることになり,比較対象とされる「男性」がいない場合等たえず立証の困難さがつきまとうものの,「間接差別」においては,差別された「女性」と比較されるものは当該女性が属する「女性グループ」と比較可能な「男性グループ」(若しくは「男性グループ基準」)とされることになり,立証が比較的容易となり,かつ立証責任が使用者に転換される場合にはより有効

な差別救済法理となってこよう。この法理は特に昇進・昇格差別(例えば「コース別人事」など)や正規・非正規の雇用形態格差のような,差別意識の立証が困難な事例に対する効果が期待されるものであり,このように国際的に形成されてきた「間接差別」禁止法理は,性中立的な規定によって一方の性に生じている差別的な事実について,その規定の導入・遂行過程で性差別的効果や正当事由の有無等を検証し是正していく機能を有するものと言えよう(注31)。

このような欧米諸国等で発展させられてきた「間接差別」禁止法理は,わが国の雇用慣行との問題では,パートタイマーとフルタイマーとの賃金・処遇格差,家族手当等の世帯主基準,コース別雇用管理等,必ずしも使用者の差別意思の立証が明らかでないにもかかわらず,女性にとって著しい不利益をもたらす場合等にとりわけ効果が期待されよう。ところが改正均等法に規定する「間接差別」条項は,使用者に対してこのような差別を生じ平等の障害となっているものが何かを検証・是正していく義務を課さないばかりか,省令事項によって何が間接差別かを予め特定するものであり,諸外国で形成されてきた「間接差別法理」とは似て非なるものとなっている。そもそも差別はたえず変動し常に新たな形態で作り出されるものであり,それを省令で限定して対象とするのでは,省令に入らなかった多くの間接差別が事実上容認されることになり,逆に,差別を拡大する可能性を有するものとなろう。しかも省令で定める「基準」は僅か3つに過ぎず(しかも,そのうちのコース別雇用については「募集又は採用における」との限定付),現在の女性差別で是正のための最重要課題となっているパート等雇用形態を基準とした差別は対象外とされており,またコース別差別の違法性について均等法で禁止対象とされているか否かを民法90条の解釈の要素とする判例の傾向にあって,省令で間接差別禁止の対象となる基準等を限定することは,裁判を通じた差別是正に対しても制限的な影響を与えるものとなろう。しかも改正均等法は,直接差別の禁止対象となる雇用ス

テージを限定する現行法の枠組みを維持したまま，間接差別禁止事項（雇用ステージ）を定めていることから，賃金という差別において最も重要かつ切実な問題を間接差別禁止の対象から外すことになり，間接差別の実効性はますます欠落するものとなっているのである。

「ジェンダー規範」の克服並びに「ジェンダー平等」な規範の形成にとって不可欠な，平等待遇・収入，反周縁化を実現するためには，少なくとも国際的に形成されてきた「間接差別」法理の導入こそが必要とされているのである(注32)。

**ポジティブ・アクションは？** 社会に組み込まれた「ジェンダー」による男女差別を克服する手段の1つとして，「積極的差別是正措置（PA，AA）」は1970年代以降各国，国際機関で推進されるようになってきており，雇用世界における「ジェンダー規範」の克服，「ジェンダー平等」な規範の形成，とりわけ平等均待遇・収入，反周縁化政策推進にとって，前述した「間接差別」と共に効果を発揮とすることが期待されている施策である。このような施策はとりわけその実効性の確保が法政策のポイントであるところ，その拘束力についてみると，(ア)国や企業等への強制，(イ)国や企業等への義務づけと奨励，(ウ)企業等による「任意」の支援等の形態があり，(ア)は各国で憲法論争を引き起こす等法的問題となったことから，一般に現在(イ)が各国で主流となっているが，これに比してわが国の政策は(ウ)にとどまっており，その実効性において著しく立ち遅れている現状であり，ポジティブ・アクションの効果的な実施のためには，少なくとも(イ)を中心とした積極的な施策が必要とされよう（近年企業が雇用政策として採用している「ファミリー・フレンドリー」政策や「ワーク・ライフ・バランス」政策も，企業の「任意」の自主努力にとどまるものである)(注33)。

長年に亘る差別を是正するには，「差別を禁止する」だけでなく，積極的な平等実現策（教育研修や透明公正な処遇制度の構築，育児・

介護支援，差別を受けてきた人へのサポート等）を講じ，差別を生み出す土壌を改善し，また，女性が能力を生かせる環境づくりをすることが重要であるにもかかわらず，改正均等法は，企業が自発的に措置を講じる場合に国が援助できると規定するに止まっており，各企業がコスト削減競争を激化させている中で，このような施策では，平等施策は一向に進みようがなく，企業へのポジティブ・アクションを義務づけることが必要である（例えば，行動計画の策定や入札に際して行動計画策定の有無を考慮要素とする等）。

**セクシュアル・ハラスメント対策は？** セクシュアル・ハラスメントは，女性に対する暴力・権力の濫用，性差別等さまざまな性質をもつものであるが，国際的には性暴力であると共に雇用や教育現場等における性差別の問題としてもとらえられている。セクシュアル・ハラスメントは，元来1960年代後半アメリカにおいて公民権法第7編違反の性差別として判例やEEOCのガイドライン等で発展させられてきた概念であり，1979年，国連女性差別撤廃条約では明文化されなかったものの雇用における性差別として理解され（11条），やがて，性差別と共に女性に対する暴力として把握されるようになり（1992年，CEDAW一般的勧告19），国連総会は1993年「女性に対する暴力撤廃に関する宣言」で「職場，教育施設及びその他の場所における性的嫌がらせ」として，女性に対する暴力（2条（b））と位置づけるようになったものである。またEUにおいても，欧州議会は1986年「女性に対する暴力に関する決議」においてセクシュアル・ハラスメントを取り上げ，その後いくつかのEU委員会，理事会等の討議を経て，2002年EU委員会ははじめて，セクシュアル・ハラスメントの定義，予防，禁止，カウンセリング制度等の整備を労使双方に求め，各盟各国にセクシュアル・ハラスメント防止の法制度を整備することを義務づけるようになっている[注34]。

セクシュアル・ハラスメントについては，わが国でも97改正均等法で事業主のセクハラ防止の配慮義務が規定され，人事院規則10-

10も制定されたが，現実には極めて実効性に乏しく，実効ある法制度の整備が必要とされていたものであり，今次改正法が事業主のセクハラ防止につき，男性労働者も対象とした措置義務にすると共に，従来調停の対象とされていなかった母性管理措置と共に調停の対象とし，虚偽報告に対する過料や企業名公表の対象とする等のサンクションが課されることになった。

　セクシュアル・ハラスメント廃絶に向けた施策の強化は，労働者の尊重の平等を推進するものとして，「ジェンダー平等」な規範の形成に寄与するものであるが，セクシュアル・ハラスメント対策は，わが国の場合大企業中心に一応防止のための制度が整備され研修等が実施されてはいるものの，大部分の中小零細企業では経営者のセクハラ対策が依然として希薄であり，このような現状を反映してセクシュアル・ハラスメントに対する被害は，個別労働紛争解決制度によせられた民事上の相談件数でみても，平成18年度（18万7千件）も，解雇（23.8％），労働条件の引下げ（12.8％）いじめ・嫌がらせ（10.3％）に次いで4,497件に達しており，これらの中には解雇，いじめ・嫌がらせを伴うセクシュアル・ハラスメントもあることから，実際の被害はより多いものと推定され，都道府県の労働局では男女雇用機会均等法に関する相談の約3割を占めているところもあり（水谷〔2006：29J〕），その意味では2006年4月から施行された労働審判制度，公益通報者保護制度等も活用しながら効果的な施策の実施が望まれるところである[注35, 36]。

## （2）平等待遇・収入，反周縁化の実現を目指して──「均等待遇」の実現はどのようにして可能か？

**平等待遇・収入の実現**　「ジェンダー平等」な規範を実現するうえで，男女の平等待遇・収入，反周縁化の実現は極めて重要な施策であるところ，わが国においては，男女の賃金格差は極めて大きく，また非正規労働者の増加という反周縁化に逆行する事態が

進行している。賃金についてみると、フルタイムの一般労働者のうち男性正社員の賃金を100とした場合、男性の非正社員は64、女性の正社員は69、女性の非正社員は48と半分以下であり（図表3）、しかもこれに男性の18.5％、女性の52.9％が非正規雇用であることを加味すると男女の賃金格差はより増大し、一般に女性の平均賃金が男性の半分といわれるゆえんである[注37]。このような男女間の賃金格差の原因は多様であり、多くの論者によって多面的な分析がなされているが、少なくとも前述した男女別雇用管理、昇進・昇格・昇給差別や雇用形態差別が、男女の賃金格差をもたらしている点については論者の一致とみていると言えよう[注38]。

したがってわが国における男女間の賃金格差の是正に向けた方策は多面的な戦略が必要であり、そのためには差別をもたらしている雇用管理システムの抜本的な是正が必要であり、少なくとも当面以下の4つの施策が求められよう。第1は、性差別的雇用管理（男女別コース、コース別雇用管理）の解消であり、第2は、昇進・昇格・昇給差別や会社の従業員に対する専制的支配システムの源泉となっている人事考課・査定システムを抜本的に改善して、公正な人事考課・査定システムを構築することであり、第3は、今日雇用世界で急速に増加し、労働者間の格差を生み出す最大の要因となっている、パート・派遣等の非正規労働者と正規労働者間の著しい賃金格差を是正するための施策を構築することであり、第4に今日急速かつ深刻な広がりを見せているワーキングプアに象徴される貧困問題に対する応急措置として、賃金の最低限を保障するネットワークとしての最低賃金の引き上げが喫緊の課題とされている。

**公正な雇用管理システムの構築** まず第1の、男女別若しくはコース別雇用管理は、いわば企業の入り口に男女別や「総合職」「一般職」などの雇用管理別の「ドア」を設け、しかも「ドア」ごとに賃金、昇進・昇格等あらゆる処遇が異なる「コース」を設けているものであり、その意味では極めてわかりやすい男女差別の雇

用システムであったと言えよう。したがって、このような雇用管理システムが、直接若しくは間接的に男女差別となる場合には、既に述べた通り、今日合理性がないものとして違法判断がなされることになる。すなわち、「直接差別」については、従来の昇進・昇格差別裁判や均等法の規定によって違法とされて格差是正がなされることになり、「間接差別」についても、第3ステージの改正均等法により、少なくとも3事例に該当するものについては法律上当然に違法とされ格差是正がなされることになり、これ以外の事例についても、格差是正の運動の中で違法判断がなされていくことが予想される(注39)。

第2に、しかしながらこのような差別的雇用管理システムを解消したとしても、それだけでは、昇進・昇格等の処遇における差別的取扱いが廃絶されるものではない。すなわち、一般に昇進・昇格・昇給などは人事考課・査定に基づいて行われるものであるが、その査定過程、項目などは従来従業員に明らかにされることがなく、いわば企業の労務管理における「ブラックボックス」となってきており、企業はこれらの不透明な人事考課・査定システムを、従業員に対するさまざまな差別（性差別、組合差別など）や、専制的支配の道具として用いてきたことはよく知られた事実である(注40)。

そもそも企業は、企業目的にそった活動を展開するために、個々の従業員に役割・任務・責任を与え、定期的にその義務を履行しているか否かを評価し、その結果を昇給・昇進・昇格・賞与などの処遇および能力開発などに反映させ、これによって組織活性化を図ることが求められ、そのために従業員の成績・能力・態度などを評価する人事考課が行われる。このような場合使用者は、労働力の評価（＝人事考課）について裁量権を有するが、人事考課は公平無私に行われるべきであって、個人的な感情に左右されたり職務と無関係な事項につき自己の意に沿わぬことを報復するなど、不当な目的で低い考課や査定をしあるいは配置換えにつき不利益な意見を具申する

ことは許されず、このような行為の結果、経済的損害ないし精神的苦痛を与えた場合には裁量権の濫用として不法行為責任を負うことになることから(注41)、多くの企業では、いわゆる目標管理が採用され、できるだけ客観的に納得のいく人事考課がとられるようになってきている。したがって人事考課につき、就業規則、内規等において客観的な基準が定められていれば、使用者はその基準に拘束されることになるが、評価は原則的に使用者の裁量に任せられ、しかもそれが合理性を有し裁量権の逸脱がない限りその効力が否定されることはなく、しかも公正な人事考課・査定の検証をすることも、既に述べた通り極めて見えにくいのが現状である。そこでその「可視化」が必要であり、具体的には少なくとも、①人事考課の目的や考課項目の従業員への開示、②考課の客観性、公平性の確保のための第三評価機関の設置、③救済制度の設置、④考課・査定システム構築への労働者の参加、が最低限必要であり、いわば人事考課・査定システムの「民主化」「可視化」を通して、「公正」な管理システムを構築していくべきであり、企業内でこのような制度を構築していくために、組合の果たすべき役割は大きいといわなければならない。次に平等待遇・収入の実現にとって不可欠な理念である男女同一賃金の原則についてみてみよう。

### 「均等待遇」——「男女同一賃金の原則」とその限界

男女同一賃金の原則は、近年「ジェンダー」による男女の賃金格差を是正する有力な手段として、欧米諸国を中心に「積極的是正措置（PA, PP）」と並んで導入されるようになってきた原則である。ILOは設立当初から、実質的な「男女同一賃金の原則」を実現することが、男女の均等待遇を実現するうえで特別に重要な課題であることを認識し（前文）、1951年「同一あるいは類似」の労働に従事している男女に同一の賃金を支払うという「同一価値労働同一賃金の原則」を提言していたが（100号条約、90号勧告）、同条約・勧告の規定が抽象的かつ実効性に乏しいものであったことから、国連は

1979年女性差別撤廃条約にて「同一価値の労働について同一報酬（手当を含む）及び同一待遇についての権利並びに労働の質の評価に関する取扱いの平等についての権利」（11条1項d）を採択し，これを受けてCEDAWは，締約国に対しILO100号条約の推進促進と，男女の異なる性質の労働価値を比較する際に「性についての中立的な基準に基づく職務評価制度の開発，導入」の検討を要請するようになり（1984年，一般的勧告13），国際的にはEC／EUを中心に「同一価値労働同一賃金の原則」の概念は発展をとげるようになったのである。

　すなわち，EC／EUは設立当初から男女同一賃金の原則を実現すべく，1957年ローマ条約にて「各加盟国は，同一の労働に対する男女労働者間の同一賃金の原則が適用させることを確保するものとする」（119条）として，「男女同一労働同一賃金の原則」を規定していたが，当初は同原則は，低賃金女性労働者の雇用が「ソーシャルダイビング」をもたらして自由競争を阻害するとの考えから導入されたものであった。やがて男女間の「ジェンダー」格差をめぐる裁判が争われるようになり，このような格差是正をめざして，1975年理事会指令は「条約（旧）119条にいう男女同一賃金原則とは，同一の労働者は同一価値の労働に対し，雇用のあらゆる側面及び条件について，性に基づくいかなる差別をも撤廃することを意味する」（1条）と，「同一価値労働同一賃金の原則」を明確にして諸制度を整備したが，現実には高給職に男性が多く，低給職に女性が多く，また男性は種々の付加的給付を受けることによって男女間の賃金格差が広範にみられることから，EU委員会は，1994年「同一価値労働に対する同一賃金に関するメモランダム」，1996年「男女の同一価値労働に対する同一賃金の実施に関する規範」と題するコミュニケ（COM（90））を発して，労使双方に対して，団体交渉や労働協約等によって賃金制度を再整備して実質的な男女同一賃金を実現するよう求め，さらに1997年アムステルダム条約による改正に

より同原則は条約に明文化され、より一層EU各国の規範とされるに至っている。

 他方わが国の場合、1947年制定の労基法は、男女同一賃金の原則に基づき、「使用者は、労働者が女性であることを理由として、賃金について、男性と差別扱いをしてはならない」と規定し（4条）、「女性であることを理由」とする賃金差別を罰則付で禁止した。したがって例えば、同一の学歴、職種、職務内容なのに、初任給に男女差あったり、職種に関係なく男女別賃金表を設定したり、住宅手当、家族手当等を男性のみに支給する場合などには、不合理な差別として同規定違反を構成することになるが（13条、119条など）、性別以外の例えば、年齢、勤続年数、扶養家族の有無、職種、職務内容、地位責任、学歴などによる賃金の差は、直ちには違法ということにはならないとされたのである。また同規定は「賃金」についてのみ差別取扱いを禁止していることから（同規定にはILO100号条約の「同一価値労働同一賃金の原則」が含まれているとされ、1967年日本政府が同条約を批准した際にも、国内法の整備等は行われなかったが、既述した通り、条約批准当時、同条約が今日の「同一価値労働同一賃金の原則」と同じ規範を有するものとは一般に理解されていなかったと思われる）、例えば採用、昇進、昇格等の差別により、男女の賃金格差が生じても、前述した裁判例で明らかな通り、当然には同規定違反の差別とはされず、均等法や公序法理に委ねられたのである。しかしわが国の雇用の実際においては、大半がこのようなキャリアと連動して賃金格差が生じており、このような賃金格差の是正を求めて、前述した通りおびただしい裁判例が登場するようになってきたのである。すなわち、賃金差別の形態については、男女別賃金表や家族手当などは同条違反とされ[注42]、やがて客観的な賃金支払い基準が存在せずとも、男女労働者の労働の「質及び量において同等」となった時点で給与格差是正義務が発生するとした裁判例や[注43]、性中立基準が女性に一方的に不利益になることを容認し

つつ導入された場合には同4条違反を構成する裁判例が登場するようになり(注44)，さらに近年同条違反の効果についても，昇格（資格付与）差別によって賃金格差が生じている事案につき，「昇格と賃金とが連動関係にある場合，資格の付与における差別は，賃金の差別と同様に観念できる」とされて，同法13，93条の類推適用により昇格請求を認める裁判例が登場するようになってきているのである(注45)。

このように「男女同一賃金の原則」は，国際的にも国内的にも，性差別賃金克服の手段として今日さまざまな工夫がなされ用いられてきているが，この原則は，わが国における男女の賃金格差是正にどの程度インパクトを持ち得るであろうか？この原則は，EU諸国では「同一価値労働同一賃金原則」と呼ばれ，またアメリカ，カナダなどではコンパラブル・ワース（Comparable Worth, CW）若しくはペイ・エクティ（Pay Equity, PE）などとも呼ばれ，例えば看護師とトラック運転手のように異なる職種，職務であっても，労働の価値が同一または同等であれば，その労働に従事する労働者に，性の違いにかかわらず同一の賃金を支払うことを求める原則のことである。したがってこの原則においては，欧米の基本的な賃金制度である職務給がベースとなっていることから，性に中立的な職務評価ファクターと評価方法の採用が重要なカギを握ることになり，男女格差是正に大きな役割を果たしてきているといわれており，わが国での適用の可能性についても，「日本の『年功賃金』の属人性と性差別性がもたらす女性の低賃金と仕事に対する低い評価に異議を唱え，賃金決定の基準を性に中立な「職務」へと転換し，女性の遂行する仕事を公正に評価することを要求する点にある」と期待されているものである(注46)。

このように，欧米における一般労働者の賃金は，仕事給若しくは職務給と呼ばれて，担当している仕事によって決定されると言われ（もっとも仕事のあり方は，国によって大きく異なる），本来，性中立

的な賃金制度であるにもかかわらず，社会実態として広範に存在する性別職務分離（Job segregation by sex）や，その結果としての「女性職」の賃金の低さなどから性差別的に運用がなされており（その点ではわが国の「年功賃金」も同様である），それに対する格差是正策として，相対的に賃金の高い「男性職」に女性が就けるように対策を講じる「積極的是正措置（ポジティブ・アクション）」や，そもそも低く抑えられている「女性」職の職務の「再評価」による格差是正策が講じられるようになり，後者は，今日「同一価値同一労働の原則」とかCW／PAなどと呼ばれているものなのである。

　ところでこのような方策を通しての賃金格差是正は，賃金が仕事・職務で決定されることが前提となっている雇用社会においては有効であるものの，わが国の雇用社会のように，一部を除いて賃金は仕事によって決まらず，しかも仕事内容は概して包括的で流動的であり，処遇や賃金決定において使用者の人事考課・査定による裁量が大きなウェートを占めているところでは，直接的には有効な格差是正手段とはなり得ないものと思われる(注47)。さらにそもそも「同一価値労働同一賃金原則」により職務の再評価を行っても，それが直ちに男女の賃金格差の是正をもたらすわけではなく，職務の何をどの程度評価するかで職務の価値づけは異なってくるのであり，その意味ではむしろ職務評価の設計と運用（＝人事考課・査定）プロセスにどれだけ働く者（＝女性労働者）の意見が反映されるかが，決定的に重要といわざるを得ない。しかも今日欧米諸国でも，グローバル化と産業構造の柔軟化に伴う職務再編の中で，賃金形態自体が仕事（職務）給から業績給へと大きくシフトしてきており，このような中で，人事考査・査定を中心とする業績査定への規制こそが差別賃金是正に向けてのキーワードとして注目されるようになってきているのであり，このような状況の中では，前述した公正な人事考課・査定こそが，差別賃金システムにメスを入れることになると思われる。次に雇用形態による賃金差別の典型であるパート・派

遣についての格差是正策を検討してみよう。

**非正規雇用の格差是正**　近年先進諸国では，フルタイムの常用労働者ではないパートタイム，期間限定の短期若しくは臨時労働や派遣といったテンポラリー労働等に従事するさまざまなタイプの非正規型労働者が増加しているが，これらの労働者は，各国において，賃金，労働時間等の労働条件や雇用保険，年金等の社会保障の面でフルタイムの常用労働者を前提とした労働法や社会保障法の適用対象から除外されて，劣悪な労働条件におかれてきたばかりか，パートタイマーを中心にその圧倒的多数が女性労働者であることから，女性労働者に対する差別の拡大原因ともなっており，「ジェンダー平等」な規範の観点からは，女性の一層の周縁化をもたらす要因となっているといえよう。

**均等待遇指向**　ところでこのような雇用の多様化に対する国際社会の対応は大きく2つに分けられ，ひとつは，EU諸国に代表される，労働組合やNGOなどを中心としたジェンダーフリー，同一（価値）労働同一賃金，普遍主義的福祉を目指す格差是正，「反周縁化」の流れであり，もう1つは，アメリカや日本などに代表される新自由主義，「規制緩和」「市場志向」「格差放任」「周縁化」容認の流れである。前者は歴史的に全国一律最賃制と産業別協定によって基本的な枠組みとして成立してきた同一労働同一賃金の原則を前提とし，そのうえに1980年前半のEUパートタイム理事会指令案や1994年に採択されたILOパートタイム労働基準（175号条約）によるパートの均等待遇を追求するものであり，このような潮流はパート労働者や発展途上国の労働者の格差是正に大きな影響を与えるようになっている。他方，後者の目指す「市場志向」「格差放任」の諸政策による経済の活性化戦略は，雇用社会においては，ホワイトカラーの長時間過密労働や所得格差の一層の拡大をもたらし，また労働者の一層の不安定化（パート，派遣化など）などをもたらしている。

## 5 ジェンダーと雇用の法の「未来」は?

　EU 諸国においても，派遣労働者の増加など後者の側面も無視できないが，基本的には前者の流れが中心となっている。すなわち非典型労働者とりわけパートタイマーであることを理由とした「差別取扱い」は，当該パートタイマー等の大半が女性労働者であるかぎりにおいて，同時に女性労働者に対する差別でもあり，これらの「差別取扱」に対して何らかの平等原則が用いられるべきであるとして，明文若しくはいわゆる「間接差別」法理等による救済を図るようになってきている。ILO は，1981年「家族的責任を有する男女労働者の機会及び待遇の均等に関する勧告」(165号)でパートタイマーの保護を提言し，1994年パートタイム労働に関する条約(175号)及び勧告(182号)にて均等待遇原則を規定し，パートタイム労働者は通常の労働時間が「比較し得るフルタイム労働者」の労働時間よりも短い者(1条)でかつ，基本賃金はこれらの労働者の賃金に対して低いものであってはならず(5条)，法定社会保険や基本的労働条件(出産保障，雇用終了，年次有給休暇など)は同等でなければならず(6,7条)，フルタイムパートタイム労働の相互転換が保障されるべきである(10条)等と規定した。また EU はこれらの諸原則を受けて1997年「パートタイム労働に関する枠組み協約に関する指令」にて，パートタイム労働者を，通常の労働時間が比較可能なフルタイム労働者(同一企業内で，同種の雇用契約又は雇傭関係を有し，同一の又は類似の職務に従事するフルタイム労働者)の通常の労働時間よりも短いもの(3条)で，雇用条件に関し，客観的な根拠によって異なった取扱いが正当化されないかぎり，パートタイム労働者というだけの理由では，比較可能なフルタイム労働者よりも不利な取扱いを受けないとされ(4条)，また欧州裁判所は，パートタイム労働者であることを理由としたフルタイマーとの賃金差別は，当該パートタイム労働者の全て又は大部分が女性で占められているかぎり，男女均等待遇指令にいう間接差別にあたるという法理を確立させてきている。

このように EU では，基本的には，パート労働を労働者の選択の自由とみなし，労働者生活の質の向上，あるいは育児における男女の平等のために，フルタイム労働者がパートタイム労働者になることが出来る権利として捉えられている。つまりパートタイムも正規社員であり，働く時間だけが異なるという理解であり，このためには時間賃率が同じであるだけでなく，他の処遇や権利が労働時間の違いを除けば完全に一致することが目指されている。EU 諸国においてはパートタイム化が労働者生活の質の向上にとって必要なだけでなく，企業の人件費の削減にも役立ち，ワークシェアリングや社会の安定にも役立つとする立場から主張され実行されており，パートタイム労働にしめる女性の割合が多いことを考えれば，オランダの「コンビネーション・シナリオ」や，デンマークの「ソーシャル・パートナーシップ」の考え方は，有史以来のジェンダー問題に深く切り込んだものといえよう。ヨーロッパでは，産業資本主義社会の段階に同一労働同一賃金が成立していたことを基礎に，今日新しい段階として職域格差の解消つまり同一価値労働同一賃金，時間短縮による労働者の生活の質の向上，労働の質の向上，それと賃金との関連など模索され制度化されているのである(注48)。

**市場指向**　他方後者の流れの国である日本では，イギリスのような職業別組織の発展もなく，明治政府による上からの殖産興業と国家権力による組合弾圧や労働組合運動の経験不足などや，また戦後の「民主化」などの労働者によって有利な条件も活かすことが出来ず，同一労働同一賃金が成立できないままに脱工業化社会に到達したわけであり，このような国では，脱工業化段階に入って，労使の力関係は一層拡大し，労働組合の組織率は低下し，裁量労働の広がりと共に，特にホワイトカラーの長時間労働が普及し，また雇用形態の多様化と共に，不安定労働が広がっている。社会における規制緩和の進展につれ，収入・地位などの格差は拡大を続け，社会階層の二極傾向が強まり，ジェンダー，パートタ

イム労働,「個」の発展,労働の内容などについて,時代の流れの中で受動的解決が試みられ,それが労働組合運動を困難に陥れている要因の1つともなっている。

このようにパート労働については,正規雇用のフルタイム労働者との労働条件の格差に加えて,雇用の保障がなく,パート法が施行されてから十数年経ってもこれらの格差は縮小するどころか拡大傾向にあり,平成13年の1,200万に達したパートタイマーの約7割を占めている女性のパートの労働条件は劣悪であり,時間給も,正規男性労働者の45.2%にすぎない(図表3)。例えば厚労省が実施した民間企業に対する調査(2006年10月実施)では,雇用労働者に占めるパート,アルバイト,嘱託社員などの「パート等労働者」は30.7%と増加しており(前回2001年調査では,26.5%,尚正規社員は

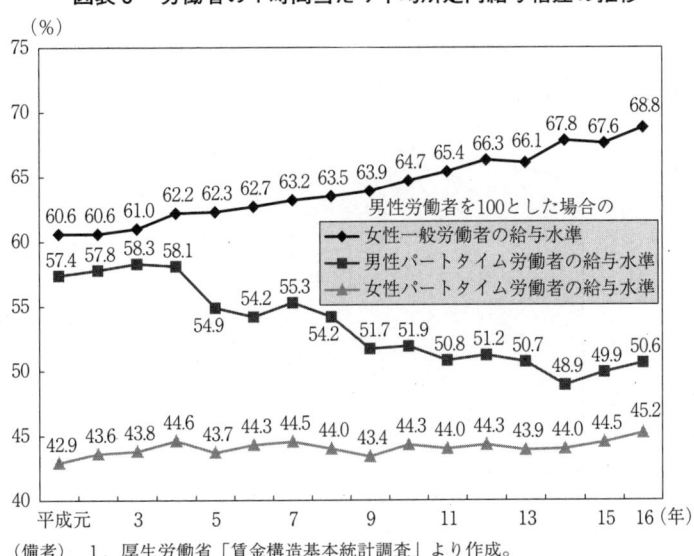

**図表3 労働者の1時間当たり平均所定内給与格差の推移**

(％)

男性労働者を100とした場合の
◆ 女性一般労働者の給与水準
■ 男性パートタイム労働者の給与水準
▲ 女性パートタイム労働者の給与水準

女性一般労働者: 60.6, 60.6, 61.0, 62.2, 62.3, 62.7, 63.2, 63.5, 63.9, 64.7, 65.4, 66.3, 66.1, 67.8, 67.6, 68.8

男性パートタイム労働者: 57.4, 57.8, 58.3, 58.1, 54.9, 54.2, 55.3, 54.2, 51.7, 51.9, 50.8, 51.2, 50.7, 48.9, 49.9, 50.6

女性パートタイム労働者: 42.9, 43.6, 43.8, 44.6, 43.7, 44.3, 44.5, 44.0, 43.4, 44.3, 44.0, 44.3, 43.9, 44.0, 44.5, 45.2

平成元,3,5,7,9,11,13,15,16(年)

(備考) 1.厚生労働省「賃金構造基本統計調査」より作成。
2.男性一般労働者の1時間当たり平均所定内給与額を100として,各区分の1時間当たり平均所定内給与額の水準を算出したものである。

この間73.5％から69.3％へと4.2ポイント減少している），その理由として「人事費が割安」とする事業所が7.1％と前回調査より5.7ポイント増加しており，人件費の安いパートを企業が好んで雇う実態を浮き彫りにしている。このような中で，職務が正規社員とほとんど同じであるのに「賃金額に差がある」とした事業所は全体の81.7％に達し，その理由として「勤務時間の自由度が違う」「正社員は企業への貢献が期待できる」とするものが，各々72.7％，32.9％と多数を占めている。こうした中で，パート等の6割以上が，会社や仕事に不満を持ち，そのうち賃金の低さをあげたのが61.8％と最も多く，「有給休暇が取りにくい」「仕事がきつい」「雇用が不安定」が，それぞれ26.2％，24.1％，28.6％と続いている。その反面，「パート

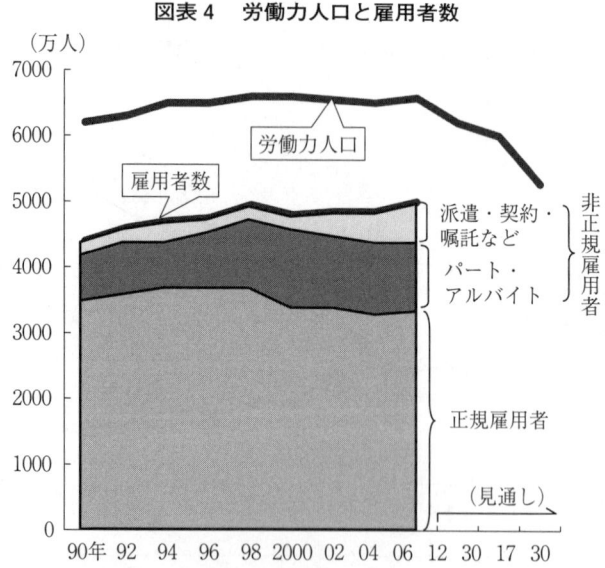

**図表4　労働力人口と雇用者数**

(注)　2006年までは総務省・労働力調査より作成。労働力人口は基本集計の年平均。雇用者数は労働力人口から完全失業者，自営業者，会社役員などを除いた数値で詳細集計。2001年までは2月，02-06年は年平均。2012，17，30年は厚労省・雇用政策研究会の推計

## 5 ジェンダーと雇用の法の「未来」は？

等で仕事を続けたい」と考えている者が，パート等労働者の68.4%に上り，「正社員になりたい」が18.4%（前回はそれぞれ62.9%，15.6%）となっているのが注目される[注49]（図表4）。

**改正パート法** このような状況の中で，とりわけサービス業を中心にパートの戦力化を図り，企業間競争に打ち勝つためにも，処遇に応じた待遇を図る要請が強くなり，2007年5月改正パート法が成立し，2008年4月から施行されることになった（[注50]，図表5）。しかしながら，改正パート法はあまりに実態から乖離したものとなっている。第1に同法の目玉とされている，正社員と均等待遇処遇／差別禁止とされるパート（＝「通常労働者と同視すべき短時間労働者」）は，①業務の内容，責任の程度（職務内容）が正規社員と同一であること，②雇用期間の定めがないこと（但し，更新が繰り返されている場合には期間の定めがないものとみな

**図表5　改正パートタイム労働法の待遇規定**

| 勤務実態（正社員との差） | | | 賃金 | 教育訓練 | 福利厚生 |
| --- | --- | --- | --- | --- | --- |
| | 職務内容 | 転勤・配置換え | 契約期間 | | | |
| ①正社員並み | 同じ | 同じ | 実質無期 | 差別禁止 | 差別禁止 | 差別禁止 |
| ②正社員に近い | 同じ | 一定期間は同じ | 問わない | 同じ体系で決定する努力義務 | 実施義務 | 配慮義務 |
| ③正社員にやや近い | 同じ | 異なる | 問わない | 成果・能力など勘案する努力義務 | 実施義務 | 配慮義務 |
| ④正社員とは異なる | 異なる | 異なる | 問わない | 成果・能力など勘案する努力義務 | 同左 | 配慮義務 |

（注）厚労省の資料をもとに作成

### コラム23　改正パート法

改正パート法の概要は以下の通りである。

① 処遇格差是正……「短時間労働者」を「当該事業所の通常労働者」との比較で3種類に分け、それぞれにつき以下のとおり規定する。

ア 「通常労働者と同視すべき短時間労働者」に限って、処遇差別を禁止する（法第8条）。その要件は以下の3つを充たすことである。
　ⅰ．業務の内容と責任の程度が同一であること
　ⅱ．雇用期間の定めがないこと
　ⅲ．全雇用期間において、業務内容および配置の変更の範囲が同一と見込まれること

イ 「職務内容同一短時間労働者」（アⅰの者）については、同一の教育訓練を実施する義務（第10条1項）及び省令で定める福利厚生施設の利用機会付与の配慮義務（第11条）、雇用の一定の期間において、職務内容および配置の変更の範囲が同一と見込まれるものに限って、賃金について、当該期間中のみ、通常労働者と同一の方法により賃金を決定する努力義務（第9条2項）。

ウ 一般の短時間労働者には、通常労働者との均衡を考慮しつつ賃金を決定し、教育訓練を実施する努力義務（第9条1項及び第10条2項）及び省令で定める福利厚生施設の利用機会付与の配慮義務（第11条）。

② 通常労働者への転換……転換推進措置として、ア．通常労働者募集の周知、イ．通常労働者の新たな配置にあたっての希望申出の機会付与、ウ．転換試験制度の設置等のいずれかの措置義務（第12条）。

③ 待遇決定に当たって考慮した事項の説明……労働者から求めがあれば、決定に当たって考慮した事項の説明義務（第13条）。

す），③雇用の全期間を通して，職務内容・配置が正社員と同一と見込まれることの3要件を満たすことが求められている(注50)。しかしながら，このような要件を満たすパートは，ほとんど考えられないといえよう。そもそも「フルタイムパート」は同法の対象外であり，さらに現在パート労働者の約8割とされる有期労働者は，要件②に該当しないこととなり（もっとも更新が繰り返されている場合，期間の定めがないものとみなされていることになるが，同法審理過程の政府答弁では，「一つ一つの事案による」とされ，明確なルールが示されているわけではない），結局前述した厚労省の調査における「職務が正規社員とほとんど同じパート労働者」の大半は，②の要件を満たさないものとして，同法の適用除外とされるのである（図表6）。

さらに職務内容が同一か否かは，全て事業主の判断によることになり，非管理業務をパートだけ配置したり，業務内容や責任を正規社員と若干変えたりすることにより，処遇格差を設ける事例が多く，しかも，前述厚労省調査では，パート等を選んだ理由として，女性パート労働者の場合「家事・育児の事情で正社員として働けないから」が20.7％，「病人・老人等の介護で正社員として働けないから」3.1％，を占め，「勤務時間，日数が短いから」40.9％を合わせると，女性パートの大半は何らかの家庭の事情を抱えながらパートを選択

**図表6　パートの契約期間／更新**

①パートの1回当たりの契約期間　　　　　　　　　　　　　　　　　　　　　　　　　（％）

| 合計 | 1ヶ月以内 | 1ヶ月超〜3ヶ月以内 | 3ヶ月超〜6ヶ月以内 | 6ヶ月超〜1年以内 | 1年超〜2年以内 | 2年超〜3年以内 | 3年超 | 期間の定めはない | 無回答 |
|---|---|---|---|---|---|---|---|---|---|
| 100.0 | 0.7 | 6.9 | 17.9 | 49.2 | 2.9 | 0.3 | 0.8 | 21.1 | 0.2 |

②契約更新の考え方　　　　　　　　　　　　　　　　　　　　　　　　　　　　　　　（％）

| 合計 | 個々の労働者のケースごとに更新するかどうかを判断 | 労使のいずれからも終了を申出なければ自動的に更新する | その他のルールにより更新する | 契約の更新をしない | 無回答 |
|---|---|---|---|---|---|
| 100.0 | 57.6 | 34.5 | 6.6 | 0.2 | 1.0 |

（資料）　いずれも21世紀職業財団「パートタイム労働者実態調査」（2005年9月，事業主回答）。

していることになり、このような労働者にとって、転勤は事業上不可能であり、結果的に大半のパート、とりわけ女性パート労働者は、正社員の均等待遇を確保できないことを意味することになる[注50]。その結果以上のような3要件を満たし、差別禁止の対象となるパート労働者は極めて少数となり、政府の国会答弁でも「4～5％」(新聞報道では「1％以下」)にすぎないとされているのである。

第2に、以上の3要件を満たさない大半の一般パートは、正規社員との「均衡を考慮しつつ」「賃金(通勤手当、退職手当等を除く)」を設定することとされているが、これとて事業主には「努力義務」が課せられているにすぎない。しかもとりわけパート差別の重要な部分をなしている「通勤手当、退職手当」等が改正法から除外されており、これらの規定は、パートの差別された低処置の状況に対する有効な是正策とはいえないものである。このように「有期契約」「職務内容と責任が同じでない」「職務や配置変更の見込みが違う」等を理由として、さらに一層の正規／非正規の差別拡大が助長される可能性に対して、改正パート法は有効な対策とはなりえておらず、抜本的な是正策としては、正規／非正規の差別的取扱いを禁止する「均等待遇の原則」を法に明記すべきなのである。

このように、改正パート法が目指す「均衡待遇」ルールがどのような意味を有しているかが明らかになったと思われる。わが国では利潤確保のために低賃金層を一層拡大したい経営者側は、現状の低賃金と賃金格差の継続・拡大を志向しており、結果的に厚労省が目指す「均衡処遇」ルールはこのような流れの中の追認、合理化の政策と位置づけられることになろう。「均衡処遇」ルールはフルタイム正社員からパート非正社員までを「短時間正社員」という中間形態に置いて、「働き方」、能力・成果、作業への拘束性の程度の違いと、各雇用形態の人件費コストの差に対応する一貫した処遇体系に組み立て直し、全体を「均衡」の名の下に、雇用形態と性別格差の現状を固定化しようとするものであり、処遇の「均衡」を理由にし

た格差のシステム化であり，「均衡待遇」によって，パートの賃金の一部が正社員と同じ賃率になることがあっても，それはパート賃金全体には影響がなく，正規従業員の賃金が仕事や能力・成果を理由に「均衡待遇」でパート賃金に連動して引き下げられたり，就労形態の多様化に対応した異なる賃金決定方式をとることによって，不安定雇用の差別的低賃金が温存，拡大される可能性のほうが高いと言えよう。しかも，これらの「均衡待遇」の内容と水準については，企業内労使の決定に委ね，政府は事例を示すだけで法的・制度的規制はとらないのである。

**労働者派遣法**　さらに非正規労働者の増大に拍車をかけているのが労働者派遣である。「雇用は原則直接雇用」という日本の雇用のあり方を大きく転換させたのが，1985年の労働者派遣法の成立であり，同法の成立によって，それまで禁止されていた「労働者貸し出し業」が合法化されることになった。当初は派遣対象業務は16業務に限定されていたのが，1996年には26業務に拡大され，1999年には原則自由となり，2003年には製造業にも解禁され，この間派遣労働者はうなぎのぼりに増大しており，厚労省発表の「労働者派遣事業の平成18年度事業報告」によれば，派遣労働者数は前年比26.1％増の321万人と過去最高を更新し，派遣事業は今や成長産業の１つをされるに至っている。

しかも派遣労働者の多くが女性労働者であり，厚生労働省発表の派遣労働者実態調査（平成17年９月）によれば，派遣労働者の62.8％が女性（男性は37.2％。特に近年製造業への派遣解禁が男性派遣労働者を増大させている）であり，特に金融・保険業，医療・福祉分野では８割から９割を女性派遣労働者が占めている。しかも近年派遣先で仕事をするときだけ雇用されるいわゆる「登録」型派遣が増加しているだけでなく（「常用」型87万人に対し，「登録」型は234万人），いわゆる日雇い，偽装請負が増加し労働者の雇用は労働条件の劣悪がワーキング・プアを生み出す元凶の１つとして大きな社会

問題ともなっている。

　偽装請負は、請負の形式をとりながら、実際には派遣と同様に、発注企業が指揮命令して労働者を働かせるものであり（図7）、労働基準法、労働者派遣法などが定める使用者責任を回避することが、偽装請負利用の目的であり、製造現場では以前から偽装請負が多く、2004年3月からの製造業への派遣解禁後、逆に偽装請負のまん延が認識される皮肉な結果になっている。労働者派遣法は1986年施行後、派遣業が認められ急速に拡大し、最近10年間では、派遣労働者は3.5倍、売上高で2.38倍になっており、特に、1999年の法改定で派

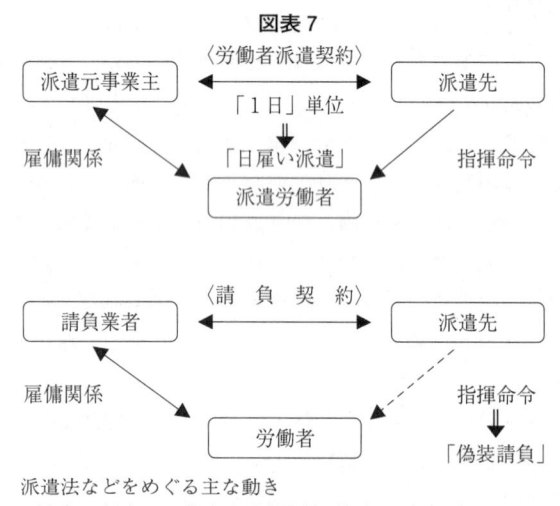

**図表7**

〈労働者派遣契約〉

派遣元事業主 ―― 派遣先
　　　　　　「1日」単位
　　　　　　　　⇩
雇傭関係　　「日雇い派遣」　　指揮命令
　　　　　　派遣労働者

〈請　負　契　約〉

請負業者 ―― 派遣先

雇傭関係　　　　　　指揮命令
　　　　　労働者　　　⇩
　　　　　　　　　「偽装請負」

派遣法などをめぐる主な動き
1985年　制定　16業務で派遣解禁（86年7月施行）
　96年　改定　26業務に派遣拡大
　99年　改定　派遣業務の原則自由化
2003年　改定　製造業への派遣解禁（04年3月施行）
　05～06年　　大手企業製造現場で偽装請負利用が問題化
　06年9月　　厚生労働省、偽装請負に対する指導強化の通達
　06年10月　　大阪労働局、「コラボレート」の事業停止命令
　07年3月　　厚生労働省、偽装請負に対する指導強化の通達
　07年8月　　東京労働局、「フルキャスト」の事業停止命令

遣業務が原則自由化されて以降の急増ぶりが際だっているが、半面、期間途中での解約、差別待遇、イジメ・セクハラなどの相談件数が増加し、派遣労働者の雇用と労働条件が深刻になっている。その背景には、派遣元と派遣先への使用者責任の二分、就労時にだけ派遣元と雇傭関係がある登録型派遣、細切れの短期契約、雇用保険・社会保険での不利、組合加入や組織化の困難性など、派遣労働の弊害は際だっている。その中でも特に、1999年派遣法改定の結果、単純業務のスポット派遣（携帯電話や電子メールでの日払いの仕事をあっせん）が容認され、日雇い労働拡大の背景になっている。日雇い労働は不安定で劣悪な労働形態の極限にあり、戦後、建築、港湾などの業務を中心に広がったものの、特に悪質な仲介業者による弊害が大きいことから、職安法や港湾労働法で規制され、特別な失業保険や建築保険も制度化された。ところが、1999年の派遣法大改定によって、単純労働の派遣や、スポット派遣を認める規制緩和がなされ、これが、日雇い派遣が広がる背景になっている。労働者への保護を維持・強化するのではなく、保護を縮小しながら、日雇い派遣を容認するだけであった政府の責任は重大である。

　日本の派遣制度は、労働者保護のレベルでは世界的に見ても極めて低い水準にある。EU諸国では当然となっている派遣先従業員との同一労働同一待遇を明確化する必要があり、労働行政は労働者保護の姿勢を明確にして監督や指導を強めることが焦眉の課題であろう。結婚や出産を期に、正社員を辞め、子育てが一段落した後、再就職をしようとしてもパートや派遣しか仕事がないという現実は、必然的に女性を非正規雇用に追いやっており、女性と高齢者の労働力の活用が政府の労働力政策の課題となっているものの、「安価で、使い捨てできる労働力」としての活用がもくろまれていることは明らかである。

**格差是正を目指して**　では我々は正規・非正規の格差是正を目指して、どのような方策を追求すべきなのであろうか。今

日パート労働者を初めとする非正規労働者と正規労働者との賃金，賞与，退職金等についての格差は依然として是正されていないが，本来この問題は，企業の側が非正規労働者を「安上がりの賃金で正規なみに」雇用していることから生じているものであるが，これに対しては，社会的にいかに不公平だとしても，法理論的には同一労働同一賃金の原則により賃金差別が公序良俗違反であるという理論構成が至難の業だからである。しかしながら，前述した通り，今日「男性稼ぎ主」モデルを支える男性正規社員中心の雇用慣行が長期的な崩壊過程に入っている中で，将来的には正規・非正規の区別は雇用管理の面からも是正されざるを得なくなっていくことが予想される。したがって，我々の課題は，このような社会的不公正を長期に亘って放置することなく，EU諸国が目指すのと同様に，格差是正・「反周縁化」の戦略を早期にうち立て，臨時・パートは，言葉の本来の意味に立ち返り，季節的・臨時的な業務あるいは，常時必要としない高度の専門的知識を必要とする業務に限定若しくは都合により時間帯に働ける短時間労働として，臨時性ないし短時間性による合理的な労働条件に収斂する社会的基盤を形成し，均等待遇の原則を実現していくべきであり，そのためには労組，NPOをはじめとするさまざまな社会的な連帯の力が必要とされよう。

### ネットワークとしての最低賃金保障

今日，いわゆるワーキング・プアに象徴される貧困（しかも絶対的貧困！）問題が，急速かつ深刻な広がりをみせている。わが国の場合，平均所得以下の収入で暮らす全世帯の6割，2006年の相対的貧困率（平均所得の半分以下の所得しかない世帯の割合）はOECD諸国中アメリカに次いで第2位の13.5パーセントに達し，年収200万円以下の労働者は1,000万人を超え，勤労者の平均給与は9年連続で減少している。年収300万円以下の働く女性の割合は3分の2に達し，母子世帯の収入は一般世帯の半分以下である。経済生活問題を原因とする自殺は増加の一途を辿り，国民健康保険料を納められず，十分な医療を

受け取ることができない世帯も500万世帯に迫ろうという勢いである。

しかもこれらの貧困世帯は失業状態にあるわけではなく，OECDの調査によっても，日本の貧困層の約9割が就労しており，同じく貧困問題をかかえる他の国と比較しても就労率は高いにもかかわらず，日本の労働者はこのような貧困に喘いでいるのである。その主要な原因が，極めて不十分な労働法制を放置したまま，規制改革のかけ声の元に急速に進行した労働分野における雇用・労働条件の切り下げと格差拡大にあることは明らかであり，加えて，本来セーフティネットとして機能すべき社会保障制度が貧弱なうえ，さらなる社会保障の切り捨て・切り下げ・負担が重なって，一度貧困の泥沼にはまると，本人の努力では抜け出せない底なしの構造が作られている。

しかしながら，日本社会全体が格差・貧困に喘いでいるわけではない。この10年で，勤労者の平均給与が減少する一方で企業の収益は2倍に伸び，この5年で取締役報酬は2倍，配当は3倍近くにまで増加している。アメリカを中心とする対外債権も巨額にのぼる。ワーキング・プア，貧困問題を解決するための社会的原資は存在するのである。それにもかかわらず，財界は，自らの収益は聖域としつつ，解雇自由化，派遣労働の無制限な自由化，労働時間規制のさらなる緩和を求め，政府もこれに呼応してワーク・ライフ・バランス実現との装いの下，さらなる雇用の多様化・流動化と正社員・公務員の権利切り下げを図ろうとしている。これらの動きがワーキング・プア・貧困をさらに深刻化させることは明らかである。

このような状況の中でネットワークとしての最低賃金の保障とその底上げが不可欠な課題として登場しており，2007年11月，39年ぶりに最低賃金法が抜本的に改正され（2008年7月施行）それにもとづく最賃の大幅引上げが焦点となっている。とりわけ改正法の目玉とされている「生活保障（基準）との整合性」（第9条3項）につい

ては，ほとんどの県では最低基準が生活保護基準よりも下回っていることから，同法が施行された場合，違法状態となることから，速やかな引き上げが求められることになる。ところが逆に政府は，生活保護基準を引き下げて最賃との「整合性」を図ろうとしており，今でさえ生活保護基準は引き下げ続けられており，とりわけ，老齢加算，母子加算の廃止は，高齢者，シングルマザーの貧困化を促進しており，それに加えて，「整合性」の名の下における引き下げは今後の大きな課題となろう。それにしても最賃法改正の内容は，以下に述べるとおり，依然としてワーキング・プア等の貧困問題解決にはほとんど遠いといわざるを得ない。

　第1は，最賃が諸外国のように全国一律でなく，地域ごとにバラバラとなっており，その結果，経営者はわずかな最賃額の差を利用して，より安い地域へと資本を移動することになり，より一層の地域間格差／不公正競争を助長することにつながっている。第2に企業の「支払能力」を有力な決定要因とする最賃制度のしくみは，日本の最賃額を異常な低水準に据え置く要因となっている。下請中小企業への単価引き下げや規制緩和の下での中小企業の過小競争を放置したまま，「支払能力」を決定要素に加えることは，零細企業の支払能力が最賃基準を決定することに帰結する。第3に最賃決定システムが，中央最賃審議会による引き上げ額ガイドラインに従うという目安方式と，地方審議会での経営側の頑なな姿勢が，地域格差の固定化につながってきたといえよう。

　ではどうすべきか？フリーターなどのワーキング・プアの激増は深刻であり，若者は自立できず，それが少子化などの問題につながり，日本社会の将来への展望をなくしている。働いて得た賃金で自立できるためには，「最賃を決定する仕組みの抜本改革」が必要である。まず目安方式を廃止し，中央の最賃審議会を全国一律最賃を決定する組織に改革することである。都市部（現行Aランク，せいぜいABランク）をベースとして生計費にもとづいて全国一律最賃

## 5 ジェンダーと雇用の法の「未来」は？

> **コラム24　改正最賃法**
>
> 　改正最賃法の変更点は大略下記の通りであるが，今回の改正法で最も注目されるのは，最賃法と生活保護基準との「整合性」である。
> 1. 表示単位を時間額に一本化
> 2. 地域別最賃を「国内の各地域ごとに，すべての労働者に適用される」ように義務化
> 3. 最賃の決め方を，「地域における労働者の生計費及び類似の労働者の賃金並びに通常の事業の賃金支払能力を考慮して」決定
> 4. 「地域における労働者の生計費」については，「生活保護との整合性も考慮する必要性がある」等の明確化
> 5. 現行制度にある適用除外制度をなくして，「減額措置」を導入（例えば障害で著しく労働能力の低い者，試用期間の者など）
> 6. 地域別最賃違反の使用者への罰則の強化（現行2万円以下から50万円以下への引き上げ）
> 7. 産業別最賃の罰則をなくし，「特定最低賃金」に変更（産別最賃廃止ではなく，それを残すが，罰則をやめたこと）
> 8. 労働協約拡張方式（現行法11条）の廃止
> 9. 派遣労働者に適用される最賃を，「派遣元」の事業場への適用（現行）から「派遣先」事業場へと見直し。
>
> 　特に，4「労働者の生計費」について，当初政府案では「生活保護に係る施策との整合性に考慮する」としていたものが，衆議院における修正協議で，「労働者の生計費を考慮するに当たっては，労働者が健康で文化的な最低限の生活を営むことができるよう，生活保護に係る施策との整合性に配慮する」とされた。

を決め，最賃が低い地域では過渡的に格差を認め，段階的に格差を縮小するためのプログラムを策定すると共に，公共事業発注単価や下請単価決定について，最賃水準を守らせるなどの中小企業対策を行うべきである。地方公務員の臨時職員の時給，国家公務員の高卒初任給も引き上げることにより，低賃金地域における中小企業経営者の最賃への非難も緩和され，地方経済への活性化効果が生まれる

であろう。

### (3) 「ワーク・ライフ・バランス」——「労働時間短縮・平等余暇」「ケア支援」の規範構築を目指して

**労働時間短縮・平等余暇の実現**　「ジェンダー平等」な規範の実現にとって、労働時間短縮、平等余暇の達成は不可欠であり、OECDが2006年6月に発表した雇用統計データでも、労働時間は加盟30ヶ所の年平均約1,700時間であるものの、多くの先進諸国では減少傾向が続いており、時短「先進国」のドイツ、フランスはそれぞれ1,435時間（前年比5時間減）、1,535時間（同8時間減）となっており、日本は1,775時間（前年比14時間減）となお平均以上となっている。しかしながら前述した通り、近年のグローバリズムによる企業間競争の激化、産業構造の変化、労働の柔軟化などの中で、非正規労働者など労働時間の短い者と若手正社員層を中心とする異常な長時間労働者の併存という、いわゆる労働時間の二極化現象が進展しており、特に後者については、正社員の長時間労働が常態化するようになってきており、一般労働者の一人当たり年間総労働時間は、企業がリストラに着手した1997年の翌年あたりから着実に増えており（図表8）、また、厚生労働省による「2005年度労働時間等総合実態調査結果」によれば、時間外労働（残業）時間も、年間360時間を超えた事業所は7.3％と、2002年度の前回調査（7.0％）より0.3％上回っており、企業の人員スリム化による一人当たり労働時間の長期化傾向が続き、その結果過重労働やメンタルヘルス問題が深刻化し、極端な場合には過労死や過労自殺という形で噴出してきている。このような正社員にとって労働時間の長時間化は、家庭での生活時間の短時間化を余儀なくされ、長時間労働を是正するための「ワーク・ライフ・バランスの推進」が不可欠となっているのである。

　この点について、EUは1990年に「労働時間の編成の特定の側面に関する理事会指令案」で（COM(90)317）労働者の健康を確保す

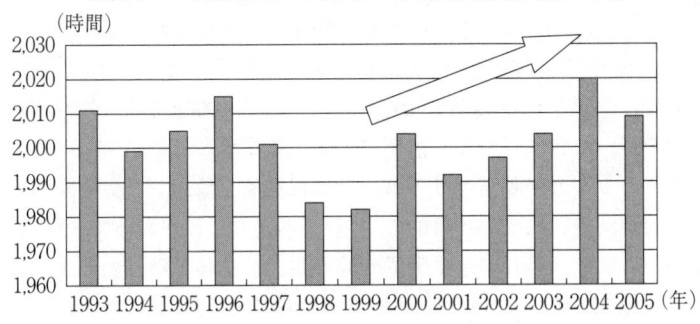

**図表8　一般労働者一人当たり年間総実労働時間の推移**

（時間）

| 年 | 時間 |
|---|---|
| 1993 | 2,011 |
| 1994 | 1,998 |
| 1995 | 2,005 |
| 1996 | 2,015 |
| 1997 | 2,001 |
| 1998 | 1,984 |
| 1999 | 1,982 |
| 2000 | 2,004 |
| 2001 | 1,992 |
| 2002 | 1,998 |
| 2003 | 2,004 |
| 2004 | 2,021 |
| 2005 | 2,009 |

出所　厚生労働省「毎月勤労統計調査」より

るという観点から、通常の労働時間規制とは異なり、労働時間の上限を規制するのではなく、労働時間以外の時間（休息期間）の下限を規制するという手法を主たる方法として採用し、1日最低連続11時間の休息時間、1週間最低1日の休日と交替制や夜業の一定の規制を各国に求めた。当時既に週40時間が一般化していたヨーロッパの水準からすれば極めて穏当な内容に見えるが、これは時間外労働によっても許されない絶対的基準であるという点が重要であり、その後欧州議会における審議で、原案にはなかった時間外を含めて週48時間労働という上限規定が導入され、イギリスの猛反発にもかかわらず指令（93/104/EC）として採択されたのである。このように、毎日最低11時間の休息期間を確保するということは、1日24時間のうち、労働時間と休憩時間を合わせた拘束時間は最高でも13時間に制限されるということを意味し、「これを超えることは絶対に許されないという、いわばレッドカードゾーンである。日本の労働時間規制において欠落しているのは、まさにこのレッドカードを出すべき最高限度の設定である。日本の労働基準法では、労使協定で定める時間外労働の限度基準が一応定められているが、これはそれを超える時間外労働を禁止するものではない。どこまでいってもイエローカードしか出ない仕組みになっているのであり、実際にレッド

カードの対象になるべき者が膨大な数に上っている。」わが国の現状にとって，このようなEUの取り組みは，平等余暇達成の戦略にとって極めて示唆的であるといえよう(注52)。わが国ではさらに2005年に改正された労働安全衛生法では，月100時間以上の時間外労働を行った者について，医師による面接指導とその結果に応じた措置をとることが義務づけられ，時短促進法を改正した労働時間設定改善特別措置法でも，目的の中で，「ゆとり」にかわって「健康」という言葉が登場し，今や労働時間を生命や身体・精神の健康に関わる労働安全衛生という枠組みで考えることが強く求められるに至っているのである。

ところが厚労省が2006年6月発表した労働法制見直し中間報告素案では，長時間労働根絶を求める世論を反映して，現在最低25％の残業代の割増額を月30時間を超える場合は50％にするよう求めると共に，働き方の多様化にあわせて，「自律的労働時間制」という名称で，労基法に基づく週40時間規制の適用を外し，残業代の支払いを免除する制度（＝ホワイトカラー・エグゼンプション）を提案している。そこでは，仕事を通じた自己実現を望む者のための自律的な働き方にふさわしい労働時間制度と称しながら，一方では法定休日や健康確保措置等を求めるという矛盾した姿勢が示されている。もとより，現実には多くのホワイトカラーは「自律的」になど働いていないことから，このような安全衛生上の配慮措置は必要ではあるが，そもそも，経営側にとっての適用除外制の本音は，労働時間の長短ではなく成果や能力などにより評価されることがふさわしい労働者のための制度という点にあり，問題は時間外手当の適用除外に絞られるのであり，「自律的な働き方」などという「美辞麗句」を振り回す必要などはないはずである。しかも同制度はもともと日本経団連などが求めていたものであり，「使用者から具体的な労働時間の配分の指示がない」などを条件とし，具体的には年収400万円程度以上のサラリーマンを想定しており，大半の労働者が労働時間

規制の外におかれることになり、労働者の働き方を根本から変え、際限のない長時間労働とそれに伴うメンタルヘルスや過労死問題などを深刻にするものと言わざるを得ない。このような労働時間に対する規制緩和政策は、時間短縮・平等余暇に逆行するものであり、「ジェンダー平等」な規範の構築にふさわしい時間短縮・平等余暇実現の施策が強く望まれる。

ワークライフ・バランス政策の二面性　こうした中でいわゆる「ワーク・ライフ・バランス」がにわかに注目されるようになってきている。2006年5月29日第23回男女共同参画会議／少子化と男女共同参画に関する専門調査会から、「仕事と生活の調和（ワーク・ライフ・バランス）を可能とする働き方の見直し」についての提案がなされた。同提案は、「働き方の柔軟性を確保することを通じて、多様な生き方を可能とすることを目的」とし、「子育て世代に対する両立支援の取組を契機として、全ての人を対象とした『仕事と生活の調和（ワーク・ライフ・バランス）を可能とする働き方の見直し』に関する施策を推進する」というものであり、「我が国の男女共同参画の推進にとって重要なものであり、また、結果として少子化対策としても大いに資する取組」とされている。ここで注目すべきは、何故今男女共同参画推進にとって、女性や子育て世代の両立支援のみならず、「すべての人を対象とした仕事と生活の調和（ワーク・ライフ・バランス）」なのか？という点である。

　すでに述べたとおり1990年代以降のグローバリズム／新自由主義の隆盛の中で、わが国の雇用の分野でも1995年日経連の「新時代の『日本的経営』」の提起と、それを推進するための一連の労働分野での規制緩和がなされてきており、これらの総しあげとして、2006年11月経済財政諮問会議からいわゆる「労働ビッグバン——雇用、賃金、労働時間制度の改革により労働市場の一層の効率化——を目指す提言」がなされ、前述したホワイトカラー・エグゼンプションなどもその具体的な提言内容に含まれていたのである[注53]。しかし

ながら2007年に入り，政府はホワイトカラー・エグゼンプションへの労組や世論の反発から制度化を見送り，さらに少子化やワーキング・プア／貧困下の進展の中で，結局財政諮問会議は，2007年6月発表の基本方針「2007―「美しい国」へのシナリオ」で，「労働市場改革」について，「人口減少下で貴重な人材がいかされるには，全ての人が働きがいと意欲を持ち，自らの希望にもとづいて安心して働けることが重要である。その観点から，フェアな働き方の実現に向けた労働市場改革に取り組む」と述べるに至った。ここで強調されているのは，まず，少子化の進行で「労働力不足」が深刻になるという認識であり，これへの対応として，主婦の労働市場への吸引や外国人労働者の利用など安い労働力の動員が想定され，そのためは「複線型でフェアな働き方」に向けた労働市場改革（＝「労働ビッグバン」）が必要だというのである。

このような基本方針の下に，2つの「改革ポイント」が示されている。その1つが「働き方の改革の第一弾として，仕事と家庭・地域生活の両立が可能な『ワーク・ライフ・バランス憲章』（仮称）を策定する」ということであり，いま1つは「労働市場改革について引き続き検討を進める」とされている。

そのうえでこのような基本方針を実現する「具体的手段」の第1として，関係府省の連携のもとに，2007年内を目途に，①「就業率向上や労働時間短縮などの数値目標」，②「ワーク・ライフ・バランス社会の実現度を把握するための指標のあり方」，③「ワーク・ライフ・バランスの実現に向けた支援施策，制度改革等に関する政府の横断的な政策方針」，④「経済界・労働界を含む国民運動推進に向けた取組方針」を策定することとされ，第2として，「専門調査会において，冒頭の趣旨を踏まえて労働市場改革をめぐる課題について引き続き検討を進め，その報告等を踏まえ，経済財政諮問会議で議論を行う」とされている。

以上から「労働ビッグバン」の「総仕上げ」のポイントの1つが

「労働力不足対策」にあること，それが「ワーク・ライフ・バランス」の名のもとにさまざまな低賃金労働力の重層的な調達システムの構築をねらっていることを読みとることができる。このように少なくとも政府が推進しようとしているワーク・ライフ・バランス政策は，「労働市場の効率化（労働ビッグバン）の一環としての位置づけであることに注目する必要がある。

しかしながら，そもそも本来のワーク・ライフ・バランスはこのようなものではなかったのである。本来のワーク・ライフ・バランスの考え方は，その言葉より長い歴史を持ち，八時間労働制要求の歴史と重なるものなのである。そもそも八時間労働制要求は，労働と「人間らしい生活」とのバランスで決められるものであり，本来のワーク・ライフ・バランスも生活時間とのバランスで労働時間を考えるものであり，八時間労働制の思想と基本的に同じであり，今日のワーク・ライフ・バランス政策の発祥は1980年代の欧米であった。アメリカでは，1970年代後半から第三次産業の発展で多くの女性が職場に進出し，彼女らの権利意識の高まりとあいまって，仕事を「家事や育児とのバランス」で考える風潮が広まり，これがワーク・ライフ・バランスとして1980年代に入りヨーロッパに拡がっていたものである。

欧米に共通しているのは，1980年代以降，市場原理主義にたつ「新自由主義」の影響が労働分野もとらえ，労働時間を規制する労働法制・労働共訳が切り崩される危機にみまわれ，労働時間の延長や変則化が「生活破壊」を引き起こすようになり，こうした情勢の新たな展開のもとで，ワーク・ライフ・バランス実現のための運動が，女性差別撤廃条約の影響も受けて，女性の家事・育児と仕事の両立をめざして始まったのである。このようにワーク・ライフ・バランス政策は，本来ILOがかかげるディーセント・ワークの内容を形成するものであり，「ジェンダー平等」な規範の内容を形成する時間短縮／生活時間思想の実現をめざす理念・対策なのである[注54]。

第3章 ジェンダーと雇用の法

**ケア支援** 国際社会では雇用の場合において、男女平等法制や男女均等待遇の原則が整備されつつあるものの、実際には女性はジェンダーの組み込まれた社会において、性別役割分担論や特性論の下、家事・育児責任と商業生活の両立を余儀なくされ、キャリア形成が阻まれたり、その機会を喪失しているとの現状が認識されるようになるにつれ、男女間の「実質的機会の平等」の達成のためには、男女が共にその職業生活上の責務と家庭生活上の責務を両立させるシステムが不可欠であるとの認識が共有されるようになってきた。かくして女性差別撤廃委員会(CEDAW)は、1991年一般的勧告において、ナイロビ将来戦略に基づき締約国に対し、女性の「無報酬の家庭内活動」を測定・評価する調査・研究を奨励、援助し、GNPにおいて女性の「無報酬の家庭内活動」を計量化する措置をとること等を加盟各国に勧告した。これをうけてEUは、1996年理事会にて育児休業に関する指令を発し、同指令では、①男女労働者は子供が8才に達するまで、少なくとも各3ヶ月育児休業の権利を有し、②男女の機会均等と均等待遇を促進するため、労使は育児休業の権利を原則として譲渡できないものとして、母親が父親の分も含めた6ヶ月間育児休業をすることができないものと規定した(12条)。さらに2002年EU首脳会議において、各国が、同年中に、託児などの子供及び老人のケア並びに女性の就労促進と男女間の給与について共通評価システムを導入することにより、均等待遇及び労働環境の改善を図ることが合意された。わが国においても、育児、介護休業法が整備されつつあるものの、既に述べた通り、今日のわが国は急速に進む雇用の非正規化と正規社員の長時間過密労働の中で、男女労働者共に余暇の実現は望むべくもなく、さらに経済的不安から、「出産からの逃避」現象が生じ、2006年には合計特殊出生率が1.25に低下するに至っている。この間わが国の政府はこれに対してさまざまに対策をたてているにもかかわらずいずれも有効なものとなっておらず、この間出生率は低下の一途をた

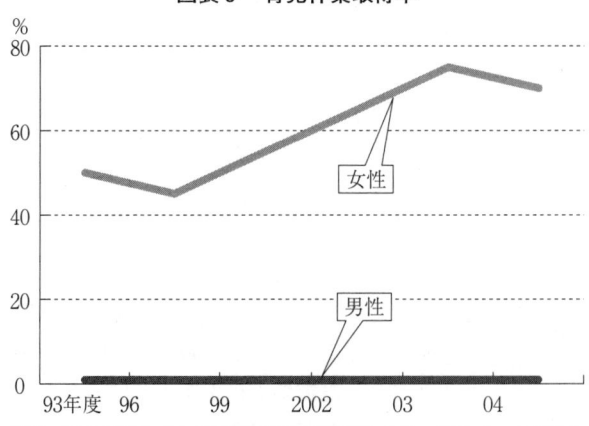

図表9　育児休業取得率

(注)　厚生労働省「女性雇用管理基本調査」より。調査ベースが異なるため，厳密には比較できない

どっているのである。しかも育児についても男性労働者の取得率が，女性と比して著しく低い現状にあり（図表9），ケア支援のためにもいわゆる「ワーク・ライフ・バランス」の推進を目指す施策が強く求められている。

## 6　おわりに―「ジェンダー規範」から「ジェンダー平等」な規範の実現を目指して

　本章は，「ジェンダー規範」「男性稼ぎ主」モデルという浅倉・大沢両氏の所説に触発されたものであるが，そこでの問題意識は，崩壊過程に入ったとはいえ，依然としてわが国の雇用社会に深く根ざしている男性中心の「ジェンダー規範」の克服が，ジェンダーと法に課された課題の1つであることは明らかにし，「ジェンダー規範」にとらわれない，真に男女が平等に，そして個として尊重される雇用社会をいかにして構想することが可能かを探究することであった。そのためには，ジェンダーにとわられない規範，すなわち，「ジェ

ンダー平等」な規範の構築がなされなければならず,そのようなものとして,少なくとも平等待遇・収入,労働時間短縮・平等余暇,ケア支援,反周縁化,尊重の平等の諸原則を規範化していく必要があるということが明らかになったと思われる。しかしながら,わが国の雇用社会の特徴は,第2次世界大戦後次第に形成されてきた男女雇用平等法制が,未だにこれらの規範から著しくかけ離れた水準にあるということであり,その原因として,水準が低く実効性に欠ける法制のみならず,わが国の雇用社会をおおっている,グローバリズムや産業構造の変化に伴う規制緩和,新自由主義的政策と,その中で進展している雇用の非正規化・不安定化,長時間労働等が複合して「ジェンダー平等」な規範の実現を阻止している現状を指摘せざるを得ないのである。したがって我々の「ジェンダー平等」な規範実現に向けた戦略も,複合的なものでなくてはならず,とりわけ平等待遇・収入,反周縁化に向けての均等待遇原則の実現や,労働時間短縮,平等余暇,ケア支援を中核とする,いわゆる「ワーク・ライフ・バランス」尊重の推進等が強力に実施されなければならず,そのための法政策としては,労働と生活の両分野にかかわるものとして,労働法と社会保障法の共同作業が必要とされているのである。「ジェンダー平等」な規範の実現は,雇用社会における正義の実現を目指すものであり,それは必然的に「ジェンダー平等」な社会の実現を伴うものなのである。

(注1) 本稿は筆者が2004年3月東北大学21世紀COEプログラム「ジェンダー法・政策研究センター」で報告した内容を,その後の状況の変化を踏まえて加筆したものである。
(注2) ILO, *Global Employment Trends for Women* (2004a), *Breakingthrough the glass ceilling Women in management* (Update, 2004b).
(注3) しかしながら,基本法施行後,改正された均等法(2007年4月1日施行)においては,「積極的改善措置」(8条)は,事業主に「義務付けるものではない」とされている(平成18年10月1日付雇児発第

1011002号，第2，3（4）参照）。

(注4) 辻村みよ子『ジェンダーと法』（不磨書房，2005年）2頁，江原由美子「ジェンダーと社会理論」井上俊他編『岩波講座現代社会学11 ジェンダーの社会学』（岩波書店，1995年）25頁，Scott, J. W., 1999 *Gender and the Politics of History* (Re. Ed.) Columbia U.P.（荻野美保訳『増補新版ジェンダーと歴史学』平凡社，2004年）訳72頁以下，特集「ジェンダーと法」ジュリスト1237号（2003年）2頁以下参照。

(注5) いわゆるケンブリッジ学派の祖にして現代福祉国家論のデザインを理論化したA・マーシャルや，福祉国家の類型論を唱えたエスピン・アンデルセンらがジェンダー関係をほとんど無視していたことはよく知られているところであり，この点をスーザン・M・オーキンは正義論の観点から鋭く批判し，ジェンダーは短期の問題としては，弱者の女性を保護すること，長期の問題としては，ジェンダー・フリーの社会をつくることによって解決することと主張している。Okin, S. M., 1989 *Justice, Gender, and the Family, New York*: Basic Books.

(注6) 小島妙子・水谷英夫『ジェンダーと法Ⅰ-DV・セクハラ・ストーカー』（信山社，2004年）5頁以下。

(注7) 浅倉むつ子「労働世界における『男性規範』への排戦-間接性差別概念の意義」法律時報（2006年1月号）21頁，『労働法とジェンダー』（勁草書房，2004年）8頁以下，尚「シンポジウムⅡジェンダーと労働法」日本労働法学会誌106号（2005年）61頁以下。浅倉氏の諸説に対する批判的検討として「学界展望：労働法理論の現在—2002〜2004年の業績を通じて」日本労働研究雑誌536号（2005年）3頁以下。

(注8) 柴山恵美子他編著『世界の女性労働』（ミネルヴァ書房，2005年）178頁以下。

(注9) 大沢真理「『男性稼ぎ主』型から脱却できるか—社会政策のジェンダー主流化」（社会政策学会誌第11号，2004年）52頁以下，同『男女共同参画社会をつくる』（NHKブックス，2002年）133頁以下。

(注10) 野村正實『終身雇用』（岩沼書店，1994年）194頁以下。尚，社会「規範」と法「規範」の異同について，第一次ルールと第二次ルールによって説明するHart, H. L. A., 1997 *The Concept of Law* (2nd ed.), Clarendon Pr.（矢崎光圀訳『法の概念』みすず書房，1997）訳88頁以下。

(注11) 塩野谷裕一『経済と倫理—福祉国家の哲学』（東京大学出版会，2002年）296頁以下。

(注12)　規制緩和のもたらす雇用社会の現状について鹿嶋敬『雇用破壊―非正社員という生き方』（岩波書店，2005年），玄田有史『働く過剰―大人のための若者読本』（NTT出版，2005年）など。

(注13)　近年の労働契約，労働時間法制の動向について，山川隆一「新しい労働契約法制を考える」（法学教室 NO.309，2006年）6頁，水町勇一郎「新しい労働時間制度を考える」（同）13頁。

(注14)　この点について竹中恵美子は，パート労働指針となった「日本的均衡処遇ルール」や改正均等法の女性保護規定の全廃，均等待遇との連動を欠く社会保障の個人単位化などをあげて，これらはいずれも「『男性稼ぎ主モデル』を解体するというよりも，むしろ踏襲」するものであると指摘している。竹中の指摘は大沢の見解に対する指摘としては正鵠を得たものであろうが，やはり1990年代後半以降，新自由主義的諸改革によって「男性規範」「男性稼ぎ主」モデルの経済的基盤である雇用社会が変容・崩壊過程入っている点の把握が不十分であると思われる。竹中恵美子「日本の男女雇用平等政策のいま―『男性稼ぎ主モデル』は転換しうるか―」女性労働問題研究会編・女性労働研究 NO.47（青木書店，2005年）7頁以下。

(注15)　もっとも浅倉自身も，間接差別の導入について「もちろん，間接性差別が禁止されたとして，当該概念は万能ではなく，労働世界の中心にある『男性規範』自体を変容させることはけっして容易ではない。例えば間接性別概念における『正当性要件』や『比較すべき男性』などをめぐって，理論的に解決されなければならない課題は多い」と述べいる（2006. 25）。

(注16)　Fraser, N., 1996 *Justice Interruptus: Critical Reflections on the "Post-socialist" Condition*, Routeledge（仲正昌樹監訳『中断された正義』御茶の水書房，2003年）訳63頁以下。

(注17)　「平等と差異」をめぐる論争は，道徳哲学のレベルでは，「正義」の倫理学のみならず「ケア」の倫理学を生み出している。Gilligan, C., 1982 *In a Different Voice: Psychological Theory and Women's Development*, Harvard U.P.（岩男寿美子監訳『もうひとつの声』川島書店，1986年）。

(注18)　前掲（注16）訳78頁以下。

(注19)　前掲（注16）訳84頁以下。

(注20)　前掲（注16）訳90頁以下。

(注21)　労基法3，4条の立法経緯につき中窪裕也「労働保護法から労

働基準法へ」(日本労働法学会誌95号,2000年)113頁以下。
(注22) 住友セメント事件・東京地判昭41年12月20日判時467号26頁（結婚退職制），日産自動車事件・最三小判昭56年3月24日労判360号23頁（差別定年制）など。
(注23) 最高裁は，企業の採用の自由に関連して憲法の人権規定（14, 19条）の直接適用を否定し，思想信条を理由とする採用拒否が直ちに不法行為になるものではないとし（三菱樹脂事件・最大判昭48年12月12日判時724号18頁），労基法3条も募集・採用には適用されないものと解されており，その結果「男女別雇用制度」・「コース別管理制度」などによって男女別基準の募集・採用とそれによる昇進昇格差別や賃金格差が発生した場合の違法性判断につき，判例においてはいわゆる「時代制約論」が登場することになる（注21参照）。なお国際的には，企業の採用の自由については雇用平等及び労働者の個人情報保護の観点から制約するのが一般的である（例えばILO111号条約「雇用及び職業についての差別待遇に関する条約」1958年，ILO「労働者の個人データの保護に関する実施コード」1996年など）
(注24) 1997年労基法改正による女性の時間外・休日労働制限と深夜業禁止規定廃止の評価をめぐって，浅倉の見解を批判するものとして，岩佐卓也「ジェンダー社会と新自由主義」(「賃金と社会保障」1348号，2003年）4頁以下。
(注25) 日本鉄鋼連盟事件・東京地判昭61年12月4日判時1215号3頁，住友電工事件・大阪地判平12年7月31日労判792号48頁，住友化学事件・大阪地判平13年3月28日労判807号10頁，野村証券事件・東京地判平14年2月20日労判822号13頁，兼松事件・東京地判平15年11月5日労判867号19頁，岡谷鋼機事件・名古屋地判平16年12月22日労判888号28頁，住友金属工業事件・大阪地判平17年3月28日労判898号40頁など。これらの判例に関する評釈は夥しい数にのぼるが，近時のものとして石田眞「男女別コース制と差別的取扱の正当性—住友金属工業事件」ジュリスト1313号（2006年）238頁，阿部未央「労働判例研究：男女間の昇進昇格，賃金格差における差別の認定と法的効果—名糖健康保険組合事件」法学第70巻第1号（2006年）127頁。なお「コース別」について，①コース分けが職種・職務内容など客観的・合理的な相違に基づいてなされている「真正コース制」と，②そうした要件を満たさない「不真正コース制」とに分け，②については，それを採用・配置差

別の問題として処理するのは適切ではなく,問題となっている賃金格差や昇給格差が採用方法や配置・職務内容の相違によって正当化されるかどうかという観点から厳密な検討が必要であるとする見解として,西谷敏「コース別雇用管理と女性差別の違法性」労働法律旬報1509号（2001年）59頁,同「男女『コース制』の違法性とその救済法理」同1595号（2005年）18頁。女性労働の現状について,特集「女性労働の現在と展望」季刊労働法204号（2004年）76頁以下参照。

(注26) 2003年6月開催の第91回 ILO 総会で,条約勧告適用専門家委員会は,100号条約（同一価値労働同一賃金）に関して,「本委員会は,日本政府に対し,コース別人事制度が女性を直接あるいは間接に差別するような方法で使用されていないことを保障するために必要な措置をとるとともに,各企業内でコース別雇用管理に関するガイドラインがどのように運用され,それが監視されているかについての情報,および各コースにおける男女の比率に関する統計を含めて,男女賃金格差に及ぼすガイドラインの影響に関する情報を提供するよう再度要請する」旨の報告を行い（労働法律旬報1555号,2003年7月上旬号全訳17頁以下）,また CEDAW の同年8月9日日本レポート審査最終コメントでは,「本委員会は,日本の国内法に差別の明確な定義が含まれていないことに懸念を表明」し,「条約第1条に沿った,直接及び間接差別を含む,女性に対する差別の定義が国内法にとりこまれること」を勧告した（女性労働問題研究会編・女性労働問題研究 No.45,107頁,2004年）。なお野村証券,住友化学事件の和解の経緯,内容について,宮地光子,石田絹子,今野久子「法廷から」（同 No.47,118頁以下,2005年）。

(注27) 長野地上田支判平8年3月15日判タ905号276頁。

(注28) パートタイム労働研究会（最終報告）『パート労働の課題と対応の方向性』（厚生労働省,2002年7月）は,「わが国においてヨーロッパ的な意味での『同一労働同一賃金』が公序となっているとは言いがたい。労働基準法上,均等待遇原則を定めた第3条も,差別禁止事由として挙げられている『社会的身分』にはパートや非正社員といった雇用形態の違いは含まれないと解され,（中略）わが国における今後の賃金制度の変化を考慮に入れたとしても,ヨーロッパのように『職務』による評価を中心とした『同一労働同一賃金』の考え方をそのままわが国にあてはめることはできないと考えられる。」とし,「均衡処遇

ルール」について,「この考え方は,正社員との職務(責任・権限を含む)同一性を第1の判断基準としつつ,同じ職務であっても,能力や成果などの他の諸要素や,配置転換の有無等働き方の違いによって処遇が違いうるわが国の実態に深く配慮した均衡処遇ルールといえる」と自画自賛している。しかし同ルールによって「均等待遇」が図られる労働者は,1,200万人にも及ぶパート労働者のうち「職務も配転・転勤等の取扱いも含めて正社員と同じケース,すなわち上記ルールからみて処遇の決定方法を合わせるべきと考えられるケースは,事業所,正社員,パートいずれからみてもパート全体の4〜5%」(同報告書)にすぎず,後述する通り,結局のところはパートとフルタイム労働者との賃金格差を是認するものとなっているといわざるを得ず,今日,フルタイムとパートタイムの賃金・処遇格差の是正ことが「ジェンダー規範」の克服にとって喫緊の課題となっていることに応えるものとはなっていないのである。なおフルタイムとパートタイムの格差是正を論ずるものとして西谷敏「パート労働者の均等待遇をめぐる法政策」日本労働研究雑誌513号(2003年)56頁。

(注29) 2006年6月2日付毎日新聞。もっとも「少子化」についてはその原因・対策をめぐってさまざまな議論がなされている。橘木俊詔編著『現代女性の労働・結婚・子育て—少子化時代の女性活用政策』(ミネルヴァ書房,2005年),白波瀬佐和子編『変化する社会の不平等—少子高齢化にひそむ格差』(東京大学出版会,2006年),特集「少子高齢化社会へ向けての法施策」ジュリスト1282号(2005年)6頁以下参照。

(注30) 相澤美智子「間接差別法理の内容と適用可能性」日本労働研究雑誌535号(2005年)32頁。

(注31) 黒岩容子「性差別禁止法の間接差別と『正当性』の抗弁」労働法律旬報1489+1490号(2000年)38頁。

(注32) 日本労働弁護団「均等法を『改正』する法案要綱に対する声明」季刊・労働者の権利 Vol.264(2006年)79頁,山田省三「2006年男女雇用機会均等法改正案の内容と問題点」労働法律旬報1624号(2006年)4頁以下。

(注33) 神尾真知子「ポジティブ・アクションの現状と課題」季刊労働法204号(2004年)144頁。

(注34) セクシュアル・ハラスメント規制は各国で進められているものの,依然として各国では職場における暴力,いじめの広がりの中で深

刻な問題となってきており，EU25ヵ国では，精神的いやがらせやセクシュアル・ハラスメントの被害者は年間1,500万人に達している（ILO: Violence at Work. 3rd. 2006年）。

(注35)　http://www.mhlw.go.jp/houdou/2006/05/h0525-1.html. なお,例えば秋田労働局では2005年に男女雇用機会均等法に関する相談件数136件中，セクハラに関するものが29.4％に達し，行政指導の92％がセクハラに関する是正助言であった（2006年6月13日付河北新報）。

(注36)　公益通報者保護制度については，拙著「『内部告発』と労働法」日本労働研究雑誌530号（2004年）11頁，労働審判制度については「シンポジウム：労働審判制をどう活用するか」労働法律旬報1619号（2006年）4頁参照。

(注37)　例えば国税庁「民間給与実態統計調査」（平成15年度）によると，1年間を通じて勤務した給与所得者について男女別に給与水準をみると，300万円以下の所得者の割合が男性では18.7％であるのに対し，女性は65.1％に達している。また，700万円超の者は，男性で22.1％となっているのに対し，女性は3.3％に過ぎない。内閣府「平成17年版男女共同参画白書」（2005年）67頁。

(注38)　この点につき，森ます美は「『年功賃金』が本質的に持つ性差別性」が問題であり，「日本の性差別賃金は，性差別性を内在化させた年功賃金をベースとする賃金体系と，ジェンダー・バイアスに満ちた人事考課を内包する性別雇用管理の統合のなかでもたらされている。」とし，その理由として，①年功賃金が属人給であり，職務や労働の質と量に基づかない賃金であること，②家族賃金イデオロギーに色濃く彩られた男性労働者対象の世帯扶養的生活給の体系であること，③賃金原資の労資間への配分が企業内在的に行われていることを指摘している（森ます美『日本の性差別賃金』有斐閣（2005年）83頁以下）。この指摘は示唆に富むものであるが，「『年功賃金』が本質的にもつ差別性」が問題との指摘には賛同しがたいものがある。周知のように，戦後の「電産型賃金」によって体系化されたわが国の年功賃金は，年齢別生活保障を基本にしつつ，人事査定によって個人別の差をつけるものであるが，女性労働者達はいわゆる男女別雇用管理のもと，採用から退職に至るまで男性とは別コースを強いられ，その結果著しい賃金格差が生じたことは既に述べた通りであるが，これらは，年功賃金が「本質的にもつ」問題というよりも，むしろ社会に広範に存在する「ジェン

ダー規範」とりわけ性別役割分業論の労働世界への浸透によってもたらされた差別・格差であり、いわば社会からの「外在」的要因によるものであり、年功賃金の性差別的運用が問題であったというべきものと思われる。ちなみにこの点について、森も引用する中田論文は、社会に存在する「ジェンダー」によって労働市場が分断され、「年齢」が主要な要素として働くという労働市場分断仮説を提示して、この問題を的確に分析している。中田喜文「日本における男女賃金格差の要因分析：同一職種に就く男女労働者間に賃金格差は存在するのか？―」中馬宏之・駿河輝和編『雇用慣行の変化と女性労働』（東大出版会、1997年）173頁以下。関連するものとして、大沢真理「『パートタイム』労働と均等待遇原則―経済学的アプローチ―」日本労働法学会誌90号（1997年）108頁、野村正實『知的熟練批判―小池和男における理論と実証―』（ミネルヴァ書房、2001年）154頁、小越洋之助『終身雇用と年功賃金の転換』（ミネルヴァ書房、2006年）40頁以下。

(注39) 山田省三・前掲（注32）参照。

(注40) わが国の人事査定のシステムを研究するものとして、遠藤公嗣『日本の人事査定』（ミネルヴァ書房、1990年）、橘木俊詔編『査定・昇進・賃金決定』（有斐閣、1992年）参照。

(注41) 部下の私的な生活に対する上司の介入につき不法行為を認定したダイエー事件・横浜地判平2.5.29労時1367号13頁。

(注42) 男女別の賃金表を労基法4条違反とした秋田相互銀行事件・秋田地判昭50.4.10判時778号27頁、女性行員に家族手当を支給しない取扱いを同法違反とした岩手銀行事件・盛岡地判昭60.3.28労判45062頁（仙台高判平4.1.10労判605号98頁）など。

(注43) 日ソ図書事件・東京地判平4.8.27労判611号10頁。

(注44) 家族手当の支給対象者を「世帯主」として、共働き夫婦の場合に家計の主たる担い手である収入の多い方にのみ支給する扱いは労基法違反とならないとした裁判例があるが（日産自動車事件・東京地判平1.1.26労判553号45頁）、他方、「世帯主」でなく、かつ「勤務地限定」であることを理由として一定年齢で昇給停止させる基準につき、使用者が女性に一家的に不利益になることを容認しつつ導入したとして労基法違反とした裁判例も登場している（三陽物産事件・東京地判平6.6.16労判651号15頁）。

(注45) かつて昇格差別による差額賃金請求については、賃金請求権と

してではなく損害賠償請求としてのみ認容した裁判例があったが（社会保険診療支払基金事件・東京地判平2.7.4労判565号7頁），やがて男性職員は年功的に自動昇格されるという「労使慣行」を根拠に昇格後の地位（課長職）確認ができるとした芝信用金庫事件一審判決（東京地判平8.11.27労判704号21頁）に続き，資格付与は労基法13条及び92条の「基準」に該当するとして同条の類推適用により課長職の付与を認容した同事件二審判決（東京高判平12.12.22労　796号5頁）が登場しており，これらは格差是正について極めて注目すべき判決といえる。

(注46)　森ます美（前掲注31）291頁。

(注47)　この点については，前述したパートタイム労働研究会（最終報告）でも「わが国においてヨーロッパ的な意味では『同一労働同一賃金』が公序となっているとは言いがたい」として同様の趣旨のことが述べられている（注28参照）。

(注48)　柴山恵美子・中曽根佐織編著『EUの男女均等政策』（日本評論社，2004年）206頁以下。

(注49)　http://www.mhlw.go.jp/toukei/itiran/roudou/koyou/keitai/06/index.html.

(注50)　21世紀職業財団「パートタイム労働者実態調査」（2005年9月実施）（事業主回答）。

(注52)　濱口桂一郎「EU労働法政策における労働時間と生活時間―日本へのインプリケーション」社会政策学会誌第15号（2006年）36頁。

(注53)　06年10月経済財政諮問会議に労働市場改革専門調査会が設置され，更に民間議員より「労働市場の効率化（労働ビッグバン）をめざすとして以下の内容の提言がなされた。

「②労働市場の効率化（労働ビッグバン）
・経済全体の生産性向上のためには，貴重な労働者が低生産性分野から高生産性分野へ円滑に移動できる仕組みや人材育成，年功ではなく職種によって処遇が決まる労働市場に向けての具体的施策が求められているのではないか。
・公務員についても，公務員制度改革が必要である。」

(注54)　大沢真知子『ワークライフバランス社会へ―個人が主体の働き方』（岩波書店，2006年），同『ワークライフシナジー―生活と仕事の〈相互作用〉が変える企業社会（岩波書房，2008年），高橋伸彰『少子高齢化の死角―本当の危機とは何か』（ミネルヴァ書房，2005年），有

村貞則『ダイバーシティ・マネジメントの研究―在米日系企業と在日米国企業の実態調査を通して―』(文眞堂, 2007年), 山口一男=樋口美雄『論争日本のワーク・ライフ・バランス』(日本経済新聞出版社, 2008年) など参照。

## 参 考 文 献

青木やよひ(1994)『共生時代のフェミニズム』オリジン出版センター
青柳和身(2004)『フェミニズムと経済学』御茶の水書房
青山薫(2007)『「セックスワーカー」とは誰か―移住・性労働・人身取引の構造と経験』大月書店
赤川学(1999)『セクシュアリティの歴史社会学』勁草書房
赤川学(2006)『構築主義を再構築する』勁草書房
赤松良子・山下泰子監修(2003)『女性差別撤廃条約とNGO―「日本レポート審議」を活かすネットワーク』明石書店
浅倉むつ子(2000)『労働とジェンダーの法律学』有斐閣
浅倉むつ子(2004)『労働法とジェンダー』勁草書房
浅倉むつ子・戒能民江・若尾典子(2004)『フェミニズム法学―生活と法の新しい関係』明石書店
浅倉むつ子・角田由紀子編(2007)『比較判例ジェンダー法』不磨書房
足立眞理子他編(2007)『フェミニスト・ポリティクスの新展開―労働・ケア・グローバリゼーション』明石書店
麻生博之他編(2006)『哲学の問題群』ナカニシヤ出版
荒金雅子他編著(2007)『ワークライフバランス入門』ミネルヴァ書房
有村貞則(2007)『ダイバーシティ・マネジメントの研究―在米日系企業と在日米国企業の実態調査を通して―』文眞堂
伊田広行(2004)『はじめて学ぶジェンダー論』大月書店
市川浩(1992)『精神としての身体』講談社学術文庫
市川浩(1993)『〈身〉の構造』講談社学術文庫
今村仁司・座小田豊編(2004)『知の教科書 ヘーゲル』講談社選書メチエ
上野千鶴子(1995)「差異の政治学」井上俊他編『岩波講座現代社会学11ジェンダーの社会学』岩波書店
江原由美子(1995)「ジェンダーと社会理論」井上俊他編『岩波講座現代社会学11ジェンダーの社会学』岩波書店
江原由美子(2001)『ジェンダー秩序』勁草書房
江原由美子(2002)『自己決定権とジェンダー』岩波書店
江原由美子・金井淑子編(1997)『フェミニズム』新曜社
江原由美子・山崎敬一編(2006)『ジェンダーと社会理論』有斐閣

参考文献

遠藤織枝編著（2007）『ことばとジェンダーの未来図―ジェンダー・バッシングに立ち向かうために』明石書店
大江洋（2004）『関係的権利論―子どもの権利から権利の再構成へ』勁草書房
大沢真知子（2006）『ワークライフバランス社会へ―個人が主役の働き方』岩波書店
大沢真知子（2008）『ワークライフシナジー』岩波書店
大沢真理（2002）『男女共同参画社会をつくる』日本放送出版協会
岡野八代（2003）『シティズンシップの政治学―国民・国家主義批判』白澤社／現代書館
荻野美穂（2002）『ジェンダー化される身体』勁草書房
加藤秀一（2006）『ジェンダー入門』朝日新聞社
加藤智章他著（2001）『社会保障法』有斐閣
金森久雄他編（1986）『経済辞典〔新版〕』有斐閣
金井淑子・細谷実編（2002）『身体のエシックス／ポリティクス―倫理学とフェミニズムの交叉』ナカニシヤ出版
金城清子（2002）『ジェンダーの法律学』有斐閣
鎌田とし子他編（1999）『講座社会学14ジェンダー』東京大学出版会
紙谷稚子（1997）「性支配の法的構造と歴史的展開」岩村正彦他編『岩波講座現代の法11ジェンダーと法』岩波書店
河上肇（1916）・大内兵衛解題（1947）『貧乏物語』岩波文庫
河口和也（2003）『クイア・スタディーズ』岩波書店
川崎賢子・中村陽一編（2000）『アンペイド・ワークとは何か』藤原書店
川本敏編（2001）『論争・少子化日本』中公新書
川本隆史（1995）『現代倫理学の冒険』創文社
京都YMCA・APT編（2001）『人身売買と受入大国ニッポン―その実態と法的課題』明石書店
国連（1995）『コペンハーゲン宣言及び行動計画／世界社会開発サミット』国連広報センター
斎藤純一（2000）『公共性』岩波書店
齋藤純一編（2003）『親密圏のポリティクス』ナカニシヤ出版
阪本昌成（2004）「発題Ⅰ法律の世界における公私と公共性」長谷部恭男・金泰昌編『公共哲学12法律から考える公共性』東京大学出版会
笹倉秀夫（2007）『法思想史講義〈下〉』東京大学出版会
佐藤寛＋アジア経済研究所開発スクール編（2007）『テキスト社会開発―貧困

削減への新たな道筋』日本評論社
佐藤進（2006）『EU社会政策の展開』法律文化社
沢山美果子他（2007）『「家族」はどこへいく』青弓社
ジェンダー法学会編（2004）『ジェンダーと法』（NO 1）日本加除出版
柴山恵美子他編訳（2004）『EU男女均等法・判例集』日本評論社
杉田聡（1999）『男権主義的セクシュアリティ―ポルノ・買売春擁護論批判』青木書店
第二東京弁護士会編（2003）『事例で学ぶ―司法におけるジェンダー・バイアス』明石書店
高橋昌一郎（2007）『哲学ディベート―〈倫理〉を〈論理〉する』NHKブックス
竹田青嗣・西研（2007）『完全解読ヘーゲル『精神現象学』』講談社選書メチエ
竹村和子（2000）『フェミニズム』岩波書店
田崎英明（2000）『ジェンダー／セクシュアリティ』岩波書店
月川倉夫他（2006）『（新版）講義国際法入門』嵯峨野書院
辻村みよ子（1997a）「性支配の法的構造と歴史的展開」岩村正彦他編『岩波講座現代の法11ジェンダーと法』岩波書店
辻村みよ子（1997b）『女性と人権―歴史と理論から学ぶ』日本評論社
辻村みよ子他（2003）『特集―ジェンダーと法』ジュリスト2003年1月1・15日号
辻村みよ子編（2007）『ジェンダー法政策研究叢書第10巻・ジェンダーの基礎理論と法』東北大学出版会
角田由紀子（2001）『性差別と暴力―続・性の法律学』有斐閣
富永健一（2001）『社会変動の中の福祉国家』中公新書
永井裕（2006）『アメリカ知識人論』倉風社
中川スミ（1995）「日本型企業社会における女性の労働と家族」基礎経済科学研究所編『日本型企業社会と女性』青木書店
中窪裕也（1995）『アメリカ労働法』弘文堂
中村桃子（1995）『ことばとフェミニズム』勁草書房
二宮周平他（2002）『特集―ジェンダーと家族』法律時報2002年8月号
日本婦団連（2007）『女性白書2007―少子化と女性』ほるぷ出版
日本ILO協会（1999）『世界の労働』1999年10月号
日本学術会議・学術とジェンダー委員会（2006）『対外報告―提言：ジェンダー視点が招く学術と社会の未来』
日本婦人団体連合会編（2004）『女性白書2004―世界の流れと日本の女性』ほ

るぷ出版

野崎綾子（2003）『正義・宗教・法の構造変換―リベラル・フェミニズムの再定位』勁草書房

野矢茂樹（2006）『入門！論理学』中公新書

濱口桂一郎（1998）『EU労働法の形成―欧州社会モデルに未来はあるか？』日本労働研究機構

廣松渉外編（1998）『岩波哲学・思想事典』

樋口陽一（2004）『国法学　人権原論』有斐閣

樋口陽一他（1984）『注釈　日本国憲法上』青村書院新社

広中俊雄（1989）『民法綱要』（2006）『新版民法綱要』創文社

広渡清吾（2006）「市民社会論のルネッサンスと市民法論」林信夫・佐藤岩夫編『法の生成と民法の体系―広中俊雄先生傘寿記念論集』創文社

深田三徳（2004）『現代法理論論争―R.ドウオーキン対法実証主義』ミネルヴァ書房

福原宏幸編著（2007）『社会的排除／包摂と社会政策』法律文化社

伏見憲明（1997）『〈性〉のミステリー―越境する心とからだ』講談社現代新書

堀内光子（2004）「ジェンダーの主流化」『特集：女性の働き方これから…』労働の科学2004年2月号

松田聡子（1993）「男女平等とアファーマティブ・アクション」『佐藤功喜寿記念・現代憲法の理論と現実』青林書院

三木妙子他著（2003）『家族・ジェンダーと法』成文堂

水谷英夫（2006）『職場のいじめ』信山社

三成美保（2005）『ジェンダーの法史学―近代ドイツの家族とセクシュアリティ』勁草書房

牟田和恵（2006）『ジェンダー家族を超えて―近代の生／性の政治とフェミニズム』新曜社

森井裕一編（2005）『国際関係の中の拡大EU』信山社

森川恭剛（1999）『多文化主義とフェミニズムの対立？―犯罪論で差別を問題にする方法』流大法学第61号

安田信之（2005）『開発法学―アジア・ポスト開発国家の法システム』名古屋大学出版会

山口一男・樋口美雄編（2008）『論争　日本のワーク・ライフ・バランス』日本経済新聞出版社

東北大学21世紀COEプログラムジェンダー法・政策研究叢書（辻村みよ子監

修2004),2004『世界のポジティブ・アクションと男女共同参画』東北大学出版会

横田耕一(1997)「性差別と平等原則」岩村正彦他編『岩波講座 現代の法11 ジェンダーと法』岩波書店

吉岡睦子・林陽子編著(2007)『実務 ジェンダー法講義』民事法研究会

吉澤夏子(1993)『フェミニズムの困難』勁草書房

吉田克已(1999)『現代市民社会と民法学』日本評論社

米山リサ(2003)『暴力・戦争・リドレス──多文化主義のポリティクス』岩波書店

歴史学研究会編(2004)『シリーズ歴史学の現在9──性と権力関係の歴史』青木書店

若桑みどり他編著(2006)『「ジェンダー」の危機を超える!徹底討論!バックラッシュ』青弓社

A. ギデンス(1999)佐和隆光(2001)『暴走する世界』ダイヤモンド社

Bem, S. L. (1993) The Lenses of Gender: Transforming the Dabate on Sexual Inequality, Yale U. P. 福富護『ジェンダーのレンズ』川島書店1999年

Braidotti, R. (ed.) (1994) Women, the Environment and Sustainable Development: Towards a Theoretical Synthesis, INSTRAW 寿福眞美監訳『グローバルフェミニズム──女性・環境・持続可能な開発』青木書店1999年

Butler, J. (1990) Gender Trouble: Feminism and the Subversion of Identity, Routledge, Chapman & Hall Inc. 竹村和子訳『ジェンダー・トラブル──フェミニズムとアイデンティティの撹乱』青土社1999年

Ch. テイラー,J. ハーバマス他,A. ガットマン編(1994)佐々木毅他訳(2007)『マルチカルチュラリズム』岩波書店

Coomaraswamy, R. (2003) Integration of the human rights of women and the gender perspective Violence against women and Addendum 1, VAWW-NET ジャパン翻訳チーム訳『女性に対する暴力をめぐる10年──国連人権委員会特別報告者クマラスワミ最終報告書』赤石書店2003年

Connel, R. W. (1987) Gender and Power: Society, the Person and Sexual Polics, Polity P. 森重雄他訳『ジェンダーと権力──セクシュアリティの社会学』三交社1993年

Davidson, J. O'. (1998) "Prostitution, Power and Freedom" Michigan U. P.

Davidson, J. O'. (2005) "Children in the Global Sex Trade" Polity P.

Dowd, N. E. & Jacobs, M. S. (2003) "Feminist Legal Theory" New York U. P.

## 参考文献

Dworkin, R, Index on Censorship (ed.) (2003) "A new map of censorship- The A-Z of Free Expression" (田島泰彦監訳2004『表現と自由の検閲を知るための事典』明石書店)

Dworkin, R. (2000) Sovereign Virtue: The Theory and Practice of Equality, Harvard U.P. 小林公他訳『平等とは何か』木鐸社　2002年

Fineman, M. A. (1995) The Neutered Mother, the Sexual Family and Other Twentieth Century Tragedies, Routledge 上野千鶴子監訳『家族, 積みすぎた方舟——ポスト平等主義のフェミニズム法理論』学陽書房　2003年

Fraser, N. (1996) Justice Interruptus: Critical Reflections on the "Postsocialist" Condition, Routeledge 仲正昌樹監訳『中断された正義』御茶の水書房　2003年

Giddens, A. (1992) The Transformation of Intimacy: Sexuality, Love and Eroticism, Polity P. 松尾精文他訳『親密性の変容——近代社会におけるセクシュアリティ, 愛情, エロティシズム』而立書房1995年

Gilligan, C. (1982) In a Different Voice: Psychological Theory and Women's Development, Harvard U.P. 岩男寿美子監訳『もうひとつの声』川島書店　1986年

Gray. A. (2004) "Unsocial Europe-Social Protection or Flexploitation?" Pluto P.

Illich, I. (1981) Shadow Work, Marion Boyars P. 玉野井芳郎・栗原彬訳『シャドウ・ワーク——生活のあり方を問う』岩波書店1990年

ILO (2002) Promoting Gender Equality: A resource kit for trade unions. 木村愛子監訳『労働組合とジェンダー平等』日本ILO協会2004年

ILO (2007)『グローバルレポート——Equality at work: Tackling the Challenges』

ILO, (2004a) Global Employment Trends for Women

ILO, (2004b) Breaking through the glass ceiling Women in management (Updated)

J. ヤング (1999) 青木秀男他訳 (2007)『排除型社会——後期近代における犯罪・雇用差異』洛北出版

Jaggar, A (1983) "Feminist Politics and Human Nature" Prentice-Hall

K. ポラニー (1957) 吉沢英成他訳 (1975)『大転換——市場社会の形成と崩壊——』東洋経済新報社

K. マルクス (1867) 社会科学研究所監修 (1997)『資本論』第一巻, 新日本出版社

Klein, N. (2007) "The Shock Doctrine-the rise of disaster capitalism" Metro-

politan Books.
Kymlicka, W. (1990) Contemporary Political Philosophy: An Introduction, Oxford U.P. 岡崎春輝他訳『現代政治理論』日本経済評論社2002年
Levit, N&Verchick, R.R.M (2006) Feminist Legal Theory, New York U.P.
M. ウェーバー，世良晃志郎訳 (1960)『支配の社会学1』創文社
Mackinnon, C.A. &Dworkin, A. (1988) Pornography and Civil Rights: A New Day for Women's Equality, Organizing Against Pornography 中里 博・森田成也訳『ポルノグラフィと性差別』青木書店2002年
Mackinnon, C.A. (1987) Feminism Unmodified: Discourses on Life and Law, Harvard U.P. 奥田暁子・加藤春恵子他訳『フェミニズムと表現の自由』明石書店1993年
Mies, M. (1986) Patriarchy and Accumulation on a World Scale, Zed Books 奥田暁子『国際分業と女性——進行する主婦化』日本経済評論社，1997年
Millett, K. (1970) Sexual Politics, Doubleday&Company Inc. 藤枝澪子他訳『性の政治学』自由国民社1973年
Minow, M. (1990) "Making All the Difference-Inclusion, Exclusion, and American Law" Cornell U.P.
Money, J. & Tucker, P. (1975) Sexual Signatures: on Being a Man or a Woman, Little Brown 朝山新一他訳『性の署名——問い直される男と女の意味』人文書院，1979年
Nagl-Docekal, Herta (1999) Feministische Phikosophie: Ergebnisse, Probleme, Perspehtiven, Fischer Taschenbuch Verlage (平野英一訳2006『フェミニズムのための哲学』青木書店)
Noddings, N. (2002) Starting at Home: Caring and Social Policy, U. of California P.
Nussbaum, M.C. (1999) Sex and Social Justice, Oxford U.P.
Nussbaum, M.C. (2001) Women and Human Development: The Capabilities Approach, Cambridge U.P.
Oakley, A. (1972) Sex, Gender and Society, Harper Colophon Books
Okin, S.M. (1989) Justice, Gender, and the Family, Basic Books
Okin, S.M. (1999) "Is Multiculturalism Bad for Women?" Princeton U.P.
P. ブルデュー (1979) 石井洋二郎訳 (1990)『ディスタンクシオンI』藤原書店
Pateman, C. (1987) 'Feminist Critiques of the Public/Private Dichotomy', in A. Phillips (ed.), "Feminism and Equality", Blackwell Oxford, 103-26.

R. ギルピン（2000）古城佳子（2001）『グローバル資本主義―危機か繁栄か』東洋経済新報社

Rawls, J. (1971) A Theory of Justice, Harvard U.P. 矢島鈞次監訳『正義論』紀伊國屋書店1979年

Rawls, J. (Kelly, E. ed), 2001 Justice as Fairness: A Restatement, Harvard U.P. 田中成明・亀本洋・平井亮輔訳『公正としての正義再説』岩波書店2004年

Richards, J. R. (1980) "The Sceptical Feminist-A Philosophical Enquiry" Pelican Books

S. ファイアストーン（1970），林弘子訳（1972）『性の弁証法―女性解放革命の場合』評論社

Scales, Ann (2006) "Legal Feminism-Activism, Lawyering and Legal Theory" New York U.P.

Schulhofer, S. J. (1998) "Unwanted Sex-The Culture of Intimidation and the Failure of Law" Harvard U.P

Scott, J. W. (1988) Gender and the Politics of History. Columbia U.P. 荻野美穂訳『ジェンダーと歴史学』平凡社1992年

Scott, J. W. (1999) Gender and the Politics of History Revised Edition, Columiba U.P. 荻野美保訳『増補新版ジェンダーと歴史学』平凡社2004年

Sedgwick, E. K. (1990) Epistemology of the Closet, California U.P. 外岡尚美『クローゼットの認識論―セクシュアリティの20世紀』青土社1999年

Sen, A. (1992) Inequality Rexamined, Oxford U.P. 池本幸生他訳『不平等の再検討―潜在能力と自由』岩波書店1999年

Servais, J-M, Bool?, P., Lansky, M, Smith, C. L. (ed) (2007) "Working For Better Times-Rethinking work for The 21th century" ILO

Song, S. (2007) "Justice, Gender, and the Politics of Multiculturalism" Cambridge U.P.

Walzer, M. (1983) Spheres of Justice: A Defense of Pluralism and Equality, Basic

Young, I. M. (2007) "Global Challenges-War, Self-determination, and Responsibility for Justice" Polity Pr.

アンドレア，センプリーニ（1997, 2000）三浦信孝／長谷川秀樹訳（2003）『多文化主義とは何か』白水社文庫クレジュ

ヴェロニカ・ビーチ，高島道枝・安川悦子訳（1993）『現代フェミニズムと労働―女性労働と差別』中央大学出版部

コーネル，ドゥルシラ（1995）仲正昌樹監訳（2006）『イマジナリーな領域—中絶，ポルノグラフィ，セクシュアル・ハラスメント』御茶の水書房
ジョージ，S.（2004）杉村昌昭・真田満訳（2004）『オルター・グローバリゼーション宣言—もうひとつの世界は可能だ！もし…』作品社
スティグリッツ，J.E., 鈴木主悦訳（2002）『世界を不幸にしたグローバリズムの正体』徳間書房
スティグリッツ，J.E., 楡井浩一訳（2006）『世界に格差をバラ撒いたグローバリズムを正す』徳間書房
デカルト（1649）谷川多佳子訳（2008）『情念論』岩波文庫
ドゥオーキン，R.（1977）小林公訳（2001）『権利論Ⅱ』木鐸社
ナオミ・クライン（2000），松島聖子訳（2001）『ブランドなんか，いらない—搾取で巨大化する大企業の非情』はまの出版
ナオミ・クライン（2002），松島聖子訳（2003）『貧困と不正を生む資本主義を潰せ—企業によるグローバル化の悪を糾弾する人々の記録』はまの出版
ハーバマス，J.（1990）細谷貞雄・山田正行訳（1994）『第2版　公共性の構造転換—市民社会の一カテゴリーについての探究』未来社
ヘーゲル，G.（1821）藤野渉・赤沢正紀訳（2001）『法の哲学Ⅰ，Ⅱ』中公クラシックス
ベンヤミン，W.（1920）浅井健二郎訳（2001）『ドイツ・ロマン主義における芸術批評の概念』ちくま学芸文庫
マーサ・ミノウ（1998），荒木教夫・駒村圭吾訳（2003）『復讐と赦しのあいだ』信山社
マーシャル，T.H., ボットモア，トム（1950, 1992）岩崎信彦他訳（1993）『シティズンシップと社会的階級—近現代を総括するマニフェスト』法律文化社
マギー・ハム，木本喜美子他監訳（1999）『フェミニズム理論辞典』明石書店
マクダナウ＝ハリソン「家父長制と生産関係」A・クーン，A・ウォルプ編，上野千鶴子他訳（1986）『マルクス主義フェミニズムの挑戦』勁草書房
ミード，稲葉三千男・滝沢正樹・中野收訳（1973）『精神・自我・社会—社会的行動主義者の立場から』青木書店
ミッジリィ，J.（1995）萩原康生訳（2003）『社会開発の福祉学—社会福祉の新たな挑戦』旬報社
ラ・ロシェフコー（1678）二宮フサ訳（1989）『ラ・ロシェフコー箴言集』岩波文庫
リサ・タトル，渡辺和子監訳（1998）『新版フェミニズム事典』明石書店

# 事項索引

## あ行

ILO……………120, 129, 132, 141, 155, 156, 183, 190, 197
アファーマティブ・アクション……62, 89, 108, 126, 129
EU……………………………162
異性愛主義………………20, 22

## か行

改正パート法………………243
家　族…………………94, 174
家父長………………………135
家父長制………………44, 78
カルチュラル・フェミニズム………24, 55, 109
間接差別………………40, 225
近　代……71, 90, 106, 114, 123, 135
均等待遇……………………233
クイア理論……………………22
クォーター…………………195
グラスシーリング…………190
グローバリゼーション………135, 142, 145, 189, 209
ケア支援……………………260
ケア責任平等規範…………212
ケアワーク…………………212
形式的平等……………………86
公　私………………………105
公私二分論……………………95
構築主義…………………14, 22
公民権法………………40, 128
コース別管理制度…………219

## さ行

差　異…………4, 105, 112, 117
差異主義(的)アプローチ……109, 124
差　別………………4, 87, 89
GAD アプローチ………144, 193
ジェンダー・バイアス…10, 30, 34, 38, 41, 46, 52, 97, 99
ジェンダー・フリー………22, 98
ジェンダー視点の主流化……132, 133
ジェンダー平等………………95
ジェンダー平等規範…………215
ジェンダー平等視点(の)主流化……3, 141, 184, 192
実質的平等……………………86
支　配…………………………76
社会開発……………………149
社会的欧州モデル…………164
社会的規範……………………4
社会的性別……………………8
社会編成原理…………………10
社会保障……………………176
女性差別撤廃条約……………12
人事考課……………………232
新自由主義……………142, 185
身　体…………………………6
親密圏…………………………93

正　義 …………………………113
正義・平等論 …………………28
正義論 ……………………………82
性　差 …………………………117
性差一元論 ……………………20, 24
性差二元論 ……………………16, 20, 24
性差二分法 ………………………22
性差別 ……………………………3, 82
精　神 ……………………………6
性的二元論 ………………………4
性同一性障害 …………………21, 132, 135
生物学的性差 ……………………3
性　別 ……………………………6
性別役割分業 …………………10, 19, 78
性別役割分業論 …………………120
性別役割分担 ……………………53
セクシュアリティ ……………10, 20, 107
セクシュアル・ハラスメント …37, 49,
　　　　　82, 89, 106, 110, 123,
　　　　　133, 141, 180, 192, 220
セクシュアル・ハラスメント対策
　………………………………229
セクシュアル・マイノリティ ……113,
　　　　　123, 132, 135
セックス …………………………3
総合職 …………………………221

## た　行

第二派フェミニズム ……………3, 18, 28,
　　　　　39, 91, 108, 114
WID アプローチ ………………142, 193
多文化主義 ………………………59
男女共同参画社会基本法 ………8, 193
男女雇用機会均等法 ……………216
男女同一賃金の原則 ……………131, 233
男女二分法 ………………………10
男性稼ぎ主型モデル ……………204, 219
男性規範 …………………………219
直接差別 …………………………40
ディーセント・ワーク …154, 156, 197
同一性 ……………………………105, 117
同性(愛)婚 ……………………132, 135, 175
ドメスティック・バイオレンス …37,
　48, 89, 106, 110, 123, 133, 141, 178, 180

## は　行

パートタイマー …………………238
パートタイム労働 ………………172
パート労働法 ……………………222
排　除 ……………………………4, 82
バイセクシュアル ………………21
配分的正義 ………………………85
発展の権利 ………………………149
パリテ法 ………………………131, 195
半陰陽 ……………………………20
平　等 …………………3, 82, 89, 106, 112
平等主義(的)アプローチ ……107, 124
平等論 …………………………113
文化・社会的性差 ………………3
北京世界女性会議 ……………133, 193
ポストモダン・フェミニズム ……25,
　　　　　64, 96, 110
ホモセクシュアル ……………10, 21
ポルノグラフィ …………………31
ホワイトカラー・エグゼンプション
　………………………………257
本質主義 ………………………14, 51

## ま 行

マルクス主義フェミニズム……52, 107
無償労働 …………………………176

## や 行

ヨーロッパ社会モデル ……………169

## ら 行

ラディカル・フェミニズム…………46, 47, 107
リベラル・フェミニズム…39, 107, 116

両立支援型 …………………………206
レズビアン …………………………62, 63
労働者派遣法 ………………………206, 247

## わ 行

私二分(元)論………………………90
ワーキング・プア……………139, 155, 190, 247, 252, 258
ワークシェアリング ………………172
ワーク・ライフ・バランス………228, 251, 254

# 人名索引

A. セン …………………… 88
C. A. マッキノン …………… 110
C. ギリガン ………………… 56
C. マッキノン …………… 41, 48, 94
G. H. ミード ……………… 59
J. バトラー ………………… 21
J. ヤング ………………… 139
J. ロールズ ………………… 95
K. ポランニー ……………… 81
K. ミレット ……………… 45, 52
M. ウェーバー …………… 44, 73
M. ウルストンクラフト ……… 116
M. フリードマン …………… 185
M. ミノウ ………………… 38
N. クライン ……………… 185
N. フレーザー …… 32, 54, 58, 66, 214
O. グージュ ……………… 116
P. ブルデュー ……………… 43
R. ドゥオーキン ……… 50, 88, 183
R. ラドクリフ ……………… 37
S. ファイアストーン ………… 48
V. ビーチ ………………… 52
W. キムリッカ …………… 37, 93
青木やよひ ………………… 33
青柳和身 ………………… 78

浅倉むつ子 ……………… 202
アリストテレス …………… 92
上野千鶴子 ………………… 52
江原由美子 ……………… 7, 43
大沢真理 ……………… 22, 204
カレル・ヴェサク ………… 153
河上肇 …………………… 155
ケマ・ムバイエ …………… 153
辻村みよ子 ……………… 117
角田由紀子 ………………… 12
デカルト ………………… 17
中川スミ ……………… 53, 77
ハーバマス ……………… 101
バトラー ………………… 21
広中俊雄 ………………… 71
フーコー ………………… 14
フレーザー ……………… 111
ペイトマン ……………… 92
ヘーゲル …………… 14, 92, 100
堀内みつ子 ……………… 134
マクダナウ ……………… 54
マルクス ……………… 14, 80
ミノウ …………………… 183
ラ・ロシュフコー …………… 82

〈著者紹介〉

水谷　英夫（みずたに・ひでお）

1973年東北大学法学部卒業
弁護士（仙台弁護士会所属）
主要著書：『夫婦法の世界』（共編，信山社，1995年），R.ドゥオーキン著『ライフズ・ドミニオン――中絶と尊厳死そして個人の自由』（共訳，信山社，1998年），『セクシュアル・ハラスメントの実態と法理』（信山社，2001年），『介護福祉職　働き方のルール』（旬報社，2001年），『労働の法』（信山社，2003年），『ジェンダーと法Ⅰ-DV・セクハラ・ストーカー』（共著，信山社，2004年），『職場のいじめ――「パワハラ」と法――』（信山社，2006年）

---

## ジェンダーと雇用の法

2008年10月10日　第1版第1刷発行
8555-01011

著　者　水　谷　英　夫
発行者　今　井　　　貴
編集所　株式会社　信山社
〒113-0033　東京都文京区本郷 6-2-9-102
電　話　03(3818)1019
ＦＡＸ　03(3818)0344
製作：編集工房 INABA

©水谷英夫, 2008.　　印刷・製本／松澤印刷・渋谷文泉閣
Printed in Japan　　ISBN978-4-7972-8555-0 C3332
NDE 分類328.600

## 信山社　労働法判例総合解説シリーズ

分野別判例解説書の決定版　　　　　実務家必携のシリーズ

### 実務に役立つ理論の創造

| | | | |
|---|---|---|---|
| 1 労働者性・使用者性 5751-9 | 皆川宏之 | 22 年次有給休暇 5772-4 | 浜村 彰 |
| 2 労働基本権 5752-6 | 大内伸哉 | 23 労働条件変更 5773-1 | 毛塚勝利 |
| 3 労働者の人格権 5753-3 | 石田 眞 | 24 懲戒 5774-8 | 鈴木 隆 |
| 4 就業規則 5754-0 | 唐津 博 | 25 個人情報・プライバシー・内部告発 5775-5 | 竹地 潔 |
| 5 労使慣行 5755-7 | 野田 進 | 26 辞職・希望退職・早期優遇退職 5776-2 | 根本 到 |
| 6 雇用差別 5756-4 | 笹沼朋子 | 27 解雇権濫用の判断基準 5777-9 | 藤原稔弘 |
| 7 女性労働 5757-1 | 相澤美智子 | 28 整理解雇 5778-6 | 中村和夫 |
| 8 職場のハラスメント 5758-8 | 山田省三 | 29 有期労働契約 5779-3 | 奥田香子 |
| 9 労働契約締結過程 5759-5 | 小宮文人 | 30 派遣・紹介・業務委託・アウトソーシング 5780-9 | 鎌田耕一 |
| 10 使用者の付随義務 5760-1 | 有田謙司 | 31 企業組織変動 5781-6 | 本久洋一 |
| 11 労働者の付随義務 5761-8 | 和田 肇 | 32 倒産労働法 5782-3 | 山川隆一・小西康之 |
| 12 競業避止義務・秘密保持義務 5762-5 | 石橋 洋 | 33 労災認定 5783-0 | 小西啓文 |
| 13 職務発明・職務著作 5763-2 | 永野秀雄 | 34 過労死・過労自殺 5784-7 | 三柴丈典 |
| 14 配転・出向・転籍 5764-9 | 川口美貴 | 35 労災の民事責任 5785-4 | 小畑史子 |
| 15 昇進・昇格・降職・降格 5765-6 | 三井正信 | 36 組合活動 5786-1 | 米津孝司 |
| 16 賃金の発生要件 5766-3 | 石井保雄 | 37 **団体交渉・労使協議制** 5787-8 | **野川 忍** |
| 17 賃金支払の方法と形態 5767-0 | 中窪裕也 | 38 労働協約 5788-5 | 諏訪康雄 |
| 18 賞与・退職金・企業年金 5768-7 | 古川陽二 | 39 **不当労働行為の成立要件** 5789-2 | **道幸哲也** |
| 19 労働時間の概念・算定 5769-4 | 盛 誠吾 | 40 不当労働行為の救済 5790-8 | 盛 誠吾 |
| 20 **休憩・休日・変形労働時間制** 5770-0 | **柳屋孝安** | 41 争議行為 5791-5 | 奥野 寿 |
| 21 時間外・休日労働・割増賃金 5771-7 | 青野 覚 | 42 公務労働 5792-2 | 清水 敏 |

各巻 2,200円〜3,200円（税別）　※予価

## 職場のいじめ ―「パワハラ」と法―

**水谷 英夫 著**

社会的な病理現象となった「いじめ」。深刻さを増す「職場のいじめ」の実態、背景と問題点を明らかにし、職場いじめに対する EU 諸国等の先駆的な対策を概観したうえで、法的諸問題の検討と対策を提示する。

**本書の内容**

- 第1章 **職場の「いじめ」とは何だろうか？**／「いじめ」の意味／職場の「いじめ」の意味／職場の「いじめ」の実態
- 第2章 **職場のいじめの特徴・原因とは？**／職場の「いじめ」の特徴・プロセス／職場の「いじめ」の原因
- 第3章 **諸外国における職場のいじめの現状と対策**／諸外国における職場「いじめ」の現状／諸外国における「いじめ」対策／国際機関の「いじめ」対策の現状
- 第4章 **職場の「いじめ」の法的責任（その1―個人責任について）**／職場の「いじめ」の法的責任の諸相／職場の「いじめ」と刑事責任／職場の「いじめ」と懲戒処分／職場の「いじめ」の民事責任（個人責任）
- 第5章 **職場の「いじめ」の法的責任（その2―使用者責任について）**／職場「いじめ」と使用者責任の法的根拠／「職場いじめ防止義務」の具体的内容／使用者責任の具体例
- 第6章 **職場いじめに対する提言と対処法**／提言―職場のいじめ防止法の制定／職場のいじめに対する対処法

ISBN4-7972-8535-4
定価：本体 2,800 円＋税

---

# 田村 和之 著

## 保育所の民営化

規制緩和の中で、保育所法制を考える
ISBN4-7972-3180-7 C3332　定価：本体 950 円＋税

## 保育所の廃止

公立保育所の廃止・民営化裁判を検証する
ISBN978-4-7972-8545-1 C3332　定価：本体 950 円＋税

◆既刊・新刊のご案内◆

## gender law books
# ジェンダーと法
辻村みよ子 著（東北大学教授）　　■本体 3,400円 (税別)

導入対話による
# ジェンダー法学【第2版】
監修：浅倉むつ子（早稲田大学教授）／阿部浩己／林瑞枝／相澤美智子
　　　山崎久民／戒能民江／武田万里子／宮園久栄／堀口悦子　■本体 2,400円 (税別)

# 比較判例ジェンダー法
浅倉むつ子・角田由紀子 編著
相澤美智子／小竹聡／今井雅子／松本克已／齋藤笑美子／谷田川知恵／
岡田久美子／中里見博／申ヘボン／糠塚康江／大西祥世　■本体 3,200円 (税別)

# パリテの論理
男女共同参画へのフランスの挑戦
糠塚康江 著（関東学院大学教授）
待望の1作　■本体 3,200円 (税別)

# ドメスティック・バイオレンス
戒能民江 著（お茶の水女子大学教授）
A5変判・上製　■本体 3,200円 (税別)

# キャサリン・マッキノンと語る
ポルノグラフィと買売春
角田由紀子（弁護士）
ポルノ・買売春問題研究会
9064-1　四六判　■本体 1,500円 (税別)

# 法と心理の協働
二宮周平・村本邦子 編著
松本克美／段林和江／立石直子／桑田道子／杉山暁子／松村歌子　■本体 2,600円 (税別)

---

オリヴィエ・ブラン 著・辻村みよ子 監訳
# オランプ・ドゥ・グージュ
──フランス革命と女性の権利宣言──

フランス革命期を
毅然と生き
ギロチンの露と消えた
女流作家の生涯

【共訳／解説】辻村みよ子／太原孝英／高瀬智子　（協力：木村玉絵）　[近刊]
「女性の権利宣言」を書き、黒人奴隷制を批判したヒューマニスト　■本体 3,500円 (税別)

---

発行：不磨書房　TEL 03(3813)7199／FAX 03(3813)7104　Email：hensyu@apricot.ocn.ne.jp
発売：信山社　TEL 03(3818)1019　FAX 03(3818)0344　Email:order@shinzansha.co.jp